UNSER KREIS 2019

Jahrbuch für den Kreis Steinfurt

Jahresthema
**Alles im Grünen Bereich –
Gärten, Parks und Landschaften**

Kreisheimatbund Steinfurt

Titelbild
Foto: Dorothea Böing, Kreis Steinfurt

Das Titelbild zeigt einen Blick in den Botanischen Garten Loismann in Ibbenbüren-Dörenthe. Am Ende des 18. Jahrhunderts auf einer Halde angelegt, bietet der Garten heute mit über 300 verschiedenen Baum- und Straucharten aus aller Welt eine sehenswerte Vielfalt. Er wird von der Familie Loismann gepflegt und zählt zu den wenigen noch erhaltenen privaten historischen Grünanlagen der Region.

Herausgeber	Kreis Steinfurt und Kreisheimatbund Steinfurt
Beratende Mitwirkung	Fachkommission Jahrbuch | Redaktion Jahrbuch
Redaktionsleitung	Angelika von Dewitz-Krebs
Bildredaktion	Kreis Steinfurt | Jana Mießner
Redaktion	Michaela Bäcker
	Angelika von Dewitz-Krebs
	Kristina Dröge
	Heinz Hölscher
	Jana Mießner
	Bernd Tombült (Redaktion plattdeutscher Texte)
	Kirsten Weßling
	Karl-Heinz Wilp
Projektleitung	Kreis Steinfurt | Kristina Dröge
Layout	Kreis Steinfurt | Carina Afting
Satz	Kreis Steinfurt | Michaela Bäcker
Druck	Druckhaus Tecklenborg | Steinfurt
Hardcover	ISBN 978-3-946805-03-8
Erscheinungsjahr	2018
Kontakt	Angelika von Dewitz-Krebs
	E-Mail: jahrbuch@vondewitz-krebs.de
	Telefon: 0251 278939

Alle Rechte, auch des auszugsweisen Nachdrucks von Bild und Text, liegen bei den jeweiligen Autorinnen und Autoren. Für den Inhalt der Textbeiträge sind die Verfasserinnen und Verfasser verantwortlich.

I. Jahresthema
Alles im Grünen Bereich –
Gärten, Parks und Landschaften

Vom Großen im Kleinen 13
Editorial
Werner Friedrich

„Irgendwer war immer mit Harke im Garten" 22
Parzellen in Randgebieten des Dorfes dienten der Selbstversorgung
Angelika Weide | Laer

Noch immer kein Gras darüber gewachsen 28
Die Landschaft um das Schlachtfeld Verdun hat bis heute Narben
Bernhard Brockötter | Greven

Eine ständige kleine Gartenschau 34
Kreislehrgarten hat sich in 100 Jahren immer wieder gewandelt
Jan Schlieper | Kreis Steinfurt

Großes Kino: Grün, gierig, grauenhaft 39
Andrea Heming | Altenberge

Hinter jeder Biegung eine Überraschung 41
Der Botanische Garten Loismann ist eine historische Besonderheit
Brigitte Striehn | Ibbenbüren-Dörenthe

Die Winzlinge in den Wallhecken 45
Nicht jeder Bewohner kann das menschliche Auge wirklich sehen
Eliana Sophie Kroll | Laer

Exakt mittig zwischen den Unterhändlern 50
Park erinnert an den Abschluss des Westfälischen Friedens 1648
Rolf Hakmann | Ladbergen

Schwerwiegende Grenzmarkierung 55
Grafenstein dokumentierte den Schnittpunkt von vier Kirchspielen
Gottfried Bercks | Neuenkirchen, Steinfurt und Emsdetten

Achtsame Kunst aus achtlos Entsorgtem 59
Peer Christian Stuwe hat Grünflächen zum Außenatelier gemacht
Hans Lüttmann | Saerbeck

Selbst ist der Heimatfreund **61**
Bürgerpark wird von ehrenamtlichen Helfern gehegt und gepflegt
Prof. Dr. Anton Janßen | Horstmar

Porreereihen mit der Schnur gezogen **65**
Oma Guste lehrte das ehemalige Stadtkind alles zum Thema Garten
Helma Freese | Greven-Schmedehausen

Kleinod mit anspruchsvoller Topographie **67**
Der Kurpark am Südhang des „Kahlen Berges" wird 35 Jahre alt
Frank Bosse | Tecklenburg

Gröön **72**
Ludger Plugge

Grüne Lunge, gut durchdacht **75**
Ehemaliger Steinbruch wurde in einen Park umgewandelt
Marlies Kiffmeyer | Ibbenbüren

Romantik trifft Moderne **79**
Die GartenLandschaft Münsterland hat eine große Bandbreite
Susanne Treutlein | Kreis Steinfurt

II. Ortsgeschichte

Schlägertrupps wüteten in der Synagoge **85**
Presse hatte vor der Reichspogromnacht die Stimmung angeheizt
Bernd Hammerschmidt | Lengerich

„Nu halt se mi dän lesten Kärl wägg!" **91**
Tiëgen Enne von'n Krieg wuorn söws 14-jaöhrige Kinner introcken
Hermann Schmidt | Emsdetten

Pfeffer und Pflaumen aus Kalifornien **95**
Gustav Grotemeyer betrieb erfolgreich eine Kolonialwarenhandlung
Gebhard Aders | Altenberge

Monument der Wirtschaftskraft **103**
Rotmann-Grab ist einzigartig auf dem Friedhof Ochtruper Straße
Professor Dr. Thomas Hoeren | Steinfurt-Burgsteinfurt

Sehr alt und geheimnisumwittert **105**
Die drei Seeblätter finden sich in vielen Wappen im Kreis
Dr. Christof Spannhoff | Tecklenburger Land

Möppkenbraut, Töttken un lesbeen 110
Schlachttiet was van November bes an'n End van Februar
Paul Baumann | Greven

„Ein freudiges Ereignis" in tristen Zeiten 116
Vermeintlicher Weltkriegsheld wurde enthusiastisch empfangen
Angelika Pries | Rheine

Übertritte sind nicht belegt 121
Reformation hat in Visitationsprotokollen keine Spuren hinterlassen
Ulrike Kluck | Laer

Mit Schöüfel un Schouten utbuddelt 127
Aule Badeanstalt is bouet vön den Turnverein in de Jouhren 1931/1932
Karl-Heinz Käller | Mettingen

Eigenheim für Linientreue 129
Nationalsozialisten köderten Mittelschicht mit „Kleinsiedlungsbau"
Dr. Willi Feld | Steinfurt-Burgsteinfurt

Stük för Stük afbruoken un nie upsett 135
Knapphoff uut 1801 is dat iärste Bauwiärk van't nië Tüöttenmuseum
Robert Herkenhoff | Mettingen

Buddenturm auf eigener Insel 139
Grabung an einer der bedeutendsten Dynastenburgen Westfalens
Wolfram Essling-Wintzer, Rudolf Klostermann | Steinfurt-Burgsteinfurt

Aus dem Dornröschenschlaf erwacht 145
Villa und Park Jordaan sind eine imposante und sichtbare Landmarke
Werner Janning | Wettringen

Beinahe spurlos verschwunden 150
Ehemalige Küche des Klosters Osterberg verfällt zunehmend
Wolfgang Johanniemann | Lotte

Charakteristisch für den Historismus 155
Villa Winkel des Fabrikanten Laurenz entging nur knapp dem Abriss
Wilhelm Elling | Ochtrup

Mit-Erfinder der optischen Telegrafie 159
Christoph Ludwig von Hoffmann war nicht nur gräflicher Leibarzt
Hermann-Josef Pape | Steinfurt-Burgsteinfurt

Den ländlichen Charakter erhalten 163
Gemeinde will gemäßigtes und moderates Wachstum fördern
Nele Kramer | Altenberge

Jahrzehntelanges Rätsel zufällig gelöst 169
Archivfund belegt die Verleihung der Stadtrechte vor 280 Jahren
Dr. Christof Spannhoff | Westerkappeln

Schönste Karte des Bergbaus 173
Archivalie von 1650 dokumentiert Geschichte des Buchholzer Forsts
Robert Herkenhoff | Recke

III. Kultur

Deutschlandweit einzigartiges Projekt 179
Gesellschaft für biografische Kommunikation erhält den Kulturpreis
Jan Schlieper | Nordwalde

Christlich gelebt, vorbildlich verschieden 183
Sterbezettel sollten im 19. Jahrhundert das Ansehen des Toten heben
Sebastian Kreyenschulte | Neuenkirchen

Der Schwan aus der Grotte 189
Das Stadtmuseum besitzt einen geheimnisvollen Stuhl
Annette Bucken | Ibbenbüren

Effektives Werkzeug mit Wellenschliff 193
Ausgrabung legte einen mittelsteinzeitlichen Mikrolithen frei
Dr. Wieland Wienkämper | Westerkappeln

Zwei Mühlen vor dem Verfall gerettet 199
Franz Ahmann sen. erhält Preis für Brauchtums- und Heimatpflege
Prof. Dr. Anton Janßen | Horstmar

Verkehrsknotenpunkt und Dorfmitte 203
Bronzemodell macht den „Schild" wieder zu einem Treffpunkt
Felizitas Plettendorf | Altenberge

Erkundungstour der Heimatvereine führte durchs Steinfurter Land 205
Kirsten Weßling

Großer Wurf mit „Kinkerlitzchen" 207
Verein Klangkultur erhält Sparkassen Nachwuchspreis Kultur 2017
Sara Dietrich | Metelen

IV. Menschen

Die 100-Jährige, die einfach weiterarbeitet 212
Hanna Schmedt ließ sich von ihrem Mann für Plattdeutsch begeistern
Hans Lüttmann | Lengerich und Lienen

Der Spezialist für Betriebsfeiern 214
Saal und Garten der Gaststätte Wittmann in Höste waren sehr beliebt
Hanna Schmedt | Lienen

Mittellos und äußerst charmant 217
Wie „Holländsk Löttken" zum Dorforiginal wurde
Dirk Brunsmann | Nordwalde

Nie zur Rechenschaft gezogen 221
Dr. Karl Gustav Böhmichen war KZ-Arzt und machte Menschenversuche
André Schaper | Rheine

Verdient um die Integration der Schlesier 226
Brauchtumspreisträger Paul Nößler mit 89 Jahren verstorben
Robert Herkenhoff | Recke

Würdevoll im kardinalroten Gewand 228
Dionysius-Gemeinde hat einen ehrenamtlichen Kirchenschweizer
Monika Niesert | Rheine

Sensibler gegenüber Tod und Leben 231
Ausbildung zur Hospiz-Begleiterin änderte Sichtweise auf Vieles
Evelyn Scherer | Emsdetten

Passionierter Forscher, produktiver Autor 234
Karl-Heinz Stening ist im Alter von 86 Jahren verstorben
Werner Witte | Altenberge

Hobbybotaniker und Privatgartenpionier 236
Bernhard Frahling gestaltete das erste „Alpinum" im Münsterland
Heinrich Jessing | Steinfurt-Borghorst

Das rote Auto 241
Günter Pfützenreuter | Nordwalde

Ein fast vergessenes Sprachgenie 242
Professor Dr. Dr. Hermann Grotemeyer war Priester und Gelehrter
Rudolf Averbeck | Hörstel-Riesenbeck

V. Natur

Am Ende der Welt 247
Die Landschaft der Bauerschaft Ächterhook ist noch ursprünglich
Bernhard Brockötter | Greven

Grünes Netz mit bunten Bändern 251
Blühende Randstreifen sind Rückzugsraum für Tiere und Pflanzen
Thomas Starkmann und Annika Brinkert | Kreis Steinfurt

Was wild wächst, darf bleiben 255
Vermeintliche Unkräuter sind die Nahrungsgrundlage für viele Tiere
Horst Michaelis | Mettingen

Immer wieder entbirken und entkusseln 258
Viennüwel und Vennfüchse pflegen einzigartige Moorlandschaft
Dieter Schmitz | Emsdetten

Naturräume von europäischem Rang 262
Einzigartige Landschaften blieben von Flurbereinigung verschont
Reinhard Lömker | Hopsten-Schale

Überlebenswichtig für Mensch und Natur 265
Insekten-Hotel soll Wildbienen wieder Lebensraum schaffen
Bernhard Hölscher | Wettringen

VI. Literatur

Spinat 84
Helma Freese

Das Leben der anderen – in vier Sekunden 206
Hans Lüttmann

Junge Autorinnen

Feuer 44
Nina Koch

Die Winzlinge in den Wallhecken 45
Nicht jeden Bewohner kann das menschliche Auge wirklich sehen
Eliana Sophie Kroll | Laer

Grün 83
Nina Koch

Den ländlichen Charakter erhalten 163
Gemeinde will gemäßigtes und moderates Wachstum fördern
Nele Kramer | Altenberge

Schmetterlingswinter 178
Nina Koch

Plattdeutsches

Gröön 72
Ludger Plugge

Füör all düt un füör all dat 74
Hans Lüttmann

Hiärfst 89
Hedwig Reckert

Laot den Düüwel män laupen 90
Otto Pötter

„Nu halt se mi dän lesten Kärl wägg!" 91
Tiëgen Enne von'n Krieg wuorn söws 14-jaöhrige Kinner introcken
Hermann Schmidt | Emsdetten

Möppkenbraut, Töttken un Iesbeen 110
Schlachttiet was van November bes an'n End van Februar
Paul Baumann | Greven

Frans un de Wichter 126
Herbert Schürmann

Mit Schöüfel un Schouten utbuddelt 127
Aule Badeanstalt is bouet vön den Turnverein in de Jouhren 1931/1932
Karl-Heinz Käller | Mettingen

Olt sien of olt fölen 134
Herbert Schürmann

Stük för Stük afbruoken un nie upsett 135
Knapphoff uut 1801 is dat iärste Bauwiärk van't nië Tüöttenmuseum
Robert Herkenhoff | Mettingen

Alle nich eenfach 158
Otto Pötter

Et göng mi an't Hiärt 188
Georg Reinermann

Winterwiehnachtsduft 192
Otto Pötter

Menschen, die ihr wart verloren 202
Otto Pötter

Starke Sprüeke 233
Hans Lüttmann

Luern up't Fröhjaohr 235
Elisabeth Wulf

Mien Dochterkind 246
Hans Lüttmann

Plattdeutsche Gedichte

Füör all düt un füör all dat 74
Hans Lüttmann

Hiärfst 89
Hedwig Reckert

Laot den Düüwel män laupen 90
Otto Pötter

Frans un de Wichter 126
Herbert Schürmann

Olt sien of olt fölen 134
Herbert Schürmann

Alle nich eenfach 158
Otto Pötter

Et göng mi an't Hiärt 188
Georg Reinermann

Winterwiehnachtsduft 192
Otto Pötter

Menschen, die ihr wart verloren 202
Otto Pötter

Starke Sprüeke 233
Hans Lüttmann

Luern up't Fröhjaohr 235
Elisabeth Wulf

Mien Dochterkind 246
Hans Lüttmann

Hochdeutsche Gedichte

Affe 38
Aleksandra Holtzmer

Feuer 44
Nina Koch

Schleier der Leukothea 47
Siegfried Olms

Alles im grünen Bereich? 49
Heidrun Beckmann

Vennwehn 54
Hartmut Kubitza

Der Garten in der Stadt 58
Gabriele Bergschneider

Grün 83
Nina Koch

Regentropfenballett 94
Ingrid Suhre

Traumhaft 109
Hartmut Kubitza

Gräben laufen 171
Ingrid Suhre

Annäherungen: Ernst Jünger 172
Siegfried Olms

Schmetterlingswinter 178
Nina Koch

Das Fest 210
Joachim Lucas

... diversen Personen ins Stammbuch, vielleicht 240
Siegfried Olms

Verzeichnisse

Autorinnen und Autoren | Fotografinnen und Fotografen 269

Ortsindex 278

Werner Friedrich

Vom Großen im Kleinen

Schenkt man der alttestamentarischen Schöpfungsgeschichte Glauben, hatte der Schöpfergott für das erste Menschenpaar den Garten Eden angelegt, den es pflegen sollte. Aus Sicht eines nahöstlichen Fellachen, der dem ständig von Verwüstung bedrohten Land seine Nahrung abzuringen hatte, ist der Garten Eden am besten unter dem Sehnsuchtsbild der Oase zu fassen. – Auch altrömische Gottesvorstellungen gingen davon aus, dass ursprünglich Tellus, die Erdgöttin, die Menschheit wie eine Mutter ihre Kinder rundum versorgte. In jener Frühzeit betrachtete die noch junge Menschheit Tellus als heilig und verehrte ihre lebensspendende und lebenserhaltende Kraft ehrfürchtig.

Dabei ist es nicht geblieben. Das erste Menschenpaar folgte neugierig der Verlockung der Schlange, sein zu können wie Gott, und aß vom – verbotenen – Baum der Erkenntnis. Doch der Stand der Erkenntnis war unvereinbar mit einem weiteren Leben im Paradies, das damit ein für allemal verloren war. Zur „Strafe" für seinen „Sündenfall" muss der Mensch nun „im Schweiße seines Angesichts" sein Brot essen.

Immanuel Kant deutete diese Geschichte 1786 im Geiste der Aufklärung frei von Kategorien wie Schuld und Strafe als initialen Akt der Menschwerdung – heraus „aus dem Gängelwagen des Instinkts" in den Stand der Freiheit. Indem er – dank der Aufrichtung, wie wir heute wissen – der Instinktsteuerung entkam, wurde der Mensch frei, nach eigenem Willen entscheiden zu können: Ziele zu wählen, sich Wege auszudenken und eigene Wertungen zu treffen – also die Anfänge jenes selbst geschaffenen „Gehäuses" zu setzen, das wir Kultur nennen.

Erste Kulturlandschaften

Die Nahrungsproduktion führte über die frühen Kulturstufen des Sammelns und Jagens zu nomadischer Viehzucht und schließlich zum Ackerbau, der Sesshaftigkeit verlangte. Wo zuvor Urwald gewesen war, machte der Mensch nun das Land urbar und schuf im großen Rhythmus der Natur durch planmäßige Anlage und pfleglichen Umgang erste agrarisch geprägte Kulturlandschaften, die rein praktischen Nützlichkeitserwägungen entsprangen. –

Wenn der Mensch über die Weite des Meeres schaut oder zu den Gipfeln der Gebirge emporblickt, erlebt er im Vergleich zu seiner eigenen Winzigkeit zunächst einschüchternd Großes, erfährt sich dann aber in der Bewunderung solcher Größe zugleich auch selbst als herausgehobenes Subjekt, ohne das es solche Wertschätzung gar nicht gäbe. Meer und Gebirge gelten ihm deshalb seit jeher als grandiose Kulissen des Erhabenen. Doch in ihrer Unwirtlichkeit sind diese lebensfeindlichen Salzwasserwüsten und Gesteinsmassive in den Zonen ewigen Eises nicht menschengemäß: Ihm kommen eher die gemäßigten Zwischenzonen zu: jene einladenden Landschaften, die davon künden, zu welch bewundernswerten Ergebnissen das kunstfertige Zusammenspiel von naturräumlichen Gegebenheiten und menschlichem Zutun führen kann – ob man nun durch die Terrassen der Weinberge in den Tälern von Rhein und Mosel wandert, ausgeklügelte regionale Acker- und Eschformen studiert oder sich der Ölbaum-Haine der Toskana, der Lavendelfelder der Provence oder der Obstbaum-Kulturen des Alten Landes erfreut. In diesen Kulturlandschaften begegnet sich der Mensch selbst, hier hat er sich die ihm und dem Ort gemäße Umgebung geschaffen. Und so künden all diese hochspezifischen Landschaften den staunenden Besuchern im Hier und Jetzt von der Findigkeit ihrer Bewohner über die Zeiten hinweg.

Dienten die Felder der Nahrungsproduktion im Großen, so waren die Gärten Welten für sich im Kleinen. Felder und Weiden waren von Wallhecken und Büschen gesäumt; Hecken und Zäune friedeten Gärten zu umschlossenen, überschaubaren Schutzräumen wohlorchestrierter Vielfalt ein. Während die Bauerngärten Gemüse, Kräuter und Blumen zur Belebung des Alltags produzierten, hatten die – oft von Mauern umschlossenen – Klostergärten eine andere Funktion: Hier wurden Heilkräuter für die Klosterapotheke angebaut und symbolträchtige Blumen für liturgische Zwecke in Kapelle und Kirche gezogen. So wurden die Gärten zu Horten höherer Bedeutung; so setzte sich bald schon die Idee einer Verbindung des Nützlichen mit dem Schönen durch.

Wechselvolle Geschichte

In der Toskana der frühen Neuzeit lebte die antike wechselseitige Befruchtung von Stadt und Land wieder auf mit wehrhaften Palästen in der Stadt und weitläufigen Villen auf dem Land. Die Zeiten waren so weit befriedet, dass Villa, Garten und Landschaft einen neuen Einklang bilden konnten: Der Landaufenthalt diente nun nicht mehr nur der Sommerfrische; man zog sich aus der Stadt zurück aufs Land zu erbaulichen Beschäftigungen der Muße im Freundeskreis, zu den ‚studia humanitatis', wie es im alten Rom schon Cicero, Horaz und Plinius getan hatten.

Die neuzeitliche Wiederentdeckung dieser humanistischen Idee fand eine krasse Unterbrechung durch die Französischen Gärten des Barock: In jener von Perücken und Parfum, Kandare und Korsett geprägten Zeit absolutistischer Macht- und Prachtentfaltung wurde auch die Natur unter ein streng geometrisches Regiment gestellt und so zurechtgestutzt, dass keinerlei Platz für auch nur die kleinste Form natürlichen

"Wildwuchses" mehr blieb: Was André Le Nôtre für Ludwig XIV. als Park von Versailles schuf, fand unter den Fürsten seiner Zeit viele machtbewusste Nachahmer. Erst Jean Jacques Rousseaus Appell „Retour à la nature!", mit dem er das Grün in die Philosophie und das Rot in die Politik brachte, setzte dieser manirierten Überkünstelung eine machtvolle Parole entgegen.

Doch der eigentliche Gegenschlag kam aus England: Dort hatte 1688 die Glorious Revolution eine beispielhafte Verbindung von Monarchie und Parlamentarismus durchgesetzt. Aufklärung und Liberalität wurden zum Nährboden einer gesellschaftlichen Entwicklung, die ihren schönsten Niederschlag in Englands bedeutendstem Beitrag zur europäischen Kulturgeschichte fand, dem Englischen Garten: Der freie Wuchs mächtiger, respektvoll auf Abstand gepflanzter Solitäre spiegelte nun das gesellschaftliche Ideal einer sich – in wohldefinierten Grenzen – frei entfaltenden Individualität wider. Das kehrte die Richtung der 'Grand Tour' förmlich um, denn nun pilgerten Adelige und wohlhabende Bürger vom Kontinent als 'tourists' nach England, um dort die neue Gartenkunst eines malerischen Einklangs von Natur und Kunst zu studieren. Was sie dort lernten, setzten sie bei sich zu Hause um in bezaubernde Gartenkunstwerke von überwältigender Vorbildlichkeit: der bekennende „Parkomane" Fürst Pückler in seinen Landschaftsparks in Muskau und Branitz, der friedliebende Fürst („Vater Franz") von Anhalt-Dessau – als reale soziale Utopie – in seinem Wörlitzer Gartenreich, aber auch – als Kronprinz schon – der spätere König Friedrich Wilhelm IV. mit Karl Friedrich Schinkel und Peter Joseph Lenné in ihrem „Preußisch Arkadien" rings um Potsdam vor den Toren Berlins.

Hatte schon Voltaire am Ende seines „Candide" die Gartenarbeit als Therapeutikum gegen den Überdruss an einer überkünstelten Kultur empfohlen, so wurde zu Beginn der Deutschen Klassik der Garten geradezu zum Sinnbild für all das, was den Menschen im emphatischen Sinne erst zum Menschen macht – wie Herder es in die inspirierende Genitivmetapher vom „Garten der Humanität" gefasst hat. Und wenn Carl Friedrich von Weizsäcker 1977 seinen „Beiträgen zu einer geschichtlichen Anthropologie" den Titel „Der Garten des Menschlichen" gab, so ist das ein später Nachhall, der wunderbar zeigt, dass auch in wissenschaftlich geprägten Zeiten der Garten noch immer ein Ort umfassender Imaginationskraft ist, wenn es darum geht, eine faszinierende Vielfalt von Erscheinungen, Begriffen oder Texten als unmittelbar einsichtiges Ganzes vor Augen zu führen.

„Bei uns zu Lande auf dem Lande"

Schon der Begriff der „Münsterländer Parklandschaft" weckt positive Assoziationen. Warum aber gerade das noch viel kultiviertere Bild des Gartens spezifisch gerade fürs Münsterland ist, hat niemand liebevoller beschrieben als Eka Gräfin Merveldt 1974: „Weil ich gerade aus dem ofenheißen Florenz komme und zwei Monate in der Toskana war, könnte ich aufzählen, was alles einem Südländer hier fehlt, dem der Regen zuviel ist: Keine Zypressen haben wir hier, keine silbrigen Ölbäume, keine Feigen, keine Weinberge. Aber einen bis in den letzten Winkel durchkultivierten saftigen Garten, einen Park, geschmückt mit Schlössern und Kirchen, Stiften und Klöstern, mit Städten so alt und so jung wie Münster. Ein Land voller einsamer, backsteinroter Bauernhöfe, die schweigsam und geduckt unter Eichen liegen, manche von herrschaftlicher Größe, verstreute Drubbel, Bauerngärten mit Schleierkraut und Malven." Da sind sie alle versammelt: die Parks und Gärten und Landschaftsensembles rings um die Schlösser und Wasserburgen und Adelshäuser – und man denkt nicht nur an die großen wie den Botanischen Garten hinter dem Schlaunschen Residenzschloss auf dem Areal der alten Zitadelle, sondern auch an die kleineren wie den eingefriedeten Garten um das gräftenbewehrte Haus Welbergen bei Ochtrup oder die zauberhafte Talaue rings um Haus Marck; an die alten Friedhöfe als immergrüne Gärten der großen Hoffnung im Schatten alter Kirchtürme, an die heilkräuterreichen Klostergärten und auch an die typischen Bauerngärten mit ihren buchsbaumgefassten Gemüsebeeten, ihren sommerbunten Staudenrabatten und ihren – in Ergänzung zur Obstwiesen gleich nebenan – vielfältigen Beerensträuchern. Und erst recht durfte der westfälische Landregen nicht fehlen, den wir brauchen, damit „bei uns zu Lande auf dem Lande" (Annette von Droste-Hülshoff) alles stets so schön grün und saftig ist.

Ursprünglich war das Münsterland also eine bäuerlich geprägte Kulturlandschaft: kleinteilig, überschaubar, ebenso abwechslungs- wie artenreich. Als dann aber im 19. Jahrhundert das Tal der Ruhr zu einem Zentrum des Kohlebergbaus und der Schwerindustrie wurde, fiel dem Münsterland die neue Rolle des „Speckgürtels" zu, der all die schwer arbeitenden Menschen dieses neu entstehenden gigantischen Ballungsraumes zu ernähren hatte; das änderte das Bild des Landes. Noch stärker aber verwandelten es großflächige Flurbereinigungen nach dem Zweiten Weltkrieg: Feuchtwiesen wurden drainiert, Moore trockengelegt, um neues Ackerland zu gewinnen; maschinengerechte Produktionsflächen für neu aufkommende Ernte-Großmaschinen erforderten die Umparzellierung und Zusammenlegung von Flächen in großem Stil: Die ehemals kleinteilige Landschaft änderte ihr Antlitz von Grund auf; nur wenige Stellen, die – durch Hanglagen und Fluss- oder Straßennähe – ungeeignet für „Optimierungen" solcher Art waren, konnten ihr über die Jahrhunderte gewachsenes Gepräge bewahren.

Die heutige industrialisierte Landwirtschaft ist noch einen entscheidenden Schritt weiter gegangen: Sie deckt nicht mehr nur den Bedarf im bevölkerungsreichsten Bundesland, sondern produziert – unter Quantitätssteigerungen und Qualitätseinbußen – für den Export auf den Weltmarkt. Pestizid-gestützte Monokulturen und industrialisierte Tierhaltung haben mittlerweile nicht nur den alten Reiz der Landschaft empfindlich beeinträchtigt, sie haben auch das traditionelle Bild des Bauern zunichte gemacht, der mit seiner Arbeit einmal die Bevölkerung ernährte und mit dieser Arbeit zugleich die Landschaft pflegte. Man kann, wenn man heutzutage durch übermannshohe Mais-„Kulturen" radelt, die jeden Blick in die Landschaft versperren, nur bedauern, in welch hohem Maße die Landwirte inzwischen den Zwängen der Agrarindustrie ausgeliefert sind und wie weit auch die Artenvielfalt schon existenziell bedroht ist.

Bezaubernde Formationen

Doch gibt es sie noch, wenn man durch den Kreis Steinfurt fährt, die beglückenden Augenblicke unverhoffter Vertrautheit mit einer noch immer typisch westfälisch anmutenden Landschaft: Wenn einem im „Weißen Venn" die lautmalerischen Verse des „Knaben im Moor" von Annette von Droste-Hülshoff in den Sinn kommen; wenn man an den sanften Hängen des Teutoburger Waldes auf bezaubernde Formationen aus Hang und Weide, Busch und Tümpel trifft, wie Otto Modersohn sie so geliebt hat; wenn man rings um die Surenburg erlebt, mit welch aristokratischer Haltung gegenüber ihrem historischen Wert der alte Freiherr von Heereman dort Wald und Alleen rings um sein Wasserschloss gepflegt hat. Da klingen sie dann für einen glücklichen Augenblick zusammen und lassen einem die Seele weit werden: die reiche Vielfalt der natürlichen Beschaffenheit des Ortes, seine lange, oft wechselvolle Geschichte und nicht zuletzt der treuhänderische Respekt wacher und achtsamer Menschen vor einem verpflichtenden Erbe.

Hans Hermann Wöbse, der Doyen der Pflege Historischer Kulturlandschaften in Deutschland, hat 1991 den besonderen Wert dieser „kleinen Welten", an denen das Münsterland noch reich ist, mit eindringlichen Worten beschrieben: „Wesentliches Merkmal von Kultur ist jene Vielfalt, die von der Tat des anonymen Individuums bis zu den Spitzenleistungen großer Künstler reicht: vom Märchen zu Goethes Faust, vom Volkslied zur Opernarie, vom Bauerngarten zum barocken Park. Wenn wir von Kultur reden, haben wir meistens nur die eine Seite, solche Spitzenleistungen nämlich, vor Augen, die andere aber ist mindestens ebenso wichtig: denn Kultur heißt pflegen und bewahren, Bewährtes an die nächste Generation weiterzugeben. Und daran ist maßgeblich immer auch der Einzelne beteiligt. Historische Kulturlandschaften sind überwiegend anonymen Ursprungs, dennoch (oder gerade deswegen) ein ganz entscheidendes Stück unserer Kultur, die es zu pflegen und zu bewahren gilt. Das Überlieferte ist aus dem Umgang unserer Vorfahren mit Natur und Landschaft – ihren wissenschaftlich-technischen Möglichkeiten, ihrem Lebensstil entsprechend – hervorgegangen. Historische Kulturlandschaften können uns verdeutlichen, daß die Nutzung von Naturgütern nicht zu einer Kollision von Ökologie und Ökonomie führen muß, wenn wir sensibel und phantasievoll genug mit der Natur umgehen, von ihr lernen, dabei unsere eigenen Grenzen erfahren und sie respektieren."

Als überregional bedeutsame Beispiele solcher Historischer Kulturlandschaften seien kurz drei landschaftliche Kleinode im Kreis Steinfurt vorgestellt.

Die Talaue von Haus Marck

Über Jahrhunderte hatte die natürliche Beschaffenheit eines Ortes wesentlich dessen (land-)wirtschaftliche Bedeutung bestimmt. Da in dieser Region Wasser stets in reichem Maße zur Verfügung steht, war es nur klug, es für praktische Zwecke kunstfertig in Dienst zu nehmen. Da wirkte schon eine kleine Mauer quer zum Bachverlauf Wunder: Bald war selbst ein schmaler Bach zu einem breiten Teich aufgestaut und bildete ein stattliches Reservoir stets verfügbarer Wasserkraft, die beispielsweise einen Müller unabhängig machte vom Wasserstand des Baches. Ein herausragendes Beispiel einer so behutsamen wie nachhaltigen Nutzung des Wassers bietet die Talaue von Haus Marck zwischen den beiden Höhenzügen des Teutoburger Waldes unterhalb von Tecklenburg. Hier wurde ein Bach so zu einer ganzen Kette von Teichen aufgestaut, dass stets ausreichend Wasserkraft für sieben Mühlen vorhanden war: für Kornmühlen, eine Ölmühle, eine Sägemühle und sogar für eine Reismühle – und obendrein auch noch für eine mächtige Gräfte, die das geschichtsträchtige Haus Marck selbst als Wasserschloss sicherte. Heute steht die gesamte Talaue unter Naturschutz. Die – nach Aufgabe und Abriss der Mühlen – verbliebenen Teiche sind ein Paradies für Angler, und in der restaurierten Sägemühle am Ende der Talaue sind die ANTL und die Biologische Station des Kreises Steinfurt zu Hause und engagieren sich für einen behutsamen Umgang mit der Natur und die Bewahrung alter Kulturlandschaften.

Das Kloster Bentlage bei Rheine

1437 übernahmen Brüder des Ordens vom heiligen Kreuz die Bentlager Gertrudenkapelle samt zugehörigem Pachthof und gründeten vor den Toren der Stadt Rheine ein Kloster. Sie entwickelten den hymnisch gefeierten natürlichen Reichtum des Ortes mit seinen mittelalterlichen Blockfluren konsequent weiter, verpachteten 1738 die Solequellen an die Münsterische Salinensozietät des Fürstbischofs Clemens August, für die Johann Conrad Schlaun und Ferdinand von Beust die Saline Gottesgabe errichteten, und barockisierten von der Pacht ihr Kloster, das nun im Sinne des Großen Welttheaters eine hochsymbolische barocke Auffahrt von der Saline her bekam. Im Zuge der Säkularisation von 1803 wurde das Kloster aufgelöst und als Schloss Bentlage zur Residenz der Herzöge von Looz-Corswarem, die die Kirche abreißen ließen und den Westflügel im Stile des Klassizismus umbauten. Das Umfeld des Schlosses akzentuierten sie im Geiste der aristokratischen Landschaftsplanung des 19. Jahrhunderts behutsam durch Alleen und Wegefächer. Seit 1978 befindet sich das Kloster Bentlage im Besitz der Stadt Rheine, die es mit Hilfe des Landes NRW zu einer kulturellen Begegnungsstätte umnutzte, die – neben dem Museum Kloster Bentlage – die Westfälische Galerie des Landesmuseums Münster und die Europäische Märchengesellschaft beherbergt.

Das Bagno in Burgsteinfurt

Der Landschaftspark des Bagno vor den Toren Burgsteinfurts verdankt seine Existenz, seine ursprüngliche exotische Vielfalt und seine einst europaweite Berühmtheit der Reiselust seines Schöpfers, des Reichsgrafen Carl zu Bentheim-Steinfurt (1729-1780). Der erfüllte sich vor Ort seinen Traum von der Ferne, indem er die weite Welt in seine kleine Residenzstadt holte. Die alte Pracht ist längst dahin. Vom ehemaligen Ruhm zeugen heute nur noch die 49 zum Teil kolorierten Kupferstichtafeln, mit denen die weit verbreitete Zeitschrift „Jardins Anglo-Chinois" 1775 in zwei dem Bagno gewidmeten Extraheften den Park ihrer internationalen Leserschaft empfahl. Anspielungsreiche Reste dieses Gartendenkmals von einstmals europäischem Rang begegnen dem Besucher heute noch auf Schritt und Tritt im Park.

Dass dieses „Bagno" recht bald schon verfiel und in weiten Bereichen auch verwilderte, führte dazu, dass es – als Englischer Landschaftspark und als klug bewirtschafteter Forst – eine ökologische Wertigkeit gewann, die zu seiner Anerkennung als FFH-Gebiet, als europaweit anerkanntes Naturschutzgebiet, führte. Neben der Naherholungsfunktion für Menschen aus der gesamten Region gewann der Park eine stetig wachsende Bedeutung, als es dem Kulturkreis Bagno gelang, die Bagno-Konzertgalerie von 1774, den ältesten freistehenden Konzertsaal auf dem europäischen Kontinent, mit Hilfe der Deutschen Stiftung Denkmalschutz in altem Glanz wiedererstehen zu lassen. Schnell wurden die Promenadenkonzerte zu einem musikalischen Gütesiegel der Region und trugen den Namen des Bagno weit über deren Grenzen hinaus.

Globalisierung

Ende des Jahres dürfte ein stilles, aber epochales Ereignis von 1968 wieder ins Blickfeld der Öffentlichkeit rücken: das NASA-Foto AS8-13-2329, das die Apollo-8-Crew der Menschheit am 24. Dezember 1968 zum Weihnachtsgeschenk machte: „Earthrise", das erste Foto vom Aufgang der Erde über der unwirtlichen Wüste des Mondes, später von Fotojournalisten aus aller Welt zum „Foto des Jahrhunderts" gewählt. Die Ambivalenz dieses Bildes schlug erst später durch: So sehr es nämlich in seiner distanzierten Komplexität zur Ikone des Begriffes „Globalisierung" wurde, so konsequent wurde es durch die augenscheinliche Deutlichkeit unserer gefährdeten Ausnahmesituation auch zur Geburtsstunde der Umweltbewegung. Das hat später Apollo-14-Astronaut Edgar Mitchell als verpflichtendes Erbe aller Apollo-Missionen formuliert: „Man entwickelt ein spontanes weltumfassendes Verantwortungsgefühl, eine Orientierung am Menschen, eine heftige Unzufriedenheit mit dem Zustand der Welt, und einen Zwang, etwas dagegen zu tun. Vom Mond aus sieht internationale Politik so kleinkariert aus." Solch fundamentalen Perspektivwechsel hatte der münstersche Philosoph Hans Blumenberg schon

1975 philosophisch begründet: „Der bestürzende Verdacht, dass alles nur Wüste sei mit der einzigen Ausnahme dieser tellurischen Oase, könnte alle Intentionen auf die Erde verweisen als auf das Zentrum aller möglichen Vernunftinteressen, die selbst die Fluchtlinien der Astronautik zu sich zurückzwingt und sie zur Episode der Menschheitsgeschichte macht. Der Betrachter des Himmels ist gepackt von der Unwahrscheinlichkeit seiner eigenen Daseinsbedingungen, ausgenommen zu sein von den Schrecknissen der kosmischen Strahlungen und Teilchenschauer." Da waren sie unerwartet plötzlich alle wieder beisammen, die ergreifend schönen Bilder vom Anfang der Menschheitsgeschichte, nur in grandios gesteigerter Dimension: die Erde als Mutterschiff der Menschheit, die tellurische Oase mit ihrem Wasserreichtum, der Hort des Lebens inmitten immenser Wüstenei, der Sehnsuchtsort eines paradiesischen Zuhauses, eine Heimat für alle.

Damit war nicht nur die Rolle des Menschen im für ihn erreichbaren Kosmos definiert: Die Erde ist unsere einzige – so kostbare wie gefährdete – Option; damit war auch der fundamentale Antagonismus unserer Lebenswelt aufgezeigt: Wenn dieser Globus unser Zuhause ist, haben wir sowohl das große Ganze lebenserhaltend zu gestalten als auch unseren Heimatbegriff verantwortlich neu zu fassen: Die menschengemachten Probleme haben nämlich längst so globale Dimensionen angenommen, dass ihre Lösung nur noch gemeinsam von allen geleistet werden kann.

Als sich 1989 der Eiserne Vorhang auftat und die Mauer fiel, mussten wir unsere Sphären wirtschaftlich, geopolitisch und kulturell neu definieren. Trotz einer starken Uniformisierung der Lebenswelten im Windkanal der Globalisierung ist es längst zu einer kaum für möglich gehaltenen „Renaissance der Nahwelten" gekommen, denn was an Vereinheitlichung durch die Globalisierung erzwungen wird, vermag gerade die Regionalisierung durch Ausdifferenzierung wieder auszugleichen. Insofern sind Globalisierung und Regionalisierung weniger Gegensätze als vielmehr zwei Seiten ein und derselben Medaille.

Renaissance der Nahwelten

Das Land NRW hat mit dem Instrument der REGIONALEN ein Entwicklungsprogramm geschaffen, das in besonderer Weise dazu geeignet ist, die Spannung zwischen Globalisierung und Regionalisierung dialektisch fruchtbar zu machen: Identifikation nach innen sollen sie leisten und Profilierung nach außen. Da wird dann – im Rahmen eines Europas der Regionen – plötzlich der Begriff der regionaltypischen Kulturlandschaft wieder virulent. Da ist – nicht nur mit Blick auf den Westfälischen Frieden von 1648 – plötzlich das Thema „Westfalen und Europa" wieder von Bedeutung; da steht auch die Frage nach Westfalens Beitrag zu einer zukunftsfähigen Gestaltung der Welt unabweisbar im Raum: Wer sind wir denn!

Dank Friedrich Wolters' Weitblick machte die REGIONALE 2004 erste Aufschläge, die noch heute darauf warten, beherzt weiterentwickelt zu werden: Das Bagno fand wieder Anschluss an die europäische Gartenkunst, Bentlage wurde mit dem Salinenpark mustergültig verkehrlich erschlossen, und in der Talaue von Haus Marck wurden zunächst einmal Wasserschloss und Gräfte zukunftssicher gemacht. Durch solch kluge Akzentuierungen der Landschaftskultur konnten die spezifischen Stärken der Region nachhaltig ausgebaut werden, denn im Bild der Parklandschaft, ihrer Landschaftsparks und ihrer Historischen Kulturlandschaften liegt das naturräumliche und kulturelle Profil des Münsterlandes begründet. Was damals nicht realisiert werden konnte, war die Vernetzung der Standorte Haus Marck, Bentlage und Bagno in Form einer Regionalen Landesgartenausstellung mit dem Titel „Paradiese auf Erden".

Wertschätzung und Engagement

Erst aus fundiertem Wissen entsteht ein Bewusstsein vom Wert einer Sache; erst aus solchem Wert-Bewusstsein keimt Wertschätzung auf; und erst aus solcher Wertschätzung erwächst die notwendige Motivation, das für wertvoll Erachtete und als wertvoll Empfundene auch zu schützen.

Seit über 100 Jahren ist der Britische National Trust unter allen europäischen Heimatfreunden das Vorbild für einen solchen harmonischen Einklang aus tiefem Respekt vor dem historischen Erbe, hohem ehrenamtlichen Engagement im Hier und Jetzt und klug vorausschauendem Dienst an einer besseren Zukunft. Böte angesichts dieses Vorbildes nicht die Verwirklichung der „Paradiese auf Erden" eine – zunächst einmal für den Kreis Steinfurt – einzigartige Chance? Mit Verstand und Herz und Hand die Spuren der großen Geschichte und der großen Ideen in ihren konkreten Niederschlägen vor Ort zu sichern und zu schützen! Achtsame Menschen für einen aktiven Einsatz für diese regionaltypischen Kostbarkeiten aufzuschließen und zu begeistern! Und so vielen eine Möglichkeit zu eröffnen, gemeinsam ganz konkret an der Ausgestaltung eines zeitgenössischen Heimatbegriffes mitzuwirken! „Zukunft braucht Herkunft!" hatte Odo Marquard 1991 die Richtung gewiesen. Gerade „bei uns zu Lande auf dem Lande" wäre da durch engagiertes Miteinander kulturgeschichtlich viel Zukunft zu gewinnen.

Jahresthema

Angelika Weide | Laer

„Irgendwer war immer mit Harke im Garten"
Parzellen in Randgebieten des Dorfes dienten der Selbstversorgung

„Gröene Wiesen, fette Weiden mittendrin, mien schöne Laor, ..." Dieses mündlich tradierte Lied besingt den Heidenbaum, die Kirche, „denn Menskenschlach, so tüge un so deftig" ... und natürlich den Schinken. Die Quelle dieser Volksweise ist unbekannt, zumindest nicht mehr auffindbar, aber das wesentliche Merkmal von Laer ist benannt. Es ist kein geschlossenes Dorf, hat weder Mauer noch Tor wie beispielsweise Horstmar, sondern ist den Rändern nach offen.

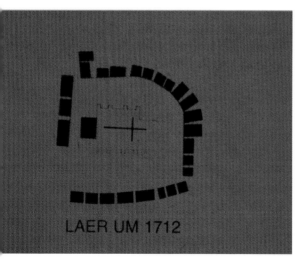

Laer um 1712 war sehr klein. Quelle: Unterwegs im Kreis Steinfurt. Ein Führer von Rudof Breuing, Ernst Hunsche, Karl Ludwig Mengels und Friedrich Schmedt unter Mitarbeit von Eckhardt Schmidt Hrsg.: Kreis Steinfurt 1980, S. 236

Historisch betrachtet ist diese Aussage bedingt korrekt, schaut man sich einen der älteren Grundrisse an. So wird im Jahr 1712 noch von einer Kirchhofsburg gesprochen. Die Laerer Bartholomäuskirche wird von einem dichtgedrängten Häuserkranz umgeben, der erst um die Mitte des 19. Jahrhunderts von einer neu angelegten Dorfstraße durchbrochen wird. Dieser Ring war einst als Bollwerk gegen Angreifer gedacht. Speicher, Mauer und Kirchturm boten einen sicheren Zufluchtsort für Bauern, die schutzlos auf dem offenen Land wohnten. In Notzeiten flüchteten sie mit den wichtigsten Vorräten in den Speicherring, schützten so ihre Familien, die Ernte und verteidigten sich dort.

Mit dem Aufkommen der Feuerwaffen verloren die Kirchhofburgen immer mehr ihre Bedeutung, so dass spätestens im 16. Jahrhundert Handwerker, Kaufleute und Gastwirte in die Speicher zogen. St. Bartholomäus mit seinem Speicherring wurde zum Siedlungsansatz des heutigen Dorfes. Dies beleuchtet auch sehr eindrucksvoll der Handriss, der bereits vor 1813 entstanden sein muss.

In dieser Zeichnung fallen gleich zwei Dinge auf. Die Verdichtung nimmt ihren Lauf, Laer wächst, doch säumt jedes neue Gebäude ein grünes Fleckchen. Der Kartenlegende nach sind es Wiesen, Weiden und Gärten, die tatsächlich zum Idyll der Volksweise passen. Idyllisch gedacht waren sie zur damaligen Zeit aber keinesfalls, eher praktisch, weil grundversorgend. Ein Teil aber war idyllisch gemacht, zumindest der Heiligenlegende nach: Die heiligen Ewalde hatten nämlich mit der Ausweisung des Heiligenfeldes für einen ziemlich grünen Bereich am Rande des Dorfes gesorgt.

In den wunderbaren Beschreibungen des Kartäusers Werner Rolevinck geschah das so: „Dann stießen sie mit ihren Stäben an mehreren Stellen auf einen Felsen, und sogleich brachen herrliche Wasserquellen auf, sie vereinigten sich zu einem Bache, der zu keiner Jahreszeit versiegte. Die beiden Männer sonderten auch ein schönes, großes Grundstück aus als heiliges Vermächtnis für die Armen. Bis auf den heutigen Tag heißt es die Heiligenwiese (heute Heiligenfeld. Anmerkung des Verfassers). Der vorhin genannte Bach läuft mitten hindurch, ein entzückendes Landschaftsbild für jedes Auge und zugleich eine herrliche Tränke für die Tiere."[1]

Einer kritisch-historischen Analyse würde dieser Passus sicher nicht standhalten. Hier bewegen wir uns auch ein bisschen im Reich der Sagen, denn Flurbezeichnungen mit „Hilgen", Heiligenfeld oder niederdeutsch „Hilgenfeld" finden sich in vielen münsterländischen Kirchspielen, sie stehen meist im Zusammenhang mit den großen mittelalterlichen Flurprozessionen. Mobile Statuen

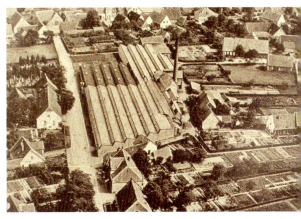

Hinter dem Kühlturm der Fabrik Bauer ist der Nutzgarten des Gasthauses Veltrup gut zu erkennen. Auch rechts im Bild reiht sich ein Nutzgarten an den anderen. Quelle: Archiv des Heimatvereins Laer

und Bilder von Heiligen wurden mitgenommen und an Stationen angerufen, um so auf deren Fürbitte Gottes Segen für das umschrittene Gebiet zu erhalten. Dieser volksfromme und spirituelle Impetus zeigt aber sehr deutlich, wie wichtig, ja überlebenswichtig der Acker- und Gartenbau und das Gelingen, sprich die Ernte für jeden im Dorf waren. Ein Leben ohne Garten, Wiese und Vieh war also undenkbar. Aber wie regelte sich das bei ungleichem Besitzstand, Grundfläche und Bedarf?

An die 20er und 30er Jahren des vergangenen Jahrhunderts erinnert sich Josef Terstegge: „Die Wiesen, Weiden und Ackerfluren verteilten sich so: Die im Dorf angesiedelten mittelgroßen Höfe sowie die kleinen Ackerbürger, die sogenannten Prumenkötter, hatten ihren Besitz in den unmittelbaren Randgebieten des Dorfes. Die Ländereien der beiden Dorfschulzen, Welling und Schulze-Dahl-Nachfolger Schulte Altenroxel (Stammsitz der Rolevincks) –

Laer | Angelika Weide

lagen verstreut über dem Heiligenfeld sowie an den Randgebieten des Dorfes. Außerdem besaßen sie umfangreiche Waldgebiete im Strübbehoek und in der Borg, in denen in den Wintermonaten die Klaftern und Büsken gefertigt wurden, die einen großen Teil des Heizmaterials der Dorfbewohner ausmachten.

Die Aufteilung vollzog sich in zum Teil kleine Parzellen, Stücke genannt, sie ergaben ein buntes Bild durch die Verschiedenheit der Bestellung. Da lag ein buntes Kornfeld neben einem Kartoffelacker, eine blühende Kleeparzelle neben einem Rübenacker. Alles in allem sehr abwechslungsreich im Vergleich zu den heutigen Monokulturen."[2]

Terstegges Aussagen beziehen sich mehr auf den Ackerbau der landwirtschaftlichen Betriebe. Wie aber sah es mit den Gärten für Gemüseanbau und Selbstversorgung aus? Wie versorgten sich die Kötter, Handwerker, Gastronomen und Lohnarbeiter? Eine Zeitzeugenbefragung gibt Aufschluss. In detaillierten Interviews schilderten die ehemalige Bürgermeisterin und Bäuerin Hildegard Voss-Segbert und die Eheleute vom Gasthaus Veltrup, Maria und Kurt Veltrup, die Situation in Laer in den 50er und 60er Jahren. Demnach bot Laer ein buntes Bild an Gärten und Wiesen, die für den Eigenbedarf bestellt wurden. Nahezu jedes Haus in Laer war

Dieser Handriss des Dorfes Laer entstand vermutlich noch vor der Fertigstellung des Urkatasters. Die Arbeiten zum Urkataster wurden in Laer/Holthausen bereits im Jahr 1813 aufgenommen, aber nicht vollständig beendigt.
Quelle: Klaus Schwinger, Laer/Holthausen

mit einem Stall für Ziegen, Kaninchen, Hühner und sonstigem Kleinvieh versehen, um die häusliche Speisekarte etwas aufzupeppen. Es schloss sich je nach Grundstücksgröße direkt ein Garten an, oder es wurden fußläufig Parzellen gepachtet. Somit lag Laer, wie es in der Volksweise besungen wird, tatsächlich inmitten von Wiesen, Weiden und – ganz wichtig – Gärten. Zwei Drittel der heutigen Straßennamen existierten bis Ende der 50er Jahre gar nicht, weil sich schlichtweg dort keine Straßen befanden, sondern nur Gartenparzellen. „Ein Großteil des Borgwegs bestand aus Gemüsebeeten, die Parzellen wurden von den Bauern verpachtet, dort haben viele Vertriebene ihr Gemüse angepflanzt. Ebenfalls gab es Parzellen an der Horstmarer und Burgsteinfurter Straße, es waren alles Gärten zur Selbstversorgung, Ziergärten waren das nicht. Rosenkohl und Grünkohl standen dort bis weit in den Winter hinein und wurden so nach und nach abgeerntet. Das sah natürlich nicht sehr gepflegt aus, aber es gab ja keine andere Kühlung als den Winter", so Hildegard Voss-Segbert. Maria Veltrup ergänzt: „Der heutige Grüne Weg, den gab es mit diesem Namen erst noch nicht, vielleicht hat man ihn deshalb später so benannt, aber das Heiligenfeld, der Münsterdamm rechts und links, alles eine riesige Gartenfläche, auch hinter den Häusern an der Königstraße und zwischen dem Kamp, überall waren Gärten. Das sorgte natürlich für ordentlich Leben im Dorf, denn irgendwo war immer gerade einer mit Harke, Forke und Spaten im Garten."

Diese Luftaufnahme aus den 1960er-Jahren zeigt, wie wenig verdichtet der Ortskern bis dato war.
Quelle: Archiv des Heimatvereins Laer

Ein netter Plausch am Gartenzaun? Nein, den gab es nicht. Den Plausch schon, aber keinen Gartenzaun. „Es gab keine Zäune oder Hecken, die Einteilung geschah über die Wege, die getrampelt waren, manchmal wurde auch Buchsbaum vereinzelt", so Maria Veltrup weiter. Oder aber es gab Grenzsteine, erinnert sich Josef Terstegge an die 20er Jahre, inklusive der nach sich ziehenden Disharmonien. Die Grenzsteine „konnten oft ein Ärgernis zwischen den einzelnen Parzellenbesitzern bedeuten und waren oft Ursache nachbarschaftlichen Streites. Über solche Grenzfrevler gab es unter vorgehaltener Hand die verschiedensten Vermutungen."[3]

Womit wir bereits beim nächsten Thema wären, an das sich Hildegard Voss-Segbert sehr gut erinnert. Wie wurde bezahlt? „Jeder Verpächter und Pächter regelte es unterschiedlich. Einmal mästete man für den Verpächter ein Schwein mit, oder aber man ließ zwei Reihen Rüben als Saftfutter für besagtes Vieh an-

Laer | Angelika Weide

Die Laerer Nutzgärten hatten eine typische Anordnung: Ein Teil bestand in der Regel aus Obstbäumen, die Ernte wurde eingeweckt. Quelle: Archiv des Heimatvereins Laer

bauen." Das klingt einfach, war es aber nicht, denn die Bodenqualität musste bedacht werden. Es gibt nämlich den 18er oder den guten 76er. „Zum Beispiel 18er-Böden, das war nahezu Heidesand, im Volksmund sprach man von Karnickelböden. Auf diesen Sandböden gelang nur die Futterrübe, dann wechselte man zu Mais, das war ein Segen für die Sandbauern, denn der hatte mehr Energie", so die Bäuerin.

Diesbezüglich waren die Loaerschken gesegnet: „Laer hat gute Böden. Besonders der Esch hat eine sehr gute Bodenqualität. Ein ausgezeichneter Weizenboden, ein 76er-Boden, sehr ertragreich, er gilt als einer der besten im Kreis Steinfurt", erinnert sich die Zeitzeugin. Fazit: Jeder Meter zählte und zahlte, kein Wunder also, dass man feilschte, bis sich die Gurke bog – und hoppla – „illegalen Tabakanbau hat es in den 50er- und 60er-Jahren auch gegeben, zwischen den Rüben- und Getreidefurchen, oder an Stellen, an denen die Saat nicht so gut aufging, wurde sogar zwischen dem Korn die Fläche genutzt". Für das Genussmittel, das dann selbstverständlich in großen Blättern zu Hause getrocknet und anschließend pfeifenfertig im Tabaksbeutel verschwand, drückte jeder für jeden ein Auge zu. „Verpfeifen gab´s nicht", betonen die Gastronomen.

An dieser Stelle muss ergänzt werden, dass Tabakanbau grundsätzlich nicht illegal war, die „geschnorrte Fläche" aber schon. Tabak war im Schwarzhandel als Währung eine stabile Größe!

Gespendet wurde aber auch, und wohin? Zum Krankenhaus, erinnert sich Hildegard Voss-Segbert. „Im Herbst wurden die Bauernhöfe abgefahren, es wurden zentnerweise Spenden in Form von Kartoffeln für das Krankenhaus gesammelt, die Kartoffel war Hauptbestandteil aller Gerichte, davon war ja auch zur Genüge da." Dem Allgemeinwohl verpflichtet, ließ es sich kaum ein Bauer in weiser Voraussicht nehmen, ordentlich für das Krankenhaus zu stiften, denn „Leben und gesund sein beginnt schließlich erst, wenn man satt ist."

Was heute den Krankenhauspark ausmacht, war früher ein Nutzgarten. Die Ordensschwestern, Küchenhelfer und Verwalter hatten gut zu tun und verstanden es sehr professionell, dort Gemüse, Kräuter und Obst für die Krankenversorgung anzubauen. Hygienevorschriften? Ach wo, die gab es noch nicht oder waren nicht so streng. Sauber war es trotzdem, vom Essen wurde niemand krank. Es gab einen natürlichen Kreislauf, Jahreszeitenküche, Nachbars Kirschbaum, die Apfel-Chaussee am Wegesrand und das Weck-Glas! „Wir bauten das Gemüse für die Gastronomie selbst an, Erbsen, Möhren, Blumenkohl, Spargel und Bohnen. Das Angebot war bescheidener als heute, vieles wurde eingeweckt. Wir hatten Hühner und Schweine, die für den Gastronomie- und Eigenbedarf gehalten wurden, eine Unterscheidung gab es nicht. Essensreste und Abfälle wurden dann wieder an die Schweine verfüttert. Das Wissen wurde von Generation zu Generation weitergegeben, und für uns Hausmädchen war es eine Freude, Gartenarbeit zu übernehmen. Man kam raus an die frische Luft. Aber es geschah auch, dass wir uns auf die Erdbeeren freuten, sie eingeplant hatten, und am nächsten Tag war keine einzige mehr am Strauch, das passierte auch", sagt Maria Veltrup.

Was geschah mit solchen Langfingern? Sie wurden nicht erwischt. Es gab doch keine Beleuchtung. Kein Garten hatte eine Laube, eine Grillstelle oder gar Gartenmöbel, nur „hier und da mal vielleicht ein kleiner Schuppen, es waren ja nur Trampelpfade, die zur Parzelle führten." Ein leichtes also für den Dieb, sich zwischen Bohnenstangen oder Spargelhügel zu verstecken. Was man aber hatte, das war eine Schiebkarre oder ein Handkarren, mit dem man die Geräte bei sich führte – natürlich gab es keine Leerfahrt, in Laer herrschte Ökonomie und Ökologie in Reinform: Also hin mit Stallmist und Grünabfall, dann zum Wasserschöpfen mit Zinkzuber oder -wanne zum Ewaldibach, danach zurück zum Garten. Und hier schließt sich der Kreis. Ohne die heiligen Ewalde und ihre tollkühne Quelleröffnung hätte es ein Laor tüschken gröene Wiesen und fette Weiden wohl nie gegeben.

Anmerkungen

1   Werner Rolevinck, II. Buch, 1 Kapitel S. 40ff

2   Josef Terstegge, S. 74ff

3   ebenda

Quellen

Ilisch, Peter: Geschichte der Pfarrgemeinde St. Bartholomäus Laer. Greven 1985

Rolevinck, Werner: Ein Buch zum Lobe Westfalens des alten Sachsenlandes. Nach der Ausgabe von Hermann Bückers von 1953 neu bearbeitet und herausgegeben von Anneliese Raub. Münster 2002

Schwinger, Klaus: Laer/Holthausen. Geschichte der Gemeinde im 19. und frühen 20. Jahrhundert. Hrsg.: Gemeinde Laer 1988

Terstegge, Josef: Laer in der „guten alten Zeit". Leben und Arbeiten in einem kleinen münsterländischen Dorf um 1910. Hrsg.: Ulrike Kluck und Gunda Labuch. Münster 2015

Unterwegs im Kreis Steinfurt. Ein Führer von Rudof Breuing, Ernst Hunsche, Karl Ludwig Mengels und Friedrich Schmedt unter Mitarbeit von Eckhardt Schmidt. Hrsg.: Kreis Steinfurt 1980

Die Sequenzen der Zeitzeugen Hildegard Voss-Segbert sowie Maria und Kurt Veltrup sind Tonbandaufnahmen der Interviews vom 3. Januar 2018 mit dem Ehepaar Veltrup und vom 12. Januar 2018 mit Hildegard Voss-Segbert.

Jahresthema

Bernhard Brockötter | Greven

Noch immer kein Gras darüber gewachsen
Die Landschaft um das Schlachtfeld Verdun hat bis heute Narben

Oberflächlich sieht die Landschaft ganz friedlich und idyllisch aus. Das Gelände ist wellen- und dünenartig geformt und begrünt. Diese Landschaft verbirgt jedoch ein grauenvolles Geheimnis. Sie wurde durch ständigen Beschuss so geformt, wie sie sich hier zeigt. Eine erbitterte Materialschlacht hat die gesamte Gegend umgepflügt. Der Boden enthält noch Tausende sterblicher Überreste, Knochen von Soldaten, die von Maschinengewehren durchbohrt, von Granaten zerfetzt oder lebendig verschüttet wurden. Die Vegetation hat sich erst in den letzten Jahrzehnten zurückgekämpft.

Verdun – Die zehnmonatige Schlacht im Jahr 1916 brachte kaum Geländegewinne, kostete aber mehr als 300.000 Soldaten das Leben. Die Schlacht gilt bis heute als Inbegriff des sinnlosen, massenmörderischen Gemetzels und überstieg schon damals alle Vorstellungen. Mit Fäusten, Knüppeln, Schaufeln, Spaten und Messern gingen die Männer aufeinander los. Unterstützt wurden sie durch die modernsten Waffen, die es damals gab: Flammenwerfer, Maschinengewehre, Giftgas, schwere Artillerie, Jagdflieger. Der Soldat galt nicht mehr als Mensch, sondern nur noch als Material. Fiel er oder ging er irgendwo in den Granatlöchern verloren, wurde er kurzerhand ersetzt.

Durch den permanenten Beschuss und die Munitionsentsorgung vor Ort ist das Erdreich um Verdun auch nachhaltig kontaminiert. Noch immer stecken nicht explodierte Granaten im Boden, regelmäßig muss der Räumdienst anrücken, um Blindgänger zu entschärfen. Das Grundwasser auf dem Schlachtfeld ist auch nach 100 Jahren noch immer

Auszug aus einem Feldpostbrief von Lorenz Brockötter. Der Grevener schrieb regelmäßig nach Hause.
Foto: privat

nicht trinkbar. Vielerorts wachsen bis heute nur wenige Pflanzenarten. Unvorstellbar, dass dort überhaupt Menschen überleben konnten.

Was hat das heute noch mit uns zu tun? Verdun steht nur beispielhaft für die vielen sinnlosen Schlachten – nicht nur im Ersten Weltkrieg. Auch aus dem heutigen Kreis Steinfurt mussten mehrere Tausend Soldaten dort kämpfen, Viele dieser jungen Männer verloren ihr Leben oder waren anschließend durch physische oder psychische Verletzungen für ihr Leben gezeichnet. Dieser Krieg gilt als Urkatastrophe des 20. Jahrhunderts und hat noch Einfluss bis in unser heutiges Leben hinein.

Der gebürtige Schmedehausener Lorenz Brockötter musste ebenfalls vor Verdun und in zahlreichen anderen Stellungen in Frankreich kämpfen und hat in vielen Feldpostbriefen seine Eindrücke festgehalten. Hier einige Auszüge daraus, die die Situation trefflich wiedergeben:

„Wie es dort überall aussieht, will ich Euch nicht genau schreiben, das ist alles nur für starke Nerven. Die ganzen Dörfer um Verdun sind in Schutt verwandelt, in Bethincourt, wo ich zur Patrouille war, fand ich unzählige Tote von uns und französische umherliegen, so wie sie vor Wochen gefallen sind, mit vollem Gegürt. Ein schrecklicher Leichengeruch, die ganze Gegend ist von Granaten umgepflügt. Kahl und trostlos sehen die Höhen aus, soweit der Blick reicht. Von Wald und Busch sieht man nur noch abgeschossene Baumstümpfe. Nirgends hat der Krieg schrecklicher gewütet wie hier in Verdun."

„Schlafen müssen wir ständig auf Stroh oder Holzwolle. Die Hosen hatte ich seit April nicht mehr aus." (Anmerkung des Autors: geschrieben im September)

„Gleichzeitig wurde die ganze Linie mit einem Hagel von Geschossen allen Kalibers überschüttet. Der ohrenbetäubende Lärm war unbeschreiblich. Einzelne Schüsse konnte man nicht mehr heraushören, nur ein ständiges Rollen. Endlose Züge von Wagen aller Art, Munition, Proviant und sonstigen Kriegsbedarf ziehen die Straße herauf und weiter in die vordere Stellung."

„Augenblicklich liegen wir in einem alten Haus. Fenster und Türen kaputt, da zieht es durch alle Löcher. Schrecklich ist hier das viele Ungeziefer. Ratten und Mäuse zu Hunderten, fressen uns alles auf. Im Bett muss man ein Lattenstück in die Hand nehmen zur Abwehr."

„Brand und Leichengeruch macht den Aufenthalt fast unerträglich. Unzählige Leichen und vieles Kriegsmaterial zeugen von den Kämpfen, die sich hier abgespielt haben. Haufen Tote liegen überall vor den Stellungen. Ihr könnt Euch kein Bild machen, wie es hier aussieht in diesem Totenfeld. Auch tote Kameraden liegen zahllos umher."

„Die Reste unseres Regiments sind vorgestern von dort zurückgekehrt. Wir hatten viele Verluste an Toten, Verwundeten und hauptsächlich Vermissten. Das Regiment bekommt täglich neuen Ersatz."

„Das Leben ist ja doch nur ein Tanz um die Guillotine, wie man es hier so oft beobachten kann. Von jungen Leuten, die heiter und lebensfroh das Waldlager verlassen und zur Front gehen, liegt schon am

anderen Morgen die Meldung vor: ‚Gefallen durch Artilleriegeschütz oder Minen.'"

„Man sieht, wie leicht es ist, die Völker in einen Krieg zu stürzen, andererseits aber, wie schwer es ist, das Ende zu finden, wenn keiner geschlagen am Boden liegt."

„Zur Stunde, 12 Uhr nachts, ist der Himmel blutig rot vom Aufblitzen der Geschütze, Flammenwerfer und Leuchtkugeln. Infanteriekämpfe werden folgen und Tausende werden wieder zur Schlachtbank geführt. Sonst nichts Neues!"

„So ist auch vorgestern mein Grabenstück zusammengestürzt, während ich im Unterstand lag. Ich hatte Glück, dass ich nicht erstickt bin. Der Eingang war zum Teil versperrt."

„Liegen noch im Graben. Wir werden so stark in Anspruch genommen, dass ich es bald nicht mehr aushalte. Keine Ruhe Tag und Nacht. Regen fast jeden Tag, wir versinken bis an die Knie in den dreckigen Gräben. Keine Unterstände zum Schlafen. Hoffentlich kommen wir bald einige Tage in Ruhe. Der Boden zittert und die Luft ist undurchsichtig vom Pulverdampf. Hier bekommt man starke Nerven. Tote und Verwundete sieht man jeden Tag. Wie lange sollte das Trauerspiel noch fortdauern? Wer eine einzige solche Nacht im Dreck mitmacht, hat genug vom Krieg."

„Beten wir zu Gott, dass er bald dem Schrecken ein Ende macht. Immer neue Opfer von Menschen und kein Ende zu sehen. Ich habe das Trauerspiel miterlebt, Tausende waren hingemäht. Zwischen Toten und Verwundeten wurde weiter gekämpft, kalt und gefühllos ging man über die Leichen hinweg und in der Heimat fließen um jeden einzelne die Tränen. Da trauern die Eltern um ihren Sohn, die Kinder um den Vater, die Geschwister um den

Das begrünte Totenfeld von Verdun. Der Boden enthält noch Tausende sterblicher Überreste gefallener Soldaten.　　　　　　　　　　　　　Quelle: mit freundlicher Genehmigung von www.verdunbilder.de

Die Landschaft bei Verdun wurde geformt durch monatelangen Beschuss.
Quelle: mit freundlicher Genehmigung von www.verdunbilder.de

Bruder. Doch alles Weinen ist zwecklos, er kehrt nicht mehr zurück, sondern ruht in irgendeinem Granatloch fern von der Heimat. Wer das Elend mit angesehen, hat genug davon."

All diese Grausamkeiten sind schon gar nicht nachvollziehbar, wenn Lorenz, ein einfacher Frontsoldat, in seinen Briefen immer wieder Verständnis und sogar Sympathie für die Franzosen äußert. Lorenz ist mit seiner Einstellung und seinen Ansichten sicher kein Einzelfall, sondern steht stellvertretend für die Mehrheit der damaligen Soldaten.

„Es wird gesagt: Frankreich habe seinen Gott verlassen, davon merke ich nichts. Überall in den verlassenen Wohnungen finde ich Heiligenbilder, Gebetbücher und Rosenkränze. Am Eingang der Stadt steht auf hohem Sockel ein unbeschädigtes, riesiges Christusbild. Überall merkt man, dass hier gute, arbeitsame Leute gewohnt haben!"

„Gefangene gibt es jeden Tag, gestern habe ich mich von einem französischen Gefangenen rasieren lassen. Hier hinter der Front hört alle Feindschaft auf!"

„Gestern lagen wir in einer Scheune, heute hier in einer verlassenen Ruine. Eine 6-köpfige Familie wohnt bei uns, sie haben zusammen auch nur ein Zimmer, traurige Verhältnisse."

Warum haben die Soldaten in diesem grauenhaften Gemetzel und trotz allen Verständnisses für die Franzosen immer weiter gekämpft? Aus unserer heutigen Sicht können wir nicht nachvollziehen, warum von den deutschen Soldaten so gut wie niemand damals desertiert ist.

Für die Soldaten war ein Befehl ein Befehl, ohne Wenn und Aber. Sie waren von der Sinnhaftigkeit ihres Opfers überzeugt. Vor jedem Kampf bestand die naive Hoffnung, dass dieses Gefecht siegreich ausgeht und damit das letzte ist. Hierzu trug auch die sehr einseitige Berichterstattung in den Zeitungen bei, die nur Siege kannte, aber keine Niederlagen. Die endlosen Kämpfe wurden als Wille Gottes interpretiert und von vielen somit nicht in Frage gestellt. Der Wille der Regierung wurde ebensowenig hinterfragt. Und zwischen den Feldsoldaten herrschte eine enge Kameradschaft. Keiner wollte den anderen im Stich lassen.

„Freiwillig hätte ich mich nicht dazu gemeldet, jedoch muss man zufrieden sein mit dem Willen Gottes und mit dem, was befohlen wird. Ich bin Soldat und werde als solcher meine Pflicht tun voll und ganz. Der Mensch denkt und die Heeresleitung lenkt. Wir wissen alle nichts."

„In dieser schweren Zeit, wo so viel Leid und Elend ertragen werden muss und der Verlust so vieler teurer Menschenleben zu beklagen ist, die ein Opfer des Krieges werden, müssen wir uns damit trösten, dass es der Wille Gottes ist."

„Auch sonst finde ich unter den Gefallenen immerzu neue Bekannte. Der Krieg fordert doch schrecklich viele Opfer. Ich meine, es wäre nun bald genug, aber noch immer ist das Ende nicht abzusehen. Es muss eben weiter gekämpft werden, bis ein Friede erzwungen wird, der die vielen Opfer wert ist."

„Noch einige Wochen, dann wollen wir sehen, wie die Sache steht. Ich habe Vertrauen, das alles zu unserem Besten abläuft."

„Jetzt liegt unser ganzes Regiment in der vordersten Linie. So Gott will, werden wir auch diesen letzten(?) Akt noch überleben dürfen."

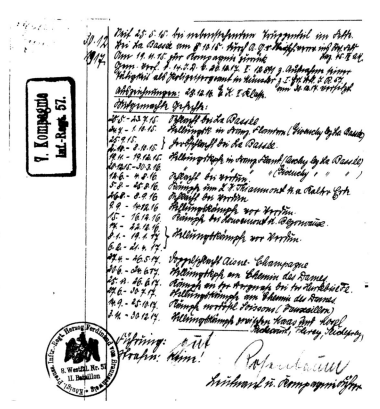

Der Militärpass von Lorenz Brockötter liest sich wie eine Odyssee durch die Hölle. Hier ein Auszug, der zeigt, dass Lorenz vom 12. Juni 1916 bis zum 21. April 1917 bei und vor Verdun kämpfen musste.   Foto: privat

„Jeder von uns wird sich ganz einsetzen, wird in treuer Pflichterfüllung dem Vaterlande dienen, wird kämpfen, bis ihm die Hand vom Kolben gleitet und das letzte Herzblut im Sande verrinnt. Keiner will abhauen."

Erich Kästner beschreibt in seinem Gedicht „Verdun, viele Jahre später" im Jahre 1931 die dortige Landschaft. Hier ein Auszug daraus:

Diese Gegend ist kein Garten,
und erst recht kein Garten Eden.
Auf den Schlachtfeldern von Verdun,
stehn die Toten auf und reden.

Zwischen Ähren und gelben Blumen,
zwischen Unterholz und Farnen
greifen Hände aus dem Boden,
um die Lebenden zu warnen.

Der Stadtarchivar der Stadt Münster, Dr. Eduard Schulte, erhielt im August 1914 den offiziellen Auftrag, eine Chronik zum Kriegsgeschehen in der Stadt Münster zu erstellen. Am 23. Juni 1916 notierte er folgenden, fast unglaublichen Eintrag in dieser Chronik: *„In der dritten Woche dieses Monats konnte der Schreiber dieser Chronik bei Tage und des Nachts auf einem Heidehügel in den Bockholter Bergen von der Westfront deutlich Kanonendonner hören und an seinem leichtgebauten Heidehäuschen spüren."*

Weder in der Natur, noch sprichwörtlich ist Gras über das Schlachtfeld gewachsen. Die Landschaft hat noch viele Narben. Durch Wind und Wetter werden auch heute noch immer wieder sterbliche Überreste freigelegt. Mittlerweile ist aus der jahrhundertelangen deutsch-französischen Erbfeindschaft eine enge Freundschaft und Verbindung geworden. So haben auch zahlreiche Gemeinden aus dem Kreis Steinfurt eine Städtepartnerschaft mit einer französischen Stadt, Greven zum Beispiel mit Montargis. Doch mussten in den Kriegen so viele junge Männer dafür sterben und leiden? So gesehen ist es gut, dass das Gras die Geschichte nicht völlig verdeckt, denn die Vergangenheit sollte uns Mahnung sein und bewusst machen, was diese Freundschaft wert ist.

Anmerkung

Lorenz Brockötter, Großonkel des Autors, wurde 1878 in Greven-Schmedehausen geboren und verbrachte seine Kindheit und Jugend dort auf dem elterlichen Bauernhof. Lorenz musste während des Ersten Weltkrieges zwischen Ostern 1915 und Ende 1917 in mehr als 40 Stellungen an der Westfront kämpfen. Lorenz überlebt den Krieg, allerdings mehrfach nur mit sehr viel Glück und Gottvertrauen. Von 1903 bis Mitte des Zweiten Weltkrieges war er, mit Unterbrechung durch den Ersten Weltkrieg, im Polizeidienst auf dem Prinzipalmarkt in Münster. Nur seiner großen Schreibleidenschaft ist es zu verdanken, dass etwa 800 Briefe aus dem Ersten Weltkrieg vorhanden sind. Seinen Bruder Bernhard an der Ostfront animierte er mit folgender Aufforderung zum Schreiben: „Schreibe recht oft wieder, nicht wegen Neuigkeiten. Die Hauptsache ist, dass wir immerzu ein Lebenszeichen von dir erhalten." Die Sammlung in den Hofakten Brockötter ist nur dadurch zustande gekommen, dass sowohl die Bewohner auf dem Hof als auch die Söhne Bernhard und Lorenz an den Kriegsfronten nahezu sämtliche Briefe aufbewahrten, die sie erhielten und jeweils mit ihrem nächsten Heimaturlaub nach Hause beförderten.

Die Zitate von Lorenz Brockötter entstammen seinen Feldpostbriefen. Diese sind auch enthalten in dem Buch „Leben und Leid im Ersten Weltkrieg – Der Briefwechsel zwischen der Familie Brockötter in Greven-Schmedehausen und ihren Söhnen an den Fronten im Osten und Westen"; Herausgeber, Autor und Layout: Bernhard Brockötter, 2014

Jahresthema

Jan Schlieper | Kreis Steinfurt

Eine ständige kleine Gartenschau
Kreislehrgarten hat sich in 100 Jahren immer wieder gewandelt

Kurz vor Beginn des Ersten Weltkrieges, im Jahr 1911, deckte im damaligen Kreis Burgsteinfurt der Anbau von Obst und Gemüse bei Weitem nicht die Nachfrage der Bevölkerung. Rudolf Kempin, damals Obstbauinspektor für die Kreise Burgsteinfurt, Ahaus, Borken und Coesfeld schlug dem Kreisausschuss daher vor, ein Grundstück für einen Mustergarten zu erwerben. Die Idee: Hier sollten Bürgerinnen und Bürger Informationen und Kurse zur Obstbaumzucht und zum Gemüsebau erhalten, um die Bevölkerung für den selbstständigen Anbau zu schulen und zu motivieren. Bis Ende 1914 dauerte es schließlich, bis ein 30.000 Quadratmeter großes Grundstück in Burgsteinfurt vollständig dem Kreis gehörte und der neue Obstbauinspektor Friedrich Mey mit den Pflanzarbeiten beginnen konnte – die Geburtsstunde des „Kreis-Obst- und Gemüse-Mustergartens"!

Als erster Leiter der neuen Einrichtung hatte Mey allerdings zunächst nicht die Möglichkeit, ein Schulungsprogramm aufzubauen: Während des Ersten Weltkrieges bestand seine Aufgabe vielmehr darin, die desolate Ernährungssituation der Bevölkerung durch den Gemüseanbau etwas zu verbessern. Erst nach Ende des Krieges startete er mit seinen Kursen zu Pflanzenschutz, Veredelung und Obstbaumschnitt und erarbeitete sich schnell einen hervorragenden Ruf. In den folgenden Jahren verschob sich der Schwerpunkt des Lehrgartens weg vom Gemüse- und hin zum Obstbau – 520 Obstbäume gab es bereits 1931 auf der Anlage.

Nach Ende des Zweiten Weltkrieges trat Mey seinen Ruhestand an und leitete damit den nächsten Abschnitt in der ereignisreichen Geschichte des Kreislehrgartens ein: Während der Kriegsjahre hatte es keine Arbeitskräfte gegeben, die sich um den Garten kümmerten. Meys Nachfolger Willi Berndt stand daher zunächst vor der Aufgabe, die trostlose Anlage wieder zu alter Pracht zurückzuführen – und das gelang ihm mit Bravour. Auf seine Initiative hin eröffnete 1949 das neue Verwaltungsgebäude auf dem Gelände des Lehrgartens, das völlig andere Möglichkeiten für die Schulung der Bevölkerung mit sich brachte und nach einigen Renovierungsarbeiten bis heute Sitz der Gartenverwaltung ist.

Mit dem Bedeutungszuwachs ging auch eine Umstrukturierung des Gartens einher. Berndt erweiterte das Repertoire des vormals reinen Obst- und

Gemüsegartens beispielsweise um ein großes Gehölzsortiment, Stauden, Rosen und Sommerblumen. „Bis zum Ende des Zweiten Weltkrieges war der Kreislehrgarten im Prinzip ein Obstacker, der dazu da war, die Bevölkerung zu ernähren. Jetzt legten die Verantwortlichen auch Wert darauf, die Anlage optisch ansprechend zu gestalten", erläutert der heutige Leiter des Kreislehrgartens Klaus Krohme.

In diese Zeit fiel ein weiterer entscheidender Baustein: Die Landwirtschaftskammer erkannte den Kreislehrgarten offiziell als Ausbildungsbetrieb im Obstbau an. Seitdem beschäftigt die Anlage immer mindestens drei Auszubildende. In den fünfziger Jahren wuchs auch die überregionale Bedeutung des Gartens noch einmal deutlich, als der Landesverband der Gartenbauvereine Westfalen-Lippe seinen Sitz in das Verwaltungsgebäude der Anlage verlegte, den der Verein – mittlerweile als landesweiter Verband – heute noch dort hat.

Dritter Leiter des Kreislehrgartens war ab 1976 Hermann Greiwe. Er war mit der Anlage bestens vertraut, da er dort seine Ausbildung als Obstbauer absolviert und anschließend unter der Leitung seines Vorgängers Willi Berndt dort gearbeitet hatte.

Greiwe modernisierte den Lehrgarten in den achtziger Jahren in vielerlei Hinsicht und stellte damit die Weichen für die Zukunft. Einerseits erweiterte er das Pflanzensortiment noch einmal deutlich – jetzt beispielsweise um einen Heidegarten und einen Abschnitt für Heil- und Gewürzpflanzen. Andererseits entstand eine Reihe neuer Gebäude während seiner Dienstzeit, darunter ein Wirtschaftsgebäude mit Verkaufs- und Kühlraum zum Vertrieb des angebauten Obstes und ein Gewächshaus für Beet- sowie mediterrane und subtropische Pflanzen. Auch das Kötterhaus, ein Fachwerkgebäude, das Handwerker in der Burgsteinfurter Bauerschaft Hollich zerlegten und im Kreislehrgarten als Schulungs- und Tagungshaus wieder aufbauten, entstand zu dieser Zeit. Möglich machte dies unter anderem Dr. Heinrich Hoffschulte, der von 1980 bis 1996 Oberkreisdirektor des Kreises Steinfurt und ein großer Befürworter des Kreislehrgartens war. Alle drei Gebäude nutzt das Team des Kreislehrgartens noch heute.

1989 ging auch Hermann Greiwe in den Ruhestand und übergab die Leitung des Kreislehrgartens an Klaus Krohme – seinen Neffen. Dieser hatte, wie bereits sein Onkel vor ihm, seine Ausbildung im Kreislehrgarten absolviert und kannte

Das 1949 eröffnete Verwaltungsgebäude des Kreislehrgartens fügt sich harmonisch in den Ziergarten ein.   Foto: Klaus Krohme, Kreislehrgarten Steinfurt

Kreis Steinfurt | Jan Schlieper

Der aufwendig angelegte Ziergarten lädt zum Verweilen ein.　　　　　　　　　　　　Foto: Dorothea Böing

die Anlage daher bei seinem Amtsantritt ebenfalls hervorragend. Der Gärtnermeister leitet die Anlage bis heute und hat in seinen mittlerweile fast 30 Jahren auf diesem Posten einiges bewegt. Unter seiner Anleitung entstand unter anderem der Lehrbienenstand – die Imkerei der Anlage – in dem die Besucherinnen und Besucher noch heute hinter einer großen Glasscheibe dem Imker und seinen Bienen bei der Arbeit zusehen können. Auch die ersten großen Fuchsien- und Obstsortenausstellungen lockten in den neunziger Jahren bis zu 15.000 Besucherinnen und Besucher in die Anlage und ließen die Popularität des Gartens bis zur Jahrtausendwende immer weiter steigen.

Krohme formte den Garten so zu dem, was er heute ist: Jedes Jahr besuchen mehr als 50.000 Gartenliebhaberinnen und -liebhaber aus ganz Deutschland das circa 30.000 Quadratmeter große Areal. Etwa die Hälfte dieser Fläche ist auch gegenwärtig noch dem Obstbau gewidmet. Rund 90 Apfel-, 70 Birnen-, 30 Pflaumen- und 30 Beerensorten sind hier zu finden, dazu kommen Kirschen, Quitten, Maronen und Walnüsse. Das Team des Lehrgartens verkauft die gesamte Ernte ausschließlich im eigenen Hofladen. In der anderen Hälfte der Anlage – dem Ziergarten – warten unter anderem Teiche und Bachläufe, ein Bauerngarten, ein Kräutergarten, Rosen, Stauden, Bambus, Hortensien, Mammutbäume aus den USA und viele weitere Pflanzenarten auf die Besucherinnen und Besucher. Auch auf Grund dieser Vielfalt ist der Kreislehrgarten so beliebt wie nie zuvor. Zeitungen, der Hörfunk und allen voran die WDR Lokalzeit Münsterland sind regelmäßige Gäste auf der Anlage, die sogar ins Europäische Gartennetzwerk EGHN aufgenommen wurde. „Ein Kreislehrgarten in dieser Form wie unserer hier in Steinfurt ist deutschlandweit einzigartig", macht Krohme deutlich.

Die Beliebtheit des Gartens zeigt sich vor allem am großen Zuspruch, den das eigene Veranstaltungsprogramm erfährt, das es seit 1994 gibt. „Unsere Schnitt- und Veredelungskurse sind Selbstläufer und immer sofort ausgebucht", erzählt Krohme, der darüber hinaus unter anderem Obstgartenführungen, Kräuterverkostungen, Rosenseminare und Bonsai-Workshops in das Programm für 2018 aufgenommen hat. Highlight sind bereits seit 1965 die Steinfurter Gartentage, die 2018 zum 53. Mal stattfanden. In dem fünftägigen Seminar vermitteln Fachleute ihr Wissen rund um den Gartenbau. Zur Zielgruppe des Lehrgartens gehören vor allem interessierte Garten-, Terrassen- oder Balkonbesitzerinnen und -besitzer, die Anregungen und Tipps für das eigene Grün suchen, und weniger Profigärtnerinnen und -gärtner.

In den neunziger Jahren unterstützte Krohme außerdem den Wandel hin zum naturnahen Gärtnern. So eröffnete er 1991 den Biologisch-ökologischen Lehrpfad, der mittlerweile unter dem Namen GartenErlebnisPfad in 17 Stationen durch den Lehrgarten führt und das Thema Biodiversität – heute aktueller den je – in den Mittelpunkt stellt. Der Rundweg führt die Besucherinnen und Besucher vorbei an Nisthilfen für Vögel, Nützlinge, Wildbienen, Honigbienen, Hornissen, Schmetterlinge und Fledermäuse. „So erfahren die Gäste auf ganz praktische Art, was sie beispielsweise tun müssen, um möglichst viele Schmetterlinge im eigenen Garten zu haben", erklärt Krohme. Dass der Gärtnermeister in der gesamten Anlage auf Torf verzichtet, zeigt, wieviel Wert er auf einen naturnahen Kreislehrgarten legt.

Der Blick in die Geschichte des Kreislehrgartens zeigt, dass die Anlage immer mit der Zeit gegangen ist und stets offen für Veränderungen war. „Pflanzen kommen und gehen wieder. Unseren Kräutergarten gestalten wir beispielswiese regelmäßig um. Wir möchten ihn aktuell halten und neue Kräutersorten ausprobieren. Der gesamte Garten ist in einem stetigen Wandel", erzählt Krohme und fügt an: „Wir haben hier im Prinzip eine ständige kleine Landesgartenschau. Mit dem Unterschied, dass wir den Garten und die dazugehörigen Beete über Jahrzehnte beobachtet und angepasst haben." Darin liegt wohl die größte Stärke des Kreislehrgartens: Krohme und sein Team können sofort auf aktuelle Entwicklungen und Probleme reagieren und diese unmittelbar in der Gestaltung der Anlage aufgreifen.

Bei aller notwendigen Modernisierung hat der Kreislehrgarten seine grundlegende Ausrichtung über seine mehr als 100-jährige Geschichte aber beibehalten: Seiner Tradition als Ausbildungsbetrieb ist der Lehrgarten treu geblieben, denn seit den vierziger Jahren haben rund 80 Gärtnerinnen und Gärtner ihre Ausbildung in der Anlage absolviert. Zurzeit beschäftigt der Kreislehrgarten vier Auszubildende, die die

Kreis Steinfurt | Jan Schlieper

drei gelernten festangestellten Gärtnerinnen und Gärtner unterstützen. Vor allem aber ist noch immer der Obstbau der zentrale Baustein im Konzept der Anlage – und noch immer ist das bedeutendste Anliegen des Gartenteams, sein Wissen an die Bürgerinnen und Bürger weiterzugeben. Der Autor und Gärtner Stefan Leppert traf in seinem Beitrag für das Buch zum 100-jährigen Jubiläum des Kreislehrgartens den Nagel auf den Kopf, als er schrieb: „In seinem Namen verbirgt sich ein Anspruch: Hier soll man lernen können. […] Einer Stadt, einem Kreis, ja einem Land kann nichts Besseres passieren als ein Kreislehrgarten. Er versucht über das praktische Tun und die Diskussion, das Gärtnern zu lehren […]." Eben nicht „im Vortragsraum der Volkshochschule", sondern ganz so, wie es sich Rudolf Kempin 1911 vorgestellt hatte.

**FABELHAFT SCHÖN
IST DIESE WELT
À LA CHAGALL**

**EINE DORFIDYLLE
IN REGENBOGENFARBEN
LÄCHELNDE TIERE
EIN GEIGER AUF DEM DACH
BRAUTPAARE SCHWEBEN
AM HIMMEL HOCH
IM TRAUMPARADIES
DER EWIGEN LIEBE**

**ABER IRGENDWO
IN EINER ECKE
HOCKT DIE WIRKLICHKEIT
EIN RIESENAFFE
DER UNS UNGEAHNT
IN DEN RÜCKEN SPRINGT**

**WIE EIN BÖSER
SCHICKSALSSCHLAG
MITTEN IM GLÜCK**

Aleksandra Holtzmer

Jahresthema

Andrea Heming | Altenberge

Großes Kino: Grün, gierig, grauenhaft

Der Gärtner an sich ist ein positiv denkender Mensch. Wer sonst würde etwa bei schäbig kühlem Matschwetter schrumpelige kleine Knollen in dunkler Erde vergraben? Wer könnte erwarten, dass damit freundlich nickende Narzissen zu Ostern den Besuch begrüßen? Ich mache so etwas und darf mich daher als Gärtnerin und positiven Menschen bezeichnen.

Außerdem sind mein Mann und ich Filmfans. Auf den ersten Blick hat unsere Liebhaberei fürs Kino mit Gartenarbeit nur wenig zu tun. Eigentlich bilden diese Leidenschaften sogar Gegensätze: einerseits gemütliches Zurücklehnen im Kinosessel, andererseits aktives Gestalten an der frischen Luft. Und doch hat dieser Sommer in aller Härte gezeigt, dass in unserem Garten ganz großes Kino stattfindet. Kein Wohlfühlstreifen à la Disney. Es war das blanke Horror-Kino ... Sie wissen, wie Horrorfilme zu beginnen pflegen? Die Sonne scheint, das Gras ist grün, und die naiven Hauptdarsteller geben sich der Zukunftsplanung hin – denn sie ahnen ja nichts vom kommenden Schrecken.

An einem Bilderbuchsonntag im Mai begann, was bei mir nach wie vor Gänsehaut erzeugt. Und so lief der Film ab:

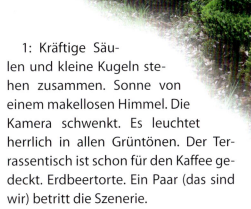

1: Kräftige Säulen und kleine Kugeln stehen zusammen. Sonne von einem makellosen Himmel. Die Kamera schwenkt. Es leuchtet herrlich in allen Grüntönen. Der Terrassentisch ist schon für den Kaffee gedeckt. Erdbeertorte. Ein Paar (das sind wir) betritt die Szenerie.

2: Kamera zeigt das Gesicht der Frau, etwas scheint sie zu irritieren. Sie tritt näher an die Säulen heran. „Siehst du das?", haucht sie. Ihre Augen weiten sich. Entsetzen.

3: Die Frau eilt ins Haus, zieht sich Handschuhe an, greift nach der Tageszeitung. Ihr Mann will etwas sagen, aber sie hört nicht zu. Reißt von der Säule und den Kugeln etwas ab. Stundenlang. Arbeitet wie von Sinnen. Mit letzter Kraft wickelt sie bei Sonnenuntergang die Zeitung auf und stopft alles in den Ofen. Flammen.

4: Schlafzimmer. Die Frau träumt unruhig, wacht auf. Mitternacht. Sie geht in den dunklen Garten. Der Mond nur eine schmale Sichel, einige Fledermäuse unterwegs. Doch das ist es nicht. Und da sind sie auch schon. Bleich, geflügelt, mit schwarzen Rändern. Es sind sehr viele, und sie sind schnell. Gift, braucht sie Gift?

5: Ein anderer Sonntag. Der Mann sitzt traurig und einsam am Terrassentisch. Die zweite Tasse mit Kaffee erkaltet – mal wieder. Die Frau ist mit Absammeln, Abreißen und Verbrennen beschäftigt.

6: Dramatischer Höhepunkt. Reißen, Schneiden, Zerquetschen, Verbrennen, Verzweiflung, Tränen, Wahnsinn. Dann der Sieg – mit allerletzter Kraft.

Furchtbar, nicht wahr? Kann man unter diesen Umständen ein positiv gestimmter Gärtner bleiben? Es soll da Möglichkeiten geben. Mein Mann, der Ingenieur, hat auf Entzug der Nahrungsgrundlage plädiert und ist auf der Suche nach Plastikpflanzen. Davon bin ich überhaupt nicht begeistert. Vielleicht werde ich mich aber in der Winterpause mal als Drehbuchautorin versuchen. Unter welchem Titel die Geschichte verfilmt wird? Vielleicht „Das Schweigen der Buchsbäume" oder auch „Planet der Zünsler" – ich bin da offen für Vorschläge.

Ach ja, hier noch die letzte Szene:

7: Wetter und Stimmung wie zu Beginn. Das Paar geht an den Säulen vorbei. Sie lächelt. Ihr Mann tätschelt ihr aufmunternd die Hand. Schwenk auf die Säulen. Kamerazoom. Ganz unten am Rand windet sich etwas – sehr klein, grün, gierig, grauenhaft. Ende.

Ganz klar, es wird eine mehrteilige Reihe. Machen Sie sich auf etwas gefasst.

Jahresthema

Brigitte Striehn | Ibbenbüren-Dörenthe

Hinter jeder Biegung eine Überraschung

Der Botanische Garten Loismann ist eine historische Besonderheit

Am Rande der Ortschaft Dörenthe, in einem Stadtteil von Ibbenbüren, lädt der Botanische Garten Loismann zu einer kleinen Auszeit vom Alltag ein. Auf der Südseite des Teutoburger Waldes, direkt am Ufer des Dortmund-Ems-Kanals, gelangen die Besucher durch eine kleine Eisenpforte in ein historisches Kleinod gärtnerischer Gestaltung. Vom Parkplatz führt ein leicht ansteigender Weg direkt zu den ersten Besonderheiten, etwa einem Ginkgobaum oder einzigartigen Nadelgehölzen. Ein bequemer Umgang erschließt den knapp zwei Hektar großen Garten. Die verschlungenen Wege folgen einem geheimen Plan, hinter jeder Biegung wartet eine neue Überraschung. Eine Bank lädt zum Verweilen ein, ein Liebespaar blickt versunken den vorüberziehenden Schiffen auf dem Kanal nach. In den Teichen spiegeln sich Wolken und die Kronen der hohen Bäume, die im Sommer Schatten spenden.

Im zeitigen Frühjahr öffnen sich an Sträuchern, auf Wiesen und kleinen Beeten die ersten Blüten. Bis zum Herbst sind immer neue seltene Pflanzen, aber auch Tulpen, Rosen und Dahlien zu entdecken. Eindrucksvoll sind im Juni die cremefarbenen Blüten der japanischen Honoki-Magnolie (Magnolia hypoleuca), die bis zu 20 Zentimeter groß werden.

Wissenschaftlich betrachtet ist der botanisch-dendrologische Garten Loismann ein Arboretum, da die Bepflanzung überwiegend aus verschiedenen Gehölzen heimischer oder exotischer Herkunft besteht. Die Bezeichnung leitet sich vom lateinischen Wort „arbor" (Baum) ab, womit das wesentliche Merkmal bereits beschrieben ist. Arboreten haben eine lange Geschichte. Grundlage war oft die Sammelleidenschaft ihrer Besitzer, die Freude an Gehölzen aus aller Welt hatten und deren Anbaumöglichkeiten in den heimatlichen Regionen erprobten.

Diese Begeisterung war es auch, die vor über 100 Jahren Bernhard Loismann dazu inspirierte, auf seinem Grundstück die ersten Pflanzungen anzulegen. Beim Bau des Dortmund-Ems-Kanals

Die Blüten der Heckenrosen ziehen nützliche Insekten an.
Foto: Brigitte Striehn

in den Jahren 1894 bis 1895 wurde der Aushub unmittelbar an seinem Hof abgelagert, somit war eine landwirtschaftliche Nutzung nicht mehr möglich. Erste Experimente mit einer Obstplantage erzielten nicht den erhofften Ertrag. Bernhard Loismann begann daraufhin, das hügelige Gelände mit einheimischen Bäumen und Sträuchern aufzuforsten. Später kamen exotische Nadelbäume sowie Pflanzen aus aller Welt und unterschiedlichen Vegetationszonen hinzu. Sein Sohn Karl Loismann fügte weitere Seltenheiten aus dem Reich der Flora hinzu. Sie stammen aus eher gemäßigten Zonen der Erde wie Kanada, Nordamerika, China oder dem Kaukasus.

Um den Charakter eines Botanischen Gartens zu unterstreichen, stellten die Besitzer Schilder mit deutschen und lateinischen Namen auf. Angaben zur Pflanzenfamilie, zu Herkunft und charakteristischen Eigenschaften ergänzen die Beschreibung. So ist beispielsweise zu erfahren, dass Mammutbäume zur Familie der Sumpfzypressengewächse gehören.

Schilder informieren über außergewöhnliche Gewächse. *Foto: Brigitte Striehn*

Der große Mammutbaum ist ein besonderer Anziehungspunkt. *Foto: Brigitte Striehn*

Sie kommen von Natur aus nur an den Westhängen der Sierra Nevada in Kalifornien vor, sind immergrün und können über 100 Meter hoch werden. Nach der Wiederentdeckung um 1850 durch den englischen Pflanzensammler William Lobb konnten Mammutbäume (Sequoiadendron giganteum) in europäischen Gärten und Parks erfolgreich angesiedelt werden. Benannt wurden sie nach dem Cherokee-Indianerhäuptling „Sequoiah". Auch unter dem Namen „Wellingtonia" (nach dem britischen Feldherrn) sind sie bekannt. In Dörenthe wurde das heute etwa vierzig Meter hohe Exemplar um 1910 angepflanzt. In den 1920er Jahren wurde Bernhard Loismann Mitglied der Deutschen Dendrologischen Gesellschaft. So konnte er den

Auf verschlungenen Pfaden lässt sich die Anlage in aller Ruhe erkunden.   Foto: Brigitte Striehn

Bestand durch Tausch und Kauf von Samen oder Setzlingen ständig ergänzen.

Der Botanische Garten bietet aufgrund der wohl durchdachten Anordnung auf relativ geringem Raum eine sehenswerte Fülle von über 300 verschiedenen Baum- und Straucharten.

Sofort ins Auge fallen über vierzig Meter hohe Exemplare der Riesentanne (Abies grandis) oder eine Schirm-Magnolie (Magnolia tripelata). Die Vielfalt der auf diesem wunderschönen Fleckchen Erde vereinten Blatt- und Blütenformen von Farnblatt-Buche, Schneeglöckchenbaum, Weihrauch-Zeder oder Nusseibe ist bestaunenswert. Außergewöhnliche Wuchsformen zeigen Fächerahorn und Ginkgo biloba „Pendula". Der Taschentuchbaum (Davidia involucrata) ist eines der größten Exemplare in Norddeutschland und zieht mit seinen ungewöhnlichen weißen Hochblättern die Blicke auf sich.

Zu verschiedenen Anlässen werden die Tore für Veranstaltungen geöffnet. So war 2009 das „Parkleuchten" im Rahmen der Programmreihe „Gärten und Parks im Münsterland" ein großer Erfolg. Viele Gäste kommen gern zu Konzerten oder im Rahmen des Projektes „Kunst und Garten" der Interessengemeinschaft Dörenthe. Führungen sind von Mai bis Oktober möglich. Von den ersten Frühblühern bis zur spektakulären Herbstfärbung ist der Besuch zu jeder Jahreszeit ein nicht alltägliches Erlebnis.

Bänke laden dazu ein, inmitten duftender Sträucher und Blumen ein Picknick oder einfach nur die Stille zu genießen. Gelegentlich ist dabei ein

Ibbenbüren-Dörenthe | Brigitte Striehn

Manchmal wird in den Botanischen Garten zu Konzerten eingeladen.   Foto: Brigitte Striehn

schlossenen Wegen leicht zu erreichen. Zu Studienzwecken und zur Erholung ist die Anlage von April bis Oktober ganztägig öffentlich zugänglich. Bis heute wird der Botanische Garten in Dörenthe von Mitgliedern der Familie Loismann gepflegt. Er ist eine der wenigen erhaltenen historischen Grünanlagen in der Region. Es wird kein Eintritt erhoben, aber am Ausgang um eine Spende zur Erhaltung dieses natürlichen Schmuckstücks gebeten.

Froschkonzert zu hören, denn auch kleine Tierarten wie Schmetterlinge, Bienen, Frösche, Molche und Libellen fühlen sich in dem grünen Paradies wohl. Es liegt etwas versteckt, ist aber zu Fuß, mit dem Fahrrad oder Auto auf gut er-

Literaturverzeichnis

Stadtmarketing Ibbenbüren

Gärten in Westfalen

Schwarzaufweiß – Das Reisemagazin

Europäische Holzroute

Arboreten in Deutschland

Feuer
Nina Koch

Es knistert und zischt, knackt und pfeift.
Tanzende Wärme auf trockenem Holz.
Es springt und schleicht,
duckt sich und wächst, wächst.
Es läuft, rennt, weiter und weiter.
Bäumt sich auf,
greift nach dem Himmel.
Frisst sich satt an allem, was ihm in den gefräßigen Rachen fällt.
Bis alles fort ist,
verschlungen von der wilden, roten Bestie.
Sie tanzt durch die Nacht wie in Raserei.
Wirbelt im Kreis, getragen vom Wind.
Hurtig und flink, ungebändigt.
Nun ist sie müde, klein und schwach.
Legt sich schlafen im grauen Aschebett,
flüstert einen letzten Abschiedsgruß.

Jahresthema

Eliana Sophie Kroll | Laer

Die Winzlinge in den Wallhecken

Nicht jeder Bewohner kann das menschliche Auge wirklich sehen

Fast jeder ist schon mal an einer münsterländischen Wallhecke auf den sogenannten Pättkes entlang gegangen, doch noch niemand hat das Treiben in diesen lebendigen Zäunen lange genug beobachtet, um jeden noch so kleinen Bewohner darin zu sehen. Denn nicht nur Vögel verstecken sich in den Hecken, da sind noch ganz andere Wesen, die noch nie zuvor jemand entdeckt hat. Sie sind sehr klein und scheu, weshalb sie erst in der Nacht die sicheren Hecken verlassen, um einen kleinen Rundflug zu unternehmen. Am Tage kümmern sie sich um die Tiere in den Wallhecken. Die Kleinen helfen den Vögeln beim Nestbauen, und hin und wieder bringen sie etwas geeignetes Nistmaterial mit. Sie helfen verirrten Wanderern und haben nicht selten verhindert, dass eine Hecke abgeholzt wurde. Diese fleißigen Wesen sind Feen. Sie gehören in die gleiche fabelhafte Welt der skandinavischen Trolle, Elfen und rheinländischen Wichtel.

Die Nacht ist vorbei und die Sonne kündigt mit ihren ersten Strahlen schon den neuen Tag an. Der Himmel nimmt eine rosige Farbe an. Für die Feen wird es Zeit, nach Hause in ihre Wallhecke zurückzukehren. Obwohl es noch so früh ist, ist schon einiges in der Hecke los. Die Spatzen sind aufgewacht und beginnen auszufliegen, um Futter zu suchen. Schnell nehmen die Feen noch eine Mütze voll Schlaf, bevor sie wieder mit der Arbeit beginnen.

Schon kommen die ersten Spaziergänger vorüber. Sie lachen und laufen geschützt vor dem kalten Wind an der Wallhecke vorbei. Kinder fahren glücklich auf ihren Fahrrädern und spielen. Der Hahn auf dem nahen Hof kräht, um die letzten Schlafmützen aufzuwecken.

Noch immer sind die Spatzen sehr aufgeregt. Sie haben begonnen, kleine Äste, Blätter und weiches Material für ihre Nester zu suchen. Die Feen helfen, wo sie nur können, sie reichen Stöcke an und zeigen den Vögeln die besten Nistplätze. Jeder Wunsch wird erfüllt, ob sonnig, schattig oder sehr geschützt, es ist immer das Richtige dabei.

Da entdeckt eine der Feen

einen kleinen Spatz, der ganz verwirrt auf einem Ast sitzt. Er hat etwas Moos und auch ein paar Ästchen dabei, doch wie er sie zusammen legt und dreht, sie wollen nicht zu einem kuscheligen Nest werden. Sofort fliegt die Fee herbei und beginnt, ihrem Freund zu helfen. Gemeinsam bauen sie ein wundervolles Nest für die Vogelküken. Als das Weibchen mit mehr Material ankommt, sieht sie das wunderschöne Nest erstaunt an und lobt ihren Mann. Der ist ganz stolz. Auch die kleine schillernde Fee ist glücklich und sieht zu, wie die beiden noch etwas weiter arbeiten.

Hasen beginnen über die angrenzenden Felder zu hoppeln. Einige kommen sogar zu Besuch und erzählen von dem neusten Klatsch und Tratsch. Besonders der Hase mit dem weißen Fleck am Ohr weiß heute viel zu berichten, von dem Eisvogel, der eine Freundin gefunden hat und nun mit ihr am Ewaldibach wohnt, und von einem Eichhörnchen, das den Rekord im Klettern gebrochen hat. Leider können die Hasen nicht lange bleiben, denn der Winter war lang und das Futter wird knapp. Schon müssen sie wieder los. Auch die Feen machen sich wieder an die Arbeit.

Plötzlich schaut eines der geflügelten Wesen auf. Was war denn das? Es hat eindeutig ein leises Jammern gehört. Da winselt und schluchzt jemand. Schnell ruft die Fee ihre Freundinnen herbei, da braucht einer Hilfe. Auf der anderen Seite der Wallhecke ist ein kleiner Hund. Aufgeregt läuft er hin und her. Dabei schluchzt das Tier herzzerreißend. Ganz verzweifelt blickt er nun die fliegenden Helfer an. Der Hund hat sich verirrt und findet nicht nach Hause. Sofort haben die Feen Mitleid und helfen dem Hund. Er beschreibt ihnen sein Zuhause. Natürlich wissen die Feen sofort, welches Haus gemeint ist, schließlich kennen sie sich hier in Laer gut aus. Zwei von ihnen verstecken sich hinter den Ohren des Hundes, um nicht von neugierigen Augen entdeckt zu werden. Dann bringen sie den Hund nach Hause. Das Herrchen ist vielleicht froh, als es seinen geliebten Hund wieder in die Arme schließen kann. Auch das Tier läuft freudig bellend auf seine Familie zu.

An der Wallhecke kommen nun immer weniger Spaziergänger vorbei. Das Licht der Sonne schwindet langsam, und schnell versorgen die Feen auch

Eliana Sophie Kroll | Laer

noch die kranken Tiere in der Hecke. Die restlichen Bewohner sind schon schlafen gegangen. Die Spatzen sitzen zusammengekuschelt auf den Zweigen, und die Hasen schlafen in ihrem Bau. Ab und zu hört man ein leises Schnarchen, doch sonst ist alles still.

Da beginnen Äste und Zweige zu knacken. Blätter rascheln leise. Nun, wo es dunkel ist, kommen ganz andere Tiere hervor wie der Igel. Er hat den ganzen Tag geschlafen und reibt sich jetzt müde die Augen, während er aus der Hecke krabbelt. Das stachelige Tier sieht zu, wie eine Fee nach der anderen aus der Hecke herausflattert und im Licht des Mondes langsam zu tanzen beginnt. Sie glitzern und funkeln geheimnisvoll. Auf einmal erstarren alle. Aus der Hecke kam ganz deutlich ein Quieken. Da spaziert eine winzige Maus heraus. Alle lachen und tanzen ungestört weiter durch die Nacht. Bis am nächsten Morgen die Sonne das Dorf wieder in ein goldenes Licht taucht. Schön, dass wir nun umso mehr den Wert unserer heimatlichen Wallhecken zu schätzen wissen.

Fotos

Dr. Griseldis Hübner-Kroll

Schleier der Leukothea[1]
Siegfried Olms

... und schweben die Geister der Luft übers Meer,
dann heben die Lichter zu tanzen an:
die Sylphen, die Nymphen, die zwinkern
ein bißchen und blinzeln und zupfen
der Göttin, dem Glitzern des Meeres,
mit leisem Gekicher den Schleier

vom Leib.

1 vgl. Homer, Odyssee 5, 333 ff.

Alles im grünen Bereich?
Heidrun Beckmann

Teil I - Im Einklang

Milde Sonnenstrahlen
trocknen sanft
die Freudentränen der Natur.

Wohlige Wärme
umhüllt,
versorgt
und verwöhnt
die zarten Pflanzen,
die Bedürftigen.

Gedeihen,
Wachstum,
bezaubernde Blüte und
kostbare Frucht.

Und zwischendurch?
Zwischendurch
holt sie Luft,
die Sonne,
macht Pause ...

Schäfchenwolken
ziehen gemächlich heran,
kunstvolles Gebilde am Himmel;
ein warmer Regen
ergießt sich,
gibt den Dürstenden
zu trinken.

Wie wohlwollend
der Wetter-Gott
doch
die Natur begleitet!

Alles im grünen Bereich?
Heidrun Beckmann

Teil II - Exitus

Unbarmherzige
Sonnenstrahlen,
gleißend,
brennend,
austrocknend:
fortwährend
saugen sie
den letzten Lebenssaft
aus dem,
was noch Leben verspricht.

Und plötzlich:
Dicke Luft –
Donnerhall – Lichtblitze –
die Natur hält
für einen kurzen Moment
die Luft an –
dann,
mit lautem Getöse
prasseln plötzlich
übergroße, harte Tropfen
wie gefährliche Geschosse
unbarmherzig
auf die
ausgezehrte Natur.
Zerschneiden Lebensadern,
durchbohren Strukturen
verwüsten –
das letzte Heile?

Zerstörerisch und gierig
reißt sich der
Wetter-Teufel
die Existenz der Menschen
unter den Nagel .

Jahresthema

Rolf Hakmann | Ladbergen

Exakt mittig zwischen den Unterhändlern

Park erinnert an den Abschluss des Westfälischen Friedens 1648

Ladbergen zählt mit rund 6700 Einwohnern zu den kleinsten Gemeinden des Kreises Steinfurt. Trotz seiner geringen Größe hat der Ort eine ganze Menge zu bieten. Dazu gehört auch der Friedenspark. Im Jahre 1998 wurde ein bis dahin unansehnliches Gebiet am Ladberger Mühlenbach zwischen der ehemaligen Hauptschule, die heute als Rathaus und Kindergarten genutzt wird, und dem Seniorenheim auf der anderen Seite des Mühlenbachs in eine kleine Parklandschaft umgewandelt. Nicht groß, aber liebevoll angelegt führen Spazierwege durch das Gebiet, wobei einige zum Teil hinter Hainbuchenhecken versteckte Bänke den Besucher zum Verweilen einladen.

Die Anlage wirft für den ortsunkundigen Besucher des Parks eine Reihe von Fragen auf: Woher stammt die Idee zu dieser Parkanlage? Wer waren die Initiatoren des Projekts? Woher der Name „Friedenspark"? Warum ausgerechnet Ladbergen als Standort? Welche Bedeutung hat in diesem Zusammenhang die Jahreszahl 1998?

Im Jahr des Gedenkens an den „Westfälischen Frieden" überlegten Mitglieder von insgesamt acht Lions-Clubs aus dem Münsterland, mit welcher Aktivität sie im Jubiläumsjahr 1998, also 350 Jahre nach dem Friedensschluss von 1648, ein besonderes Zeichen setzen könnten. Als kleinstes Glied in der demokratischen Struktur des internationalen Lions-Vereins verfolgen seine Mitglieder die Förderung des Allgemeinwohls durch soziales und caritatives Engagement. Zu seinen Prinzipien gehört aber auch die Förderung der regionalen Kultur wie etwa die Finanzierung einer Einrichtung, wie der Friedenspark sie darstellt.

Man einigte sich schließlich auf die Gestaltung einer Parkanlage, um dem Gedanken an den „Westfälischen Frieden" den richtigen Rahmen zu geben und den Menschen in Erinnerung zu rufen, was es heißt, in Frieden zu leben und welch wertvolles und erhaltenswertes Privileg dies auch heute ist. Zugleich sollte diese die Hoffnung auf ein friedliches Zusammenwachsen Europas zum Ausdruck bringen.

Die Standortwahl war wohl überlegt: Ladbergen liegt in der geographischen Mitte zwischen Münster und Osnabrück, direkt am Weg der Friedensreiter, die damals die Verhandlungsergebnisse der insgesamt fünf Jahre andauernden Friedensverhandlungen von einer Partei zur anderen brachten, zur katholischen nach Münster, zur evangelischen nach Osnabrück. Damals existierte in Ladbergen eine Pferdewechsel-Station für die wichtigen Kuriere und damit sogar ein ganz konkreter Bezug zum Friedensprozess.

Angesichts dessen zögerte der damalige Ladberger Gemeindedirektor Menebröcker nicht lange, als die Frage nach einem geeigneten Grundstück an ihn herangetragen wurde. Im Einverständnis mit Rat und Bauausschuss stellte er den Organisatoren sofort ein Stück Land im Herzen des kleinen Ortes zur Verfügung.

Eine weitere Voraussetzung für das Zustandekommen des Projekts war die Einbindung der Ladberger Bevölkerung. Ziel der Lions ist es nämlich grundsätzlich, nie etwas Fertiges, Perfektes zu präsentieren, sondern lediglich den Anstoß für etwas zu geben. Bürger und Vereine sollten möglichst immer in die jeweiligen Aktivitäten mit eingebunden werden. Es war den Organisatoren besonders wichtig, dass sich die Ladberger mit dem Projekt identifizierten.

So gaben die Lions-Mitglieder den Landschaftsplan für einen Bürgerpark in Auftrag. Geplant wurde ein Friedenshain mit westfälischen Eichen und Sträuchern, mehreren kleinen gepflasterten Plätzen mit Sitzbänken, Brücken, einer Pergola und einem zentralen Platz, auf den aus allen Himmelsrichtungen sternförmig Alleen zulaufen. Darüber hinaus übernahmen die Lions-Mitglieder einen wesentlichen Teil der Kosten für die Anlage.

Am Sonntag, 31. Oktober 1998, war die Einweihung. Mitglieder der Münsterländer Lions-Clubs trafen sich mit den Honoratioren des Landkreises und der

Nach diesem Plan wird der Friedenspark angelegt.

Quelle: Gemeindeverwaltung Ladbergen

Die Namen aller Unternehmen und Personen, die sich an der Gestaltung des Parks beteiligten, wurden auf einem Gedenkstein in Form des Buchstabens „F" verewigt. Foto: privat/Lothar Kröner

beteiligten Städte, um die ersten Bäume zu pflanzen und einen Gedenkstein als Erinnerungstafel zu enthüllen. Besonders begrüßt wurden Lions-Freunde von Clubs aus den Staaten, die 1648 an den Friedensschlüssen beteiligt waren: aus Schweden, den Niederlanden, aus Frankreich und Tschechien.

Mit einem festlichen Programm wurde der Friedenspark seiner Bestimmung übergeben. Die Resonanz übertraf alle Erwartungen. Besonders hervorgehoben wurde noch einmal die tatkräftige Mitwirkung Ladbergens und seiner Bürger. Die Redner lobten vor allem deren Gemeinsinn, ohne den der Park nie hätte verwirklicht werden können. Nicht zu vergessen die an dem Projekt beteiligten Unternehmen und Helfer, die ihren Beitrag überwiegend zum Selbstkostenpreis oder ehrenamtlich erbracht hatten. Die Mitglieder sämtlicher anwesenden Lions-Clubs und die Gemeindevertreter enthüllten schließlich den Gedenkstein in Form des Buchstabens „F".

In den Folgejahren erfuhr der „Friedenspark" eine weitere Aufwertung durch die Positionierung zweier Bronzeplastiken, die an die weit verbreitete Armut vieler Ladberger im Laufe der Jahrhunderte erinnern. Die Ertragslage auf den sandigen Ackerböden Ladbergens, der Streusandbüchse des Tecklenburger Landes, war gering. Das führte dazu, dass viele im Heidedorf gezwungen waren, sich nach weiteren Erwerbsmöglichkeiten umzusehen. Dazu gehörten das Hollandgehen sowie das Ammenwesen: Für eine Reihe von Ladberger Frauen war die Tätigkeit als Amme in den Haushalten reicher Familien ein Nebenerwerb, so makaber das heute auch klingen mag. Materielle Not zwang sie, das eigene Kind in der Familie zurückzulassen. Statt mit nahrhafter Muttermilch wurde dieses dann mit verdünnter Kuhmilch ernährt.

Einige bekamen solches Heimweh, dass sie diese Tätigkeiten nicht durchhielten, obwohl sie von der Gastfamilie gut behandelt worden waren. In früheren Jahrhunderten wurde Ladbergen wegen der relativ großen Zahl an Ammen auch schon mal als Ammendorf bezeichnet. Dabei ist es nicht verwunderlich, dass fast alle Ammen aus dem

Stand der Heuerlinge und kleinen Kötter kamen.

Eine weitere lebenswichtige Nebenerwerbsquelle war im 19. Jahrhundert für viele Ladberger das sogenannte Hollandgehen. In der Zeit zwischen der Bestellung der Felder und den Erntearbeiten von April bis Mitte Juli machten sich etwa 200 bis 300 Männer vor allem aus existenzbedrohten Familien auf nach Holland, um für die dortigen Torfmoorbesitzer Torf zu stechen. Eine einträgliche, aber mühselige Arbeit! Lange Arbeitstage, häufig bis an die Knöchel im Wasser stehen. Viele mussten diese Arbeit mit ihrer Gesundheit, einige sogar mit dem Leben bezahlen. Die Skulpturen eines Hollandgängers sowie die einer stillenden Amme im Friedenspark erinnern an diese schweren Zeiten.

Heute wird der Friedenspark von der Ladberger Bevölkerung auch für besondere Veranstaltungen, etwa Jubiläen, genutzt. Man denke dabei etwa an den 50. Geburtstag des Heimatvereins, das sich jährlich wiederholende Oktoberfest, das nach wie vor besonders bei den jüngeren Ladbergern großen Anklang findet, an die Jagdhornbläsertreffen unter internationaler Beteiligung oder das vom Schützenverein Ladbergen Wester vor allem für Familien mit Kindern organisierte „Osternest". Besondere Höhepunkte waren die Silvesterfeier zur Begrüßung des neuen Jahrtausends sowie die 1050-Jahr-Feier der Gemeinde.

Zwei Bronzeplastiken erinnern an die weit verbreitete Armut vieler Ladberger im Laufe der Jahrhunderte, an das Hollandgehen und das Ammenwesen.
Fotos: privat/Lothar Kröner

VENNWEHN

Hartmut Kubitza

Hinter uns Lambertis Türme,
vor uns weites, flaches Land.
Heftige Novemberstürme
peitschen übern Heidesand.

Ausgebleichte Erika, sommertags ein Blütenmeer,
drückt der Wind zum Boden nieder,
zurrt und zerrt es hin und her,
krallt sich fest in die Gesichter,
hin und wieder beißt er zu,
pfeift und heult. Dann surrt und zischt er.
Vorerst gibt er keine Ruh.
Spuren, die man hinterließ, verwischt er.

Bäume biegen sich und knarren
wie ausgediente Ochsenkarren,
und das Rauschen hoher Föhren
ist bei diesem starken Wind
nur einen Steinwurf weit zu hören.

Letzte dürre Blätter zappeln
an windgewöhnten Silberpappeln,
und trocknes, herbstlich buntes Laub
vermischt sich, wirbelnd, tanzend, schwebend
und gen Himmel strebend
mit aufgewühltem Staub.

Und es treibt der Wind die Wellen
wie einen Sklaven vor sich her.
Den noch verbliebenen Libellen
fällt das Manövrieren schwer.

Sturm fegt durch die Wolkenfelder,
wühlt und tobt, ist keck und munter.
Wie vor regnerischer Nacht
hängt grauer Himmel tief herunter.

Silbrig weiße Birkenstämme
säumen seitwärts meinen Schritt.
Ein dünner, müder Wasserlauf,
sanfte Hügel, magre Kämme
tun sich auf
vor dunklem Himmel wie Graphit.

Taumelnd fliegt, leicht abgedrängt, vor grauer Wand
die schwarze Krähe.
Am Boden schleicht, in Gras und Sand,
in rotem Kleid die schlaue Fähe.

Während so die Winde pfeifen,
die dunklen Wolken nicht verwehn,
ringsum meine Blicke schweifen,
reift der Wunsch, nach Haus zu gehn.

Foto: Ludwig Klasing | Biologische Station Kreis Steinfurt e.V.

Jahresthema

Gottfried Bercks | Neuenkirchen, Steinfurt und Emsdetten

Schwerwiegende Grenzmarkierung

Grafenstein dokumentierte den Schnittpunkt von vier Kirchspielen

Weit draußen auf einer Sanddüne, inmitten von Heidekraut, Krüppelkiefern und Krüppelbirken steht ein Ensemble von vier Sandsteinen, die darauf hinweisen, dass nach mündlicher Überlieferung hier über Jahrhunderte das Markengericht getagt und unter dem Vorsitz des Holzgrafen gemeinsam für Frieden unter den Markengenossen gesorgt, Markenfrevel gerügt oder bestraft hat. Die Stelle liegt am Schnittpunkt der einzelnen Kirchspielgrenzen von Neuenkirchen, Emsdetten, Borghorst und Burgsteinfurt, die sich keilförmig in das Zentrum des früher völlig unkultivierten Grenzgebietes hineinschieben. Die Vorstände der Heimatvereine von Neuenkirchen, Burgsteinfurt und Borghorst haben diesen Standort für wichtig genug gehalten, um im Jahr 2016 für Wanderer und Radfahrer eine Schutzhütte zu bauen.

Was sind das aber nun für Steine, die der Wanderer oder Radfahrer heute hier antrifft? Zunächst gibt es einen Grenzstein, der zu einer Gruppe von 102 Steinen gehört, die nach Vertrag von 1716 die Grenze zwischen dem Fürstbistum Münster und der Grafschaft Steinfurt dokumentieren sollte. Sie tragen auf der einen Seite das „M" für Münster und auf der anderen Seite das „S" für Stein-

Auf einer leichten Sanddüne steht der geheimnisumwitterte Grafenstein eingerahmt von weiteren Grenzsteinen. Foto: Karl-Heinz Wilp

furt. Mit ihnen wurde die Landeshoheit des Grafen von Bentheim und Steinfurt über die Niedergrafschaft mit der Stadt Burgsteinfurt und den Bauerschaften Hollich, Sellen und Veltrup begrenzt. Die Obergrafschaft mit den Bauerschaften der Beerlage, Laer und Borghorst gehörte zu Münster. Dieser Regelung war allerdings keine lange Dauer beschieden. Der Reichsdeputationshauptschluss von 1803 löste alle geistlichen Territorien auf und verteilte sie an die linksrheinischen Landesherren, die von Napoleon enteignet worden waren.

Neben diesem Stein, dem ersten der 102 Grenzsteine, der deshalb die

Nummer 1 trägt, gibt es einen weiteren Grenzstein, der mit der Nummer 8 bezeichnet ist und an der einen Seite das „M" für Mesum und an der anderen Seite das „E" für Emsdetten trägt. Dieser Stein liefert den Beweis, dass auch schon in früheren Zeiten Grenzkorrekturen, wie hier zwischen Emsdetten und Mesum, vorgenommen wurden, was die Setzung dieses Steines erforderlich machte.

Ein weiterer Stein aus dem Dreier-Ensemble interessiert besonders. Es ist ein unbehauener Sandstein mit Abmessungen von etwa 1,10 Meter Höhe, 90 Zentimeter Breite und 15 Zentimeter Dicke oberhalb des Erdbodens. Sollte dies der berühmte „Grafenstein" sein, der über Jahrhunderte diesen Grenzpunkt für die Markenbenutzer markierte und damit den Standort des Holzgerichtes festlegte?

Es ist schwierig daran zu glauben, handelt es sich doch weder um einen

Die Heimatvereine Borghorst, Burgsteinfurt und Neuenkirchen bauten in Gemeinschaftsarbeit 2017 diese Schutzhütte.   Foto: Karl-Heinz Wilp

Stein markanter Größe, noch um ein besonders hartes Steinmaterial. Seit wann dieser Stein auf dieser leichten Anhöhe steht, ist allerdings aus verschiedenen alten Karten nachzuweisen. Zum einen ist das die sogenannte „Nehmer Karte" von 1597, eine reine Grenzkarte der Grafschaft Steinfurt, die den „Gravestein" namentlich erwähnt und belegt. Daneben gibt es die „Westenberg Karte" von 1625, die sich dadurch auszeichnet, dass hier die Verkehrswege eingezeichnet sind. Auf dieser vielseitig zu nutzenden Karte findet sich der „Huggenberger Stein". Sie ist allerdings nicht genordet.

Die dritte, vom Niederländer Ablin 1614 geschaffene Grafschaftskarte, die auch die Eigenbehörigen des Steinfurter Grafenhauses namentlich benennt, weist ebenfalls den Eintrag „Huggenberger Stein" auf. Noch drei weitere Bistumskarten belegen den „Huggenberger Stein" als auch einen „Gravestein". Der auf den Bistumskarten angegebene Standort des „Huggenberger Steins" scheint identisch zu sein mit den Steinangaben auf den Grafschaftskarten.

Einen weiteren Beweis liefert eine Prozessakte des Reichskammergerichtes, in der es um Grenzverläufe geht und in denen von einem „Hohen Stein auf der Huckenberger Haar" gesprochen wird: „von hinnen zeigten Anwäldte an einen breiten Stein, der ziemlich tieff gesunken undt mit der ersten Kandten zurück uff vorgmeldtenbaum mit dert andern auff einen hohen stein auff der Huckenberger Haar, gnant der grawe Stein, hinweiset, welcher scheiden soll Detten uns Mesem, so münsterisch,

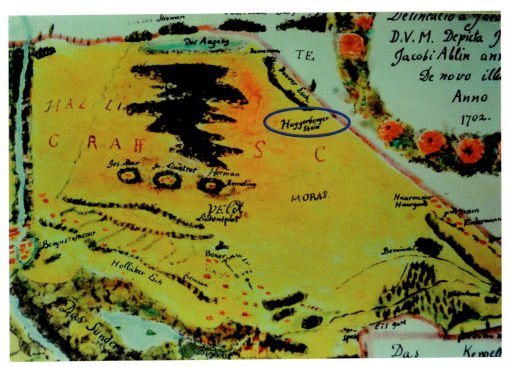

Auf dieser Grafschaftskarte sind die Besitzverhältnisse des Steinfurter Grafenhauses angegeben. Die Karte wurde vom Niederländer Jacques Ablin nach umfangreichen örtlichen Messungen 1614 erstellt. Der Standort des hier angegebenen Huggenberger Steins entspricht dem Grafenstein.
Quelle: Stadtmuseum Steinfurt

vonn Hollich und Borghorst, so Steinfurtisch, undt dießer stein ungefehr andert halb eLL(en) hoch undt unden negst der Erden ein Ell(e) breit, aber ahm obern theill etwaß, schmaler, wie solches alles im Augenschein befunden, von dießes letzten Steins Eck ist die Schnat gezeigt uber dieselben Huggenberger Haar oder harden Wegk zwischen zween Moraßen, deren daß eine auff der rechten seiten steinfurtisch aufgf der linken seiten Münsterisch".

Es bleibt also festzuhalten, dass der Punkt, in dem sich die Kirchspielgrenzen von Borghorst, Burgsteinfurt, Neuenkirchen und Emsdetten treffen, seit Jahrhunderten von einem Stein markiert war, der entweder „Gravestein" oder „Huggenberger Stein" genannt wurde und mehr als 400 Jahre alt ist. Für die damalige Landbevölkerung müssen sowohl der Standort des Steines „auf der Haar", also auf der Anhöhe, als auch der Stein selbst eine große Bedeutung gehabt haben, sonst wäre er nicht in allen genannten Kartenwerken, sogar in verschiedenen Bistums- und Westfalenkarten, und auch in der Niederschrift zum Ortstermin des Reichskammergerichtes, genannt worden.

Ob es sich allerdings bei dem heute noch vorhandenen unbehauenen Sandstein um das Original handelt, ist ungewiss.

Der Garten in der Stadt
Gabriele Bergschneider

Der Garten blüht in bunten Farben,
ein Kleinod in der Stadt,
es öffnet sich das Herz des Barden,
mag sich nicht sehen satt.

Es findet sich der vielen Worte,
wie es aus ihm nur spricht,
er träumt an diesem schönen Orte
im warmen Sonnenlicht.

Und lila blüht die Glockenblume,
die Pfingstrose schneeweiß,
immer neu sprießt's aus der Krume,
die Erd' ist voller Fleiß.

Die Rosen duften in der Frühe,
die Akelei blüht blau,
das Gärtnerdasein ist voll Mühe,
nimmt er es auch genau.

Das Kleinod rahmt die grüne Hecke
und niemand schaut hinein,
und auf dem kleinen duft'gen Flecke
ist man für sich allein.

Ein Amselnest gebaut im Strauche,
es zwitschern Vögelchen,
das Nass fließt in den Kannenbauche,
es gießt ein Plätscherchen.

Der Baum beschirmt vor heißer Sonne
den Gärtner auf der Bank,
und wenn's mal regnet in die Tonne,
erzählt er einen Schwank.

Der Garten malt an allen Tagen,
nicht nur im Sonnenschein,
der Barde möcht' so vieles sagen,
doch manchmal lässt er's sein.

Jahresthema

Hans Lüttmann | Saerbeck

Achtsame Kunst aus achtlos Entsorgtem

Peer Christian Stuwe hat Grünflächen zum Außenatelier gemacht

Jeder Mensch braucht etwas Boden unter den Füßen, eine Handvoll Erde, um ein Pflänzchen gedeihen zu lassen, einen Baum, um sich daran anzulehnen. Gärten können Paradiese sein, Wunsch-, Verwünsch- und Seelenstreichel-Orte. Oder gepflegte Ödnisse mit steinernen Pflanzengräbern, wo man Strauch und Blume inmitten siechender Tristesse und Lebensfeindlichkeit schreien hört: „Holt mich hier raus, ich bin eine Pflanze!" Wer sich in Peer Christian Stuwes Garten verirrt, der kurz vorm Kanal, weit hinter dem Saerbecker Dorf so leicht nicht zu finden ist, der wird belohnt: von Dutzenden stummer Zeugen, deren Rost vom Werden und Vergehen erzählt.

Der Maler, Bildhauer und Musiker Peer Christian Stuwe hat hier vor zwanzig Jahren auf einer wohl 700 Jahre alten Hofstelle, die Saerbecker sagen auch heute noch „Hof Deitermann", den idealen Ort für die Verwirklichung seiner Lebensträume gefunden: eine Wohnung im Haupthaus, ein Atelier in der alten Brennerei, ein Lager im Eiskeller und einen fußballfeldgroßen Acker. Den hat er nach und nach mit einer Wallhecke eingefriedet, hat Beete und Rabatten angelegt, alte Obstsorten angebaut und die noch freien Grünflächen zu seinem Außenatelier erklärt.

Hier schweißt er altes Eisen zusammen; „Schrott" sagen die einen, „Fundstücke" sagt der Künstler, der aus dem, was andere achtlos wegwerfen, achtsame Kunst macht. 40, 50 Skulpturen bevölkern inzwischen seinen Garten, der sich auf kuriose Weise und zunächst ungewollt zum regionalen Geheimtipp auswuchs: Ein Männerclübchen mit Bier und Bollerwagen saß eines Tages mitten in der Kunst, prostete sich zu und ließ sich von Peer Christian Stuwe gerne erklären, was sie da umgab: vom Rost patinierte Skulpturen, von Schrottplätzen gerettetes Wegwerf-Eisen, das hier in Westladbergen demjenigen seine Geschichte erzählt, der noch weiß, wie man zuhört.

Der Kunstgarten (fürs Navi: Westladbergen 170 in Saerbeck) und sein künstlerischer Schöpfer freuen sich über Besuch, der selbstredend nichts kostet, sondern im Gegenteil sogar belohnt wird: mit Spuren, die nicht nur nach gestern führen, sondern und vor allem nach morgen, wo sich zeigen wird, wem die Zukunft gehört – der Wegwerfgesellschaft oder der Hoffnung auf Bewahrung der Schöpfung, Achtsam- und Nachhaltigkeit.

Fotos privat

Jahresthema

Prof. Dr. Anton Janßen | Horstmar

Selbst ist der Heimatfreund
Bürgerpark wird von ehrenamtlichen Helfern gehegt und gepflegt

Eine besondere Parkanlage in Horstmar ist der Bürgerpark in der Südwestecke der Altstadt. Er enthält nämlich noch umfangreiche Reste der aus Wall und Graben gebildeten ehemaligen Stadtbefestigung, die noch sehr gut zu erkennen sind. Das ist insofern eine Besonderheit, als fast alle anderen derartigen Befestigungssysteme im 18./19. Jahrhundert vollständig eingeebnet wurden.

Angelegt wurde die Stadt Horstmar, kurz nachdem Fürstbischof Gerhard von Münster im Jahre 1269 die Herrschaft Horstmar „kaufte". 1251 hatte Friedrich von Rietberg sich mit Beatrix von Horstmar vermählt und dabei die alte Herrschaft Horstmar erheiratet. Als er während der Kölner Fehde in der Ritterschlacht bei Zülpich als Verbündeter des Erzbischofs von Köln 1267 von Fürstbischof Gerhard von Münster gefangen genommen wurde, konnte das Lösegeld nur aufgebracht werden, indem Friedrich und seine Gemahlin Beatrix ihre Burg und Herrschaft Horstmar mit allem Grundbesitz einschließlich der Vasallen, Dienstmannen und Hörigen für 1150 Mark an Fürstbischof Gerhard von Münster „verkauften".

Fürstbischof Gerhard von Münster legte gleich nach dem Erwerb der Horstmarer Grafschaft unterhalb der Burg eine Siedlung an und verlieh ihr ein

Luftbilder aus dem Ballon: Horstmar von Südwesten (l.) und Westen (r.) im Jahr 2007. Deutlich sind im Südwesten der Altstadt der Bürgerpark und im Südosten der Park am Münsterhof zu erkennen sowie die Bebauung der Eckbereiche im Nordosten und Nordwesten. Fotos: Stadtarchiv Horstmar/Christian Birghan

Horstmar | Prof. Dr. Anton Janßen

Die Bebauung der Altstadt 1828 zeigt größere Garten- und Parkbereiche in den vier Ecken.
Umzeichnung der Urkarte: Anton Janßen

Befestigungs- und ein Marktrecht, eine eigene Verwaltung und eine eigene Gerichtsbarkeit. Die Befestigung bestand aus einem Wall-und-Graben-System mit in den Binnenwall eingelagerten befestigten Höfen, die Burgmannen als Lehen übertragen wurden. Eine einmal in einer Quelle erwähnte Stadtmauer umschloss aber auf keinen Fall die ganze Stadt. Nur am Sendenhof, dem Sitz des Amtsdrosten des fürstbischöflichen Amtes Horstmar, gab es ursprünglich ein kurzes Stück Stadtmauer als Verbindung zum dortigen Stadttor, das bei der Vergrößerung des Hauses 1756 überbaut wurde. Und am Münsterhof gab es bis zum jüngsten Umbau kleine Reste einer Mauer als Anbindung des Hofes an den Binnenwall.

Auf Grund von Resten im Südwesten der Stadt, dem heutigen Bürgerpark, und vor allem durch die Parzellengestaltung rund um die Stadt ist der Verlauf von Binnenwall und Graben komplett rekonstruierbar. Für einen zusätzlichen äußeren Befestigungswall gibt es zahlreiche Hinweise vor allem auf Grund der Parzellengestaltung, sie sind allerdings nicht ganz so eindeutig wie für den Binnenwall. Dies dürfte damit zusammenhängen, dass bereits um 1755 von „zu Gärten niedergelegten Stadtwällen" gesprochen wurde, von denen man ob der großen Not Miete erheben wollte.

1766 wurden auch die Binnenwälle abschnittsweise an die Anwohner verkauft mit der Erlaubnis, den Graben aufzufüllen, um mehr Gartenland zur Verbesserung der Ernährungsgrundlage zu schaffen. Hierdurch ist eine heute noch nachvollziehbare Parzellierung des Binnenwallbereiches entstanden, die vor allem die Urkarte der Stadt sehr gut zeigt. Sie zeigt aber auch, dass die Burgmänner der Burgmannshöfe in den Ecken sich jeweils ein besonders großes Stück „genehmigten", von denen die beiden im Norden inzwischen bebaut worden sind.

Der große Garten im Südosten am Münsterhof ist wie der Münsterhof selbst immer noch in Privatbesitz, wird aber seit etlichen Jahren zu einem weit über die Grenzen Horstmars hinaus beachteten Rosenmarkt genutzt. Der ehemals zum Borchorster Hof gehörige große Garten im Südwesten wurde im Rahmen der Altstadtsanierung 1978 von der Stadt erworben und 1983/6 in eine öffentliche Grünanlage umgewandelt, nachdem mit dem Heimatverein, vertreten durch Anton Janßen und Arnold Pesch, vereinbart worden war, dass nach Fertigstellung der Heimatverein die Pflege übernimmt. Die Planung der Umwandlung übernahm das Büro Wolters Partner Coesfeld unter Beteiligung des Heimatvereins. Die Umgestaltung selbst wurde von der Stadt im Rahmen einer umfangreichen Arbeitsbeschaffungsmaßnahme durchgeführt. Schließlich wurde der gesamte Bereich der ehemaligen Stadtbefestigung als Bodendenkmal unter Schutz gestellt.

Der Bürgerpark direkt nach der Fertigstellung 1986: Deutlich ist die Wallstruktur zu erkennen.
Foto: Anton Janßen

Die fertiggestellte Grünanlage, als Bürgerpark bezeichnet und genutzt, wurde im Rahmen einer Feierstunde am 21. Oktober 1986 an den Heimatverein übergeben und wird

Die gemütliche Kaffeepause gehört zu jedem Arbeitseinsatz, hier im Jahr 2012.
Foto: Anton Janßen

Horstmar | Prof. Dr. Anton Janßen

Der Bürgerpark zu verschiedenen Jahreszeiten: Im Hintergrund sind zum Teil der Borchorster Hof, zum Teil der Turm der St. Gertrudis Kirche zu sehen.   Fotos: Anton Janßen (l. und o.r.)/Rainer Nix (u.r.)

seitdem von ihm gepflegt. Fast immer treffen sich ein Dutzend oder mehr Heimatfreundinnen und -freunde, wenn zum Arbeitseinsatz aufgerufen wird, auch weil damit immer eine gesellige Kaffeepause mit Schnittchen und selbstgebackenem Kuchen verbunden ist und es meist abschließend noch Kaltgetränke gibt. So ist dieses Fleckchen Erde in der Altstadt zu einer gerne genutzten Oase der Ruhe und Entspannung geworden.

Neben der Pflege haben die ehrenamtlichen Gartenhelfer den Bürgerpark auch schon umgestaltet. So wurden eine Zeitlang das Rundbeet am Eingang und auch Beete im Randbereich in jedem Frühjahr mit Dahlien bepflanzt, die allerdings zum Winter wieder ausgegraben und im Keller eingelagert werden mussten. Seit einigen Jahren zieren diese Bereiche wieder Rosen. Sie wurden Ende 2012 dem Heimatverein von Armin Schulz geschenkt, auch solche, die in einige der alten Obstbäume ranken. Hin und wieder wird der Bürgerpark auch von Horstmarer Künstlern für Skulpturen-Ausstellungen und Installationen genutzt, insbesondere an Tagen der offenen Gärten, bei denen der Rundgang hier startet. Zudem gab es in Ergänzung zum Weihnachtsmarkt 2017 am Borchorster Hof eine wunderschöne Lichtinstallation im Schnee.

Jahresthema

Helma Freese | Greven-Schmedehausen

Porreereihen mit der Schnur gezogen

Oma Guste lehrte das ehemalige Stadtkind alles zum Thema Garten

Ich war in der Stadt aufgewachsen und hatte nie im Leben etwas mit Ackerbau und Viehzucht zu tun gehabt. Da lernte ich den Ludwig kennen – ein Kerl vom Lande – mit eigenem Grundstück in der Bauerschaft Schmedehausen bei Greven. Die Liebe war so groß, ich wäre ihm zum Nordpol gefolgt.

Außerdem hatte er mir versprochen, bei ihm müsste ich im Leben nie wieder hungern. Ob das Argument ausschlaggebend gewesen ist, ich weiß es nicht. Mir als Nachkriegskind aus der Stadt ohne Garten, ohne Vieh, war die Hungerzeit noch im Gedächtnis. Jedenfalls zog ich mit ihm in die Pampa und habe 30 Jahre lang auf dem Lande gelebt mit eigenem Nutzgarten.

Ich musste alles lernen.

Oma Guste, meine Schwiegermutter, zeigte mir, der willigen Stadtpflanze, wie ich den Boden vorzubereiten hatte, was zu säen, zu pflanzen war, zu welchen Zeiten und und und ...

Oma Guste war pingelig. Jede Saatreihe wurde an der Leine im wahrsten

Sinne des Wortes „schnurgerade" gezogen. Da standen die Porrees wie die Soldaten stramm. Die „Pättkes" dazwischen wieder an der Leine: mit Holzschuhen genau abgetreten. Guste hatte so Recht mit diesem Bild. Zunächst nur widerwillig ihre Weisungen annehmend, musste ich einräumen: Es sah einfach besser aus. Ich hatte manchmal andere Vorstellungen, wollte Wildblumen aus dem Graben oder vom Straßenrand im Garten heimisch machen. Das konnte vor ihren Augen nicht bestehen. „Loat dat Untüch wech!" Ich meinte, es hätte alles seine Berechtigung. „Der liebe Gott lässt das doch auch wachsen."

Als Erstes im zeitigen Frühling setzte ich dicke Bohnen. Sie mussten „die Glocken läuten hören", also nur eben mit Erde bedeckt sein. Dann ganz früh, wenn gerade der Frost aus der Erde war, säte ich Möhren. Im Mai wurden Spinat und Stielmus gelegt, auch Stangenbohnen, die gleichzeitig zum Nutzen noch eine wunderbare rote Blüte hatten, sie gehörten einfach in einen Gemüsegarten. Die Ernte von „Kruppbohnen" (Strauchbohnen) fiel immer so groß aus, dass ich den Überschuss verkaufte: In Ein-Pfund-Tüten nahm der Nachbar Tonius Helmig sie mit zum Wochenmarkt. Erbsen mussten nach dem Aufgehen angehäufelt werden, und Ludwig gab ihnen mit Reisig den Halt. Er beschnitt die Ruten exakt oben und auch seitlich. Er war ein Ästhet.

Die Draußenarbeit machte mir mehr Spaß als die Hausarbeit. Wenn ich sah, wie die winzigen Körnchen Saat die Kraft hatten, die Erde zu heben, kam mir

das wie ein Wunder vor. Im Garten zu säen, dann zu pflanzen, zu hacken und später zu ernten ist etwas so Schöpferisches, und man sieht, was man schafft – und ich war stolz. Außerdem bekam ich von überall Lob für meinen Garten. Spaziergänger blieben oftmals stehen und bewunderten die Blumenpracht direkt am Zaun: Hornveilchen, Tagetes, Margeriten, Rittersporn und dahinter alle Gemüsesorten.

Argumente, dass sich manches nicht lohne, ließ ich nicht gelten. Klar, wenn man überlegt, dass man das Erbsensaatgut auslegt, dann Ruten aus Reisig ansetzt und danach zur Ernte in einem riesigen Berg von Grün umgeben dasitzt und einen Korb von Schoten hat, aus denen schließlich frische, kugelrunde grüne Erbsen in einem relativ kleinen Schüsselchen Platz finden, da kam ich mir manchmal vor wie Aschenputtel.

Sicher bringt jede Tiefkühlkost-Firma Gemüse bequemer ins Haus. Aber meine Ernte war garantiert frei von Chemie.

Fotos Helma Freese

Jahresthema

Frank Bosse | Tecklenburg

Kleinod mit anspruchsvoller Topographie
Der Kurpark am Südhang des „Kahlen Berges" wird 35 Jahre alt

Als in den Jahren 1973/74 die Entscheidung für den neu zu gründenden Großkreis Steinfurt mit Sitz der Kreisverwaltung in Burgsteinfurt gefallen war, glaubten nicht wenige Tecklenburger, dass in ihrem geliebten Städtchen „bald die Lichter ausgehen" würden. Immerhin war bis dahin die Verwaltung der mit Abstand größte Arbeitgeber in der alten Kreisstadt, und es war üblich, dass Verwaltungsbeamte ihren Wohnsitz am Dienstort nahmen. Für größere Gewerbe- oder gar Industrieansiedlungen bot die Stadt auf Grund ihrer topografischen Gegebenheiten keine Möglichkeiten. Auch für die wenigen noch vorhandenen Handwerksbetriebe gab es keinen Raum für Erweiterungen.

Tecklenburg hatte als zentrale Verwaltungs- und Kreisstadt schon eine lange Tradition, die spätestens 1891 mit dem Bau des Landratsamtes durch Landrat Belli (1883-1921) begann. Das Landratsamt, auch als Ständehaus bezeichnet, prägte fortan gemeinsam mit dem alten „Kurhotel Burggraf" das Stadtbild.

In Anbetracht dessen, dass der Kreissitz nun verloren war – die lokale Presse sprach in einem Leitartikel von „Wegnahme" – und damit eine gravierende Strukturverschlechterung einherging,

Im Landschaftspark blüht der Rhododendron in vielen Farben. Foto: Frank Bosse

mussten neue Akzente gesetzt werden. Ein Gutachten hatte festgestellt, dass sich „Tecklenburg mit seiner reizvollen Landschaft, umgeben von ausgedehnten Waldgebieten und auf Grund seines Klimas für Erholungszwecke direkt anbietet". Davon inspiriert, besannen sich die Bürger und Ratsmitglieder bald auf die wirklichen Stärken der Stadt und stellten fortan die Förderung des Fremdenverkehrs als primäres Ziel in den Mittelpunkt ihrer Überlegungen.

Folgerichtig wurde als eine der ersten Maßnahmen beschlossen, der nördlichsten Bergstadt Deutschlands, die nachweislich bis heute eine besonders gute Luftqualität hat, den Titel "Staatlich anerkannter Luftkurort" zu verleihen. Da ein Kurort nach Vorgabe der Landesregierung aber auch einen Kurpark haben muss, beschäftigten sich Stadtrat und Verwaltung sofort mit der Planung einer solchen Parkanlage im Norden der Stadt. Als ideales Gelände bot sich dafür abseits von lärmenden Verkehrswegen die Senke zwischen dem Südhang des „Kahlen Berges" und der historischen Bebauung an der Ibbenbürener Straße an.

Seit 2016 finden auch Konzerte im Kurpark statt.
Foto: Frank Bosse

Hier lagen die Gärten und kleinen Felder der Tecklenburger Ackerbürger, wurde das Vieh unter anderem über die „Köttelstraße", der heutigen Brunnengasse, auf die sumpfigen Wiesen getrieben. Dazu gab es am Südhang ein paar Laubenanlagen. Diese Idylle mit Blick auf die Altstadt inspirierte immer schon Künstler wie Otto Modersohn, Fritz Haase, Alf Depser und viele andere zu weithin bekannten, schönen Landschaftsbildern. Problematisch für die Pflege als naturbelassener Landschaftsgarten ist jedoch bis heute die Überdüngung des Bodens im Bereich der früheren Gärten, was zu unerwünschtem Wildwuchs von Brennnesseln und Ranken führt.

Erste Grundstücksverhandlungen wurden 1979 aufgenommen und am 20. März 1980 eine Veränderungssperre für das zukünftige Parkgelände, das laut Vorgaben der Landesregierung mindestens fünf Hektar umfassen musste, beschlossen. Die Planung sah die Investition von 1,36 Millionen Mark für den Grunderwerb, die Erschließung und die Anlage des Parks vor, von denen die Stadt zwanzig Prozent zu schultern hatte. Die außerordentlich hohe Bezuschussung wurde im Rahmen eines besonderen Kulturförderungsprogrammes vom NRW-Minister für Arbeit, Gesundheit und Soziales zugesagt.

Die Landschaftsarchitektin Edeltraud von Helmolt aus Münster stellte in ihrem Entwurf die Konzeption des zukünftigen Kurparks ausdrücklich als „Landschaftspark" vor: „Erlebnis von Ruhe, Beobachtungsmöglichkeiten für den Wechsel der Jahreszeiten, Ausblicke aus dem Wald auf die Wiesen, reizvolle Blickbeziehungen vom Kurpark in den historischen Ort mit den Kirchen und der Burg, bewusste Herausstellung von natürlich anstehendem Fels, kleine Gewässer, ein Feuchtbiotop. Dazwischen sollten entlang und gegen die Höhenlinien Wege in verschiedenen Breiten angelegt werden." Den einmaligen und unvergleichlichen Charakter des neu zu entwickelnden Kurparks unterstrich dabei die anspruchsvolle Topografie des Geländes.

Als eine flankierende Maßnahme zur Ankurbelung des Tourismus ließ sich der örtliche Verkehrsverein ein deutschlandweit angebotenes Heilkräuterseminar einfallen. Die Resonanz darauf war so groß, dass schon 1980 zwei Veranstaltungen stattfanden und seitdem in jedem Jahr aufs Neue angeboten werden.

Am 4. September 1981 wurde der endgültig 5,5 Hektar große und rund 1,4 Millionen Mark teure Kurpark vom Minister für Arbeit, Gesundheit und Soziales Prof. Dr. Friedhelm Farthmann offiziell seiner Bestimmung übergeben. Der alte Baumbestand war ausgelichtet, über 6000 Waldstauden, über 4000 Blumenzwiebeln und über 2000 flach wachsende Gehölze wie Rhododendren und Azaleen neu gepflanzt worden. Vier Zugänge im Bereich der Altstadt an der Ibbenbürener Straße, der Evangelischen Stadtkirche, dem neuen Siedlungsgebiet Ekenhoff und vom Freibad kommend machen den Park gut erreichbar. Die Zuwegung von der Ibbenbürener Straße überspannt seit März 2008 ein alter Tecklenburger Spruchbalken aus dem Jahre 1613. Durch Zufall 2008 in der Lönsheide entdeckt, wo einst der Ladberger Heimatverein zuhause war, holte ihn der Geschichts- und Heimatverein nach Tecklenburg zurück. Restauriert und mit einem Schutzdach ausgerüstet konnte er gemeinsam mit den Fachleuten des Bauhofes auf festen Fundamenten aufgestellt werden.

Inzwischen erfreuen sich die „Tecklenburger Heilkräutertage" bis weit über die Landesgrenzen hinweg großer Beliebtheit. So nimmt es nicht wunder, dass 1988 aus Anlass des 600-jährigen Jubiläums der Stadt mitten im Kurpark ein Heilkräutergarten angelegt wurde. Die 2012 verstorbene Ibbenbürenerin Gisela Schmidtlein, damals Vorsitzende des „Verbandes der Heilkräuterfreunde Deutschlands", freute sich sehr darüber: „Dieser Garten ist einmalig in Norddeutschland". Küchen- und Heilkräuter kann man hier in dichter Fülle kennenlernen und schmecken. Duftkräuter ergänzen inzwischen die Bepflanzung.

Der Zugang zum Landschaftspark führt durch einen alten Torbogen. Foto: Frank Bosse

Von einem „Eldorado für Kräuterfans" sprach die Presse. Kleine Schilder nennen die lateinischen und deutschen Namen der Pflanzen. Eine große Schautafel weist auf den Anwendungszweck der Kräuter hin. Ehrenamtlich trifft sich bis heute einmal die Woche eine Gruppe

"Kräuterfrauen" zur Pflege der Anlage. Sie hatten als Mitglieder des „Kneipp-Vereins Tecklenburg" bald nach Eröffnung des Gartens die Patenschaft übernommen.

Bannings Laube wurde vom Geschichts- und Heimatverein angelegt und betreut.
Foto: Frank Bosse

Zu Ehren des Leibarztes der Tecklenburger Gräfin Anna, Jan Wier, wurde aus Anlass seines 500. Geburtstages im Jahr 2016 dem Kräutergarten noch ein Arzneimittelgarten hinzugefügt. Der aus der Stadt Grave in der niederländischen Provinz Brabant stammende Dr. Wier, dem bereits früher auf der Burg der „Wierturm" gewidmet wurde, war ein früher Verfechter der Naturheilkunde. Er erlangte unter anderem große Berühmtheit durch seine detaillierten Abhandlungen über die Anwendung und Wirkung von Arzneimittelpflanzen.

Etwa zur selben Zeit wie der Kräutergarten wurde 1988 auf einer Terrasse oberhalb des Gartens im Bereich des „Sonnenweges" eine Kneipp-Anlage mit Wassertretbecken angelegt, und es gründete sich der „Kneipp-Verein Tecklenburg". Er veranstaltet regelmäßig Wanderungen mit anschließendem Wassertreten und kühlenden Armgüssen. Das frische, zwölf Grad kalte Wasser läuft stetig aus einem Bohrbrunnen in die Becken. Von der Kneipp-Anlage fließt es weiter durch den Kurpark über eine 2007 angelegte Kaskade, ehe es sich im unteren Teich sammelt. Der 2016 angelegte kleine Barfußweg ergänzt mittlerweile das Ensemble. Dank des regen Kneipp-Vereins, der unter anderem Nordic Walking, Wassergymnastik, Gesundheitsvorträge und Wanderungen auf einem ausgeschilderten Kneipp-Rundwanderweg anbietet, erhielt der Luftkurort Tecklenburg im Jahre 1999 zusätzlich die offizielle Anerkennung als „Kneipp-Kurort".

Ehrenamtlich engagieren sich auch seit weit über 20 Jahren Mitglieder des Geschichts- und Heimatvereins Tecklenburg (GHV) bei der Pflege des Kurparks. Schon 1997 legte der GHV am Sonnenweg einen Ruheplatz an, der fünf Jahre später „Bannings Laube" getauft wurde. Er bietet einen herrlichen Blick auf die historische Altstadt und die Burg und befindet sich im Bereich der früheren Gartenlaube des Tecklenburger Kaufmanns Banning. Seiner Familie gehörten 1,4 Hektar des heutigen Kurparks. Bannings Haus stand immer für eine Vielzahl von Gästen offen. So genoss auch der Maler Otto Modersohn, wenn er seinen Bruder in Tecklenburg besuchte, oft die Gastfreundschaft. Ihm hatte es wohl vor allem Sophie Banning, die Schwester von Hans Banning, angetan. Eine Tafel informiert über die geschichtlichen Zusammenhänge. Aber auch in vielen älteren Bürgern Tecklenburgs weckt „Bannings Laube" manche Jugenderinnerung, die man sich schmunzelnd in schönen Anekdoten erzählt. Eine neu aufgerichtete und um mächtige Bruchsteine ergänzte Trockenmauer im Rücken der Ruhebänke schafft eine geborgene Atmosphäre.

Als die nach der Ausdünnung des Waldes noch verbliebenen Fichten 1999 restlos dem Borkenkäfer zum Opfer fielen, setzen die GHV-Mitglieder links und rechts der vom Sonnenweg abgehenden langen Treppe 40 Laubbäume, vornehmlich Wildkirschen, Ebereschen und Erlen. Zuvor wurden bereits etwa 100 einheimische Gehölze wie Pfaffenhütchen, Hartriegel, Flieder und Haselnuss gepflanzt. Ein Jahr später ergänzten die ehrenamtlich Aktiven vom GHV eine Hainbuchenhecke am Sonnenweg zur Einfriedung des Kurparks.

Im Rahmen der Umweltwoche 2002 legte der GHV außerdem im Bereich des Öko-Lehrpfades eine Obstbaumwiese an. Kirsch-, Birnen- und Walnussbäume kamen dazu.

Ein Boule-Platz entstand im Jahr 2007. Einheimische und Gäste können sich hier in der Stille des Parks mit ungestörter Konzentration dem Spiel mit den Kugeln widmen. Alljährlich richten der Verkehrs- und Wirtschaftsverein Tecklenburg und die Interessengemeinschaften der Ortsteile Brochterbeck, Ledde und Leeden sogar einen Stadtwettbewerb aus.

Die jüngste Ergänzung der Parkgestaltung und -weiterentwicklung wurde 2015 ausgeführt: Ein Rondell am unteren Südhang bietet nun Platz für eine kleine Gruppe Musiker. Nicht laute Beschallung soll zukünftig den Ruhe suchenden Gast belästigen, sondern leichte, wohl temperierte Musikstücke oder Jazz. Der sonnenüberflutete Hang unterhalb von „Bannings Laube" bietet den Freunden dieses Angebotes ausreichend Platz. Erste kleine Konzerte bestätigten bereits das Konzept der Tecklenburg Touristik und lockten viele neue Besucher an. In einem Presseartikel aus dem Jahr 2017 heißt es: „Ein stimmungsvolleres Ambiente als der Kurpark mit seinen verwunschenen Ecken und schattigen Plätzen unter den Bäumen dürfte im gesamten Kreis wohl kaum zu finden sein."

Quellen

Archiv der Stadt Tecklenburg

Frank Bosse: Aufsatz im „Jahrbuch Kreis Steinfurt 2014"

Frank Bosse: Broschüre Landrat Belli, 2015

Tecklenburger Landbote vom 26. Oktober 1974, 3. Januar 1980, 9. Juli 1980, 17. März 1981, 1. und 9. September 1982, 16. Mai 1988, 7. August 2002, 12. Juni 2017

Tecklenburg Touristik GmbH: mündliche Hintergrundinformationen

Ludger Plugge

Gröön

De Tiddel van dütt Kreisjaohrbook häw wat met „gröön" to doon. De vöschaidenen Farwen niëm wi äs een Priëkel waor, wenn Lecht in usse Augen föllt. Dat häw wat met bestemmte Wellenlängen to doon. Un wenn dat alls päss, dann seih wi „gröön".

Dat Waort „gröön" kümp van dat olthaugdütske „gruoen", wat soviël bedütt äs wassen, utdriwen. Besunners in't Fröhjaohr sägg us dat Gröön dän Anfank van dat niëe Wassen an. Nich ümsüss denkt viële Mensken forts an eene grööne Wieske, Baime, Appeln of sowat. Dat ligg daoran, dat in usse Natuur viël Grööntüügs vüörkümp.

Ower de Farwe Gröön seih wi jä an so viële Stiärn in't ganze Liäwen un et kick us alleerwäggen un rundümto in'e Mööte. Ick häb mi äs dranmakt, häb simeleert un naofüörsket, wao ick de Farwe Gröön finn'n konn, un ick häb auk wat funn'n. Ick sägg apat forts daoto, dat ick kienen Ansprüek up Vullständnigkeit häb, weil dütt Book daoto viëls to min is un – weil ick auk wisse nich alls funn'n häb.

Et giw Küeriën üöwer „de grööne Siete" van een Mensk. Dat sall dann dat Biätere van em sien. Wenn eener dän änneren „nich gröön" is, dann päss dao wat nich, un et konn wull Tiet wäern, düörtogriepen of uptorüümen tüsken de beiden. Gröön ächter de Aohren of een Gröönschnabel sien, sägg us, dat eener no nich gaas erwassen is un em no wat an Wiëtten schiält. De Amerikaners küert auk van een „Greenhorn".

Dat Waort „Gröön" häöllt auk bi de Politik nich still. Jedereen kennt de „Grünen". In'e Schweiz brück de Volkspartei de Farwe Gröön äs üöhr Kennteken. De Anstriekers suorgt för grööne Farwe, wenn se extrao blaue un giäle Farwen misket.

Vüör hunnert Jaohr wassen bi Autolaipe för de Wiägens van de enselnen Länner ganz bestemmte Farwen vüörgiëben. De englisken Rennwiägens hadden de Farwe Gröön. Un dat „British Racing Green" wiest nu nao up de van Ollers hiär grööne Farwe för de britisken Bensinkutsken.

Auk in'n Straotenvökäer kümp de Farwe vüör. Dat Gröön an de Ampel sägg: „Nu laot't män gaohn." „Grööner wä't nich," hett et, wenn eener vüör de grööne Ampel stait un nich lossföert, weil he 'n lück an't Däösen is. Dat Tüügs van de Soldaoten is in sick miäst gröön, weil se sick daomet biätter vöstoppen un van'n Fiend nich so fröh seihn wäern küennt.

De Pullen met Rautwien sint gröön, daomet nich soviël Lecht an dat guëte Natt in de Pulle kümp.

In de Krankenhüser is dat Tüüg van de Dokters un dat Pliägevolk in de Opperationssäöle gröön. Fröher hadden de alle witte Kiels un Schüörten an. Pat daodrup saogen Blootpläcken viël gefäöhrlicker ut, äs up gröön Tüüg.

Et giw viële Sprüekwörder, in de de Farwe Gröön 'ne Rulle spiëlt. Wenn eener säggen will, dat auk bi ännere Lüde nich alls liekut löpp un he eengslik ganz guet tofriär is, dann konn he wull säggen: "Dat Gräss in Naobers Gaorn is auk nich grööner. Ick häbt owwer biäter, wildat Naobers Gräss länger is äs mien Gräss. Deswiägen mot he düsse Dage all wier met de Saise dranlangs un ick nich. Dä!"

Anmerkungen

Priëkel = Reiz

Karikatur

Heinz Mussenbrock

Nu föehr doch loss, du Däöskopp, grööner wät 't nich!

Füör all düt un füör all dat

Hans Lüttmann

Mien Rautwienglas full Summerwind,
so swiëmelsööt de Nacht.
Giëstern was ick dauw un blind,
häbb blooß liekuut dacht.
Joe Cocker singt in't Radio
Woodstock is wiet weg.
Ick kann fleigen un ick gaoh
hen wohen't mi treckt.

So naakend äs een Winterbaum
de Maondschien is mien Kleed.
Daorwind tüschken Lecht un Draum,
ick weet nich, wat ick weet.
Füör all düt un füör all dat,
help mi, dat ick't kann;
füör all düt un füör all dat,
fang ick von vüörne an.

Met Riägen wett de Muorgen wack,
verbaast is noch mien Sinn.
Du mäcks miene Siäle satt,
du weeß, we ick bin.
Wiet weg bis nao Weet-nich-wo
dei'k nu met di gaohn.
Mak de Düörn nao achten to:
Ick mott nix miähr verstaohn.

Jahresthema

Marlies Kiffmeyer | Ibbenbüren

Grüne Lunge, gut durchdacht

Ehemaliger Steinbruch wurde in einen Park umgewandelt

Der Kreis Steinfurt hat viel zu bieten, gerade im grünen Bereich. Heute mache ich mich auf den Weg, um ein Kleinod im Ibbenbürener Raum Bockraden-Dickenberg zu erkunden. Verabredet bin ich mit Gisela und Lothar Huss.

Das sympathische Ehepaar begrüßt mich freundlich. Im großen Büro sehe ich viele Bilder, Skulpturen, Bücher und vieles, was die Familie ein Leben lang beruflich und privat interessiert hat. Die Lehrerin Gisela Huss arbeitet gerade an der historischen Schulgeschichte von Bockraden und sortiert alte Klassenfotos. Lothar Huss ist ein begeisterter Architekt, und kann nun im Rentenalter seiner großen Leidenschaft, der Landschaftsarchitektur, nachgehen, die Natur genießen und gestalten.

Ich bin gekommen, um den alten Steinbruch zu besichtigen, der zu einem wunderbaren Landschaftsgarten umgewandelt wurde. Zum ersten Mal habe ich diesen Park 2015 betreten. Es war ein von der Katholischen Frauengemeinschaft organisierter Tag der Begegnung. Jahrzehntelang befuhr ich die Recker Straße nach Ibbenbüren, ohne zu ahnen, wie viele wunderschöne Naturgebilde das Auge hier erfreuen.

Um 2001 wurde das ganze Gelände

Der alte Steinbruch setzt sich respektlos in Szene.
Foto: Marlies Kiffmeyer

überplant und der Steinbruch mit der Grünanlage zu einem Ganzen verbunden. Der Park erstreckt sich nun über wechselnde Höhen. Die Gestaltung dieser Anlage lag in den Händen von Lothar Huss zusammen mit Ludger Otte und Siegfried Onken. Entstanden ist eine Grünlandschaft von 2,2 Hektar Größe mit großen Rhododendronbüschen und vielen heimischen Bäumen. Mal sind es Ilex und Birken, dann wieder moosbewachsener Boden. Dazwischen geschichtetes Holz und ein kleiner Haufen gespaltener Bruchsteine, von Kieselsteinen besetzt, erfreuen das Auge. Die Buchen haben hier eine hervorragende Stellung, und viele von ihnen haben einen beträchtlichen Umfang.

Lothar Huss erzählt, dass die Buche sehr eigenwillig ist und keine Konkurrenten duldet. Selbst kleine Nebenbäume werden nur mit dem Nötigsten versorgt. Zuerst kommt der Hauptbaum und beansprucht nachhaltig alle Mineralstoffe für sein Wachstum und Fortbestehen. Ein alter Stieleichen-Solitärbaum inmitten des Parks ist bereits 240 Jahre alt und hat ein ausladendes Blätterdach. Im Sommer findet man im Gelände Wildorchideen, viele Wildkräuter und seltene Pflanzen, die wiederum Bienen und Insekten anlocken. Außerdem gibt es am Steinbruchteich Grillen und Libellen. Die Prachtlibelle, Blaue Jungfer, schwingt ihre Flügel gen Himmel und genießt die weite Landschaft. Im Tümpel verstecken sich Molche, sogar welche mit roten Bäuchen.

Alles Lebendige ist wunderbar verbunden mit der Natur ringsumher. Geht der Blick nach oben, sieht man oberhalb des Steinbruchs ein Teehaus. Es lädt zum Verweilen ein. Viele Skulpturen, darunter auch „Leben und Tod" von Alfons Sumpmann, unterstreichen die gelebte Philosophie dieser Landschaft. Ruhe und Gelassenheit kann man hier üben und genießen. An der Grenze des Geländes hat man einen freien Blick bis nach Ibbenbüren und kann die großen Kühltürme, Wahrzeichen der Kohlemetropole, aus der Ferne sehen.

Herausgestellt wurde hier der Charakter der freien Natur, die wunderbar mit dem eingebetteten Steinbruch zusammengeht. Die Anpflanzung, die hinzugekommen ist, fügt sich harmonisch ein. Die grüne Lunge ist gut durchdacht. Alles harmoniert miteinander. Die einzelnen Abschnitte des Areals sind über kleine Treppen, die die Fußbewegung sanft aufnehmen, zu erreichen. Hier bietet sich dem Auge immer wieder eine andere Perspektive. Die Seele des gestressten Menschen kann hier Ruhe finden.

Die Akustik im Steinbruch ist hervorragend. Ohne Mikrofon kann hier für eine größere Gruppe ein Vortrag oder eine Andacht gehalten werden, auch ein Konzert mit vielen Solisten würde gut hierher passen. Das Ambiente gibt alles her. Die Rehe, die im angrenzenden Wald leben, werden von einem Zaun notgedrungen aufgehalten, damit sie nicht die liebevoll angepflanzten Rosen, die ihnen hervorragend munden, als Futterquelle nutzen. Auch die Vogelwelt ist hier zahlreich vertreten und kann die Brut ungestört aufziehen, es sei denn, dass natürliche Feinde im Anmarsch sind. Im Gelände finden sie Nahrung

Der Steinmetz liebt seine Arbeit und hat viele steinerne Hinterlassenschaften. Foto: Marlies Kiffmeyer

Marlies Kiffmeyer | Ibbenbüren

Der Frosch hat den Bogen heraus.
Foto: Marlies Kiffmeyer

im Überfluss. Fledermäuse gibt es im Steinbruch reichlich. Die nachtaktiven Tiere sind schnell auch mal im häuslichen Bereich, wenn man nicht aufpasst. Weiche Tücher hindern sie dann daran, den Wohnbereich zu erobern. Ansonsten haben sie hier einen geschützten Lebensraum mit unendlicher Ruhe. Ein Gemüsegarten ist wie selbstverständlich eingebettet in diese Naturidylle. Die herrlich duftenden Rosen geben einen nachhaltigen Blickfang für das verwöhnte Auge.

Auch bei Regen ist die Landschaft schön. Man wird gelassener und das Leben ist gut, selbst wenn es gerade nicht so rund läuft.

Der Reiz dieses Parks sind die unterschiedlichen Höhen, eingerahmt von kunstvollen, neu angelegten Wasserbecken mit Steinfiguren. Hier ein festlich gedeckter Tisch, der zum Verweilen einlädt, dort eine Pergola. Dazwischen finden wir wie zufällig aufgebaut Skulpturen, die das Auge auf sich lenken. Auch rostige Kunstgebilde machen sich durch Größe und Originalität bemerkbar.

Die Geschichte „Sandsteinbruch Frehe" beginnt 1890 mit Klemens Wefel genannt Frehe. Danach folgten Heinrich Frehe (1872-1962) und Josef Frehe (1903-1983). Zwischenzeitlich wurde der Steinbruch für einen Bruchzins an verschiedene Betreiber und Einzelpersonen verpachtet – unter anderem an Peter Woitzel in den 1980er Jahren. Gisela Huss, geborene Frehe, erwarb ihn im Jahre 1970, und so blieb der Steinbruch in der Familie. 1969 wurde die Steingewinnung eingestellt. Gehölzstreifen mit sanften Schwüngen und neue Beetstrukturen ergänzen jetzt den Grüngürtel, und die Landschaft konnte sich neu entfalten.

Die Landschaft, die Ibbenbürener Bergplatte, ist Bestandteil des Oberkarbons des Ruhrgebiets und bildete sich durch Auffaltung der Alpen. Sie ist heute etwa 15 Kilometer lang und 5 Kilometer breit und befindet sich im Einflussbereich des Bramscher Intrusivs, das erdgeschichtlich vor etwa 300 Millionen Jahren im Karbonzeitalter entstanden ist. Der westliche Teil ist der Dickenberg, der östliche Teil der Schafberg, getrennt durch die Talung Bockradener Graben.

Die Parklandschaft in Bockraden erstreckt sich in grüner Majestät.
Foto: Marlies Kiffmeyer

Das Tor ist weit geöffnet, die Besucher können kommen. Foto: Marlies Kiffmeyer

In diesem geologischen Sondergebiet sind abbaufähige Vorkommen wie Kohle, Sandstein, Ton, Kalkmergel, Sand, Eisen-, Blei- und Zinkerz vorhanden, die seit Generationen abgebaut, verarbeitet und vertrieben wurden.

Lothar Huss hat eine kleine Ausstellung zusammengestellt. Zu sehen sind hier Spitzhacke, Hundezahn und viele Gerätschaften, die zur Sandsteingewinnung benötigt wurden. Wer kennt noch die Seilwinden oder die kleinen Keile, die oft selbst aus alten Bohrstangen der Preussag gefertigt wurden. Hier finden wir die Picke, die in mühseliger Schmiedekunst hergestellt wurde. Die „Dicke Berta", eine gewaltige Brechstange, könnte mit Sicherheit traurige und auch beeindruckende Geschichten über die Steingewinnung erzählen. Schautafeln erzählen die Entstehungsgeschichte der Ibbenbürener Karbonscholle. Der Landschaftsgarten mit Steinbruch soll etwas Besonderes bleiben und wird deshalb für sozial und kulturell orientierte Gruppen nach vorheriger Abstimmung mit der Familie Huss zu festgesetzten Zeiten geöffnet, und alle, die dann kommen und schauen, werden beglückt sein.

Quellen

Lothar und Gisela Huss

Reinhard Braun: Dickenberg – Ibbenbürener Karbonscholle und angrenzende Kulturlandschaft, Ibbenbüren 2014

Jahresthema

Susanne Treutlein | Kreis Steinfurt

Romantik trifft Moderne

Die GartenLandschaft Münsterland hat eine große Bandbreite

In ihren Bildern aus Westfalen beschreibt Annette von Droste-Hülshoff (1797-1848) drei Jahre vor ihrem Tod recht nüchtern die Physiognomie der Landschaft. „In den Grenzstrichen des Bistums Münster" sieht sie „eine trostlose Gegend!" Zwei Seiten weiter allerdings ist der Ton ein ganz anderer, und fast schwelgerisch beschreibt sie, wie rund um „einen Wasserspiegel, von Schwertlilien umkränzt, Tausende kleiner Libellen wie bunte Stäbchen hängen" und sieht einen „Eichenbestand von tadelloser Schönheit".[1]

Der Landschaftspark Bagno in Steinfurt ist hier mit Blick auf das Schloss zu sehen. Foto: Kreis Steinfurt

Die westfälische Dichterin hat in ihrem Werk zahlreiche detailreiche Schilderungen hinterlassen, die einen guten Eindruck dieser Landschaft mit ihren Schlössern, Burgen und Herrenhäusern und den dazugehörigen Gartenanlagen und Parks vermitteln. Dieses Kulturerbe ist heute im Kreis Steinfurt und im ganzen Münsterland zum größten Teil zugänglich und wird ergänzt durch moderne Landschaftsparks wie zum Beispiel in Rheine-Bentlage.

Romantik und Moderne sind ein attraktives Paar im Münsterland: Der Gartentourismus stützt sich generell auf historisch bedeutende Anlagen. Die Entwicklung der Gartenarchitektur im 20. Jahrhundert bis heute ist ein Angebot an den modernen Menschen und dessen Hektik des Arbeitsalltags, das Momente der geistigen und körperlichen Entspannung bietet. Diese gartentouristische Ausrichtung stellt einen Spannungsbogen dar, den Gartenregionen wie Dessau-Wörlitz oder Potsdam, die sich ausschließlich auf ihr kulturelles Erbe und ihre historische Bedeutung berufen, nicht zu bieten haben. Das Zusammengehen von historischen und modernen Anlagen im Vermarktungskonzept des Vereins „Das Münsterland – Die Gärten und Parks" stellt ein Alleinstellungsmerkmal dar in der Vielfalt der Gartenlandschaften Deutschlands, das

Kreis Steinfurt | Susanne Treutlein

Mit der alten Holzbrücke zeigt sich der Landschaftspark Bagno in Steinfurt von seiner romantischen Seite.
Foto: Kreis Steinfurt

mit dem Titel „Romantik trifft Moderne" verfolgt und kontinuierlich ausgebaut wird.

Im Zuge des NRW-Programms der REGIONALE 2004 links und rechts der Ems fand die Kulturlandschaft der Kreise Warendorf und Steinfurt mit ihren Gartenanlagen und Parks Beachtung: Der Landschaftsverband Westfalen-Lippe veröffentlichte ein Buch mit Reisekarte, das 13 Anlagen im Kreis Steinfurt porträtierte. Dargestellt sind unter anderem der Bagno-Park und der Kreislehrgarten in Steinfurt, der Botanische Garten Loismann in Ibbenbüren-Dörenthe, die Gärten am Haus Marck in Tecklenburg und das Heckentheater Kattenvenne in Lienen.[2]

Das 2003 durch ein EU-Förderprojekt ins Leben gerufene European Garden Heritage Network (EGHN) mit Sitz im Zentrum für Gartenkunst und Landschaftskultur in Schloß Dyck widmet sich der großen Gartentradition in Nordrhein-Westfalen und entwickelte mit den Partnern vor Ort, dazu gehört auch der Kreis Steinfurt, regionale Gartenrouten für das Münsterland, das Ruhrgebiet und das Rheinland sowie für Ostwestfalen-Lippe. Ein handliches Büchlein beschreibt jede Gartenroute und vermarktet diese seit 2005 touristisch.[3] Heute gehören zum EGHN 190 Gärten und Parks aus 14 europäischen Ländern.

Nach dem Abschluss der REGIONALE 2004 gab es Überlegungen, das Thema Gärten und Parks und die Entwicklung eines kulturtouristischen Profils für den

Kreis Steinfurt zu forcieren. Eine vom damaligen Landrat Thomas Kubendorff angeregte Studie zum Potential dieses Themas kam zu dem Ergebnis, dass hier durchaus ein Schatz schlummert, den es zu heben gilt. Darüber hinaus empfahl die Studie, münsterlandweit zu agieren.

So kam es im November 2006 zur Gründung einer Initiative „Das Münsterland – Die Gärten und Parks", die 2008 in einen von allen Kreisen im Münsterland politisch und finanziell getragenen Verein überging. Dadurch legten die Verantwortlichen ein tragfähiges Fundament für die Entwicklung der Gartenlandschaft im Münsterland und machten die Gärten und Parks zu einer kraftvollen touristischen Säule der Angebotspalette des touristischen Dachverbandes „Münsterland e. V.". So ist es nur konsequent, dass der Verein eine jährlich erscheinende Broschüre herausgibt, die weit über 100 Veranstaltungen, Pauschalen und Angebote der Garten-Akademie Münsterland enthält, und sie jedes Jahr Anfang März auf der ITB, der weltweit größten Tourismusmesse, vorstellt. Mit einer Auflage von mittlerweile 35.000 Exemplaren ist die Broschüre das Herzstück der Aktivitäten des Vereins und findet Verbreitung über das Münsterland und NRW hinaus. Dabei ist die Kooperation mit anderen Gartenregionen, wie mit den Gartenträumen in Sachsen-Anhalt, dem Bayerischen Gartennetz und mit Gärten ohne Grenzen im Saarland von großer Bedeutung. Die Zusammenarbeit mit der äußerst krea-

Das Kleinod im Kreis Steinfurt, das Heckentheater Kattenvenne, fasziniert auch mit seinen Skulpturen.
Foto: Kreis Steinfurt

Kreis Steinfurt | Susanne Treutlein

Die Königsseen hinter Haus Marck in Tecklenburg sind eine der verträumten Ecken im Kreis Steinfurt. Foto: Kreis Steinfurt

tiven Freien Gartenakademie Münster, der Offenen Gartenpforte in Westfalen und natürlich dem Gartenportal des Landschaftsverbandes Westfalen-Lippe ermöglichen weitere Zugänge, Projekte und Partner, so dass die Arbeit des Vereins niemals zum Stillstand kommt.

Beispielhaft ist hier die münsterlandweite Reihe „Trompetenbaum und Geigenfeige" zu nennen, die seit elf Jahren jeden Sommer zwölf bis fünfzehn Gartenanlagen unterschiedlicher Art präsentiert in Kombination mit einem Open-Air-Konzert regionaler Musikerinnen und Musiker und einer kompetenten Gartenführung. Ziel ist es, die Vielfalt der Gärten und Parks im Münsterland, und zwar sowohl öffentliche wie auch private Anlagen, in Szene zu setzen und dem Publikum den Reichtum der münsterländischen Kulturlandschaft vor Augen zu führen. Diese erfolgreiche Reihe, die exemplarisch das Anliegen des Vereins darstellt, wird nicht ohne Grund durch die Regionale Kulturpolitik des Landes NRW als Projekt gefördert.

Darüber hinaus konnte der Kreis Steinfurt mit der Erfindung von „parkleuchten", eine Inszenierung mit Licht, Musik und Texten, jeweils am Ende der Sommerferien in Nordrhein-Westfalen, eine erfolgreiche Marke etablieren, die jedes Jahr einen Park oder eine große Anlage in Verbindung mit einem historischen Ortskern als Kunstraum inszeniert und damit ein großes Publikum anlockt. Parkleuchten ist als Werbeträger für das Thema Gärten und Parks von großer Bedeutung und findet im Kreis Steinfurt begeisterte Zustimmung.

Glücklicherweise liegen Slogans wie „Ruhe im Garten", „Garten und Gesundheit", „Entschleunigung im Grünen" und viele mehr im Trend und lassen sich auch hier in der Region umsetzen. Ein jährlich im November stattfindender Workshop mit Gartenakteuren und Gartenkennern eröffnet Jahr für Jahr neue Themen, Ideen und mögliche Projekte.

Gärten und Parks: ein nicht mehr ganz neues altes Thema, das eine Bandbreite und Vielfalt bietet, die mit einem Satz nicht zu beschreiben ist und noch

Susanne Treutlein | Kreis Steinfurt

einen spannenden Weg in die Zukunft nehmen wird.

Romantik trifft Moderne, kürzer lässt es sich nicht ausdrücken, oder um den Philosophen Odo Marquard (1928-2015) zu zitieren, der 1988 in seinem Vortrag „Philosophische Betrachtungen über Modernität und Menschlichkeit" konstatierte: „Zukunft braucht Herkunft."[4]

Literatur

1. Annette von Droste-Hülshoff, Gedichte und Prosa, Bilder aus Westfalen 1845, Zürich 1949
2. Parks + Gärten links und rechts der Ems, Regionaler Reiseführer durch die Parklandschaft, Münster 2004
3. Europäisches Gartennetzwerk EGHN – Münsterland, Jüchen 2005
4. Odo Marquard, Philosophie des Stattdessen, Zukunft braucht Herkunft 1988, Stuttgart 2000

Beim Parkleuchten 2016 in Bevergern war die beleuchtete Mühle eine besondere Attraktion.
Foto: Kreis Steinfurt

Nina Koch

Grün

Grün ist erwachet
Blumenblütengefährte
Tautropfenfänger

Grün ist lebendig
Sonnenwiesenwanderer
Baumkronenhüter

Grün ist verwunschen
Rosendornenkletterer
Blätterdachweber

Grün legt sich schlafen
Seerosenwasserstätte
Moosteppichschleicher

Spinat
Helma Freese

Im April 1986 sehe ich voller Vorfreude auf den prächtigen Spinat in meinem Garten. Das kräftige Grün verspricht eine gute Ernte! Spinat war zu meiner Kinderzeit nicht gerade mein Leibgericht, aber jetzt als Erwachsene schmeckt er mir vorzüglich. Ich kann es kaum abwarten, bis ich ernten kann.

Da kommt Ende des Monats eine Katastrophenmeldung: Im Kernkraftwerk Tschernobyl in Russland kam es zu einem Reaktorunfall, der zur Kernschmelze eines Reaktors geführt hat. Todesfälle in unmittelbarer Nähe des Kraftwerkes wegen der Strahlenbelastung waren die Folge.

Es wurde in Deutschland ein Cäsiumgehalt gemessen, der weit über dem Normalwert lag, und es wurde dringend geraten, nein geradezu verordnet, dass man Gartenfrüchte und auch Wildbret vernichten sollte. Also habe ich schweren Herzens den Spinat untergegraben.

Ortsgeschichte

Bernd Hammerschmidt | Lengerich

Schlägertrupps wüteten in der Synagoge

Presse hatte vor der Reichspogromnacht die Stimmung angeheizt

Wer in Lengerich aufmerksam die Münsterstraße entlang geht, kann in Höhe der Hausnummer 23 einen Stolperstein[1] im Bürgersteig entdecken. Der schlichte, unaufdringliche Stein hat die Inschrift „Hier stand die Jüdische Synagoge. Erbaut 1820/21 Zerstört 10.11.1938" und erinnert an ein trauriges Kapitel der Lengericher Stadtgeschichte: die Reichspogromnacht im November 1938.[2]

Die Gewalttaten des 10. November 1938 waren keinesfalls ein singuläres Ereignis, sondern hatten ihren Nährboden in politischen Vorgängen in Deutschland seit 1933, dem Jahr der Machtübernahme durch die Nationalsozialisten. Bereits am 1. April 1933 hatte der „Ausschuß der Nationalsozialistischen Deutschen Arbeiterpartei gegen die jüdische Lügenpropaganda" die „Deutschen Volksgenossen" zum Kampf aufgerufen:[3] „1. Deshalb kauft von heute ab niemand mehr beim Juden 2. Keiner spricht mehr mit ihm 3. Jeder Verkauf an den Juden ist ausgeschlossen 4. Niemand pflegt mehr Umgang mit ihm 5. Der Jude ist für uns Deutsche einfach nicht mehr da"[4]. Wenig später war in der Lokalzeitung zu lesen, „dass auch in Lengerich der ‚Boykott gegen das Judentum mit aller Schärfe und Disziplin' durchgeführt worden sei."[5] Die Geschäfte der jüdischen Familien Daniel Meyer, Albersheim, Mildenberg, Gutmann und Neufeld wurden rasch zu Zielscheiben

Der Stolperstein für die Synagoge an der Münsterstraße 23 in Lengerich wurde 2007 verlegt.   *Foto: Bernd Hammerschmidt*

85

der Boykottaufrufe, ebenso der Viehhändler Löwenberg. Dies führte bald zu großen wirtschaftlichen Schwierigkeiten für die Betroffenen.

Der Textilkaufmann Erich Gutmann aus Hohne wurde am 16. August 1935 von NSDAP-Mitgliedern überfallen und gewaltsam durch die Stadt getrieben – um den Hals trug er ein Schild mit den Worten: „Ich habe Christenfrauen geschändet!"[6] Er wurde für eine Woche in Schutzhaft genommen. Diese Maßnahme wurde vom damaligen Lengericher Bürgermeister und NSDAP-Mitglied, August Steinriede, ausdrücklich befürwortet.[7] Kurze Zeit später, am 15. September 1935, wurden auf einem Reichsparteitag die sogenannten „Nürnberger Gesetze" verabschiedet und die jüdischen Mitbürger auch juristisch ausgegrenzt. Es folgten weitere Gesetze, die unter anderem die Zulassung von jüdischen Ärzten und jüdischen Rechtsanwälten aufhoben.

Auslöser – und willkommener Vorwand – für die Ereignisse des 9. und 10. November 1938 war das Attentat des siebzehnjährigen polnischen Juden Herschel Grynszpan auf den Legationsrat Ernst vom Rath in Paris. Als die in München versammelte NSDAP-Führung vom Tod vom Raths am Abend des 9. November erfuhr und Propagandaminister Josef Goebbels die Stimmung durch eine Hass-Rede aufheizte, sandte der Chef der Sicherheitspolizei, Reinhard Heydrich, noch in der Nacht ein Fernschreiben an alle Staatspolizeistellen, in dem Richtlinien für die „Demonstrationen gegen die Juden" ausgegeben wurden.[8]

In Lengerich waren am Abend des 9. November Parteimitglieder und Sympathisanten im Saal Maug versammelt, um der „Gefallenen der Bewegung, wie man die Opfer des Hitlerputsches von 1923 nannte"[9], zu gedenken. Zuvor hatte der Lengericher Ortsgruppenleiter Meyer im Tecklenburger Landboten bekannt gegeben: „Ich erwarte, daß alle Parteigenossen und Parteianwärter an der Feierstunde am 9. November, die um 20 Uhr in der Gastwirtschaft Maug stattfindet, teilnehmen."[10] Als die Nachricht vom Tode vom Raths bekannt wurde, kam es noch in der Nacht zu Zerstörungen beim Metzgerladen Neufeld. Am Abend des 10. November drangen

Ein Stolperstein am Rathausplatz erinnert an die Witwe Albersheim.
Foto: Bernd Hammerschmidt

Schlägertrupps in die Synagoge an der Münsterstraße ein, zertrümmerten die Inneneinrichtung und warfen das gesamte Mobiliar auf die Straße. Wegen der angrenzenden Gebäude wurde wohl darauf verzichtet, das Gebäude in Brand zu setzen. Ein Lengericher sagte später: „Es sah in dieser Synagoge aus wie auf einem Müllhaufen."[11] Das Haus der Witwe Albersheim am Rathausplatz wurde in Brand gesteckt – der heranrückende Löschzug der Feuerwehr bekam die Anweisung, lediglich den angrenzenden Römer und die Stadtkirche vor einem Übergreifen der Flammen zu schützen. Ihr Sohn Eugen Albersheim wurde – gemeinsam mit Hermann Abrahamson, Norbert Neufeld und dem Familienvater Felix Neufeld – im Rathauskeller für acht Tage in Schutzhaft genommen. Sie entgingen nur durch Zufall einer Überstellung in das Konzentrationslager Sachsenhausen.[12]

Die heimische Presse hatte schon am 8. November durch einen ganzseitigen Bericht mit der Überschrift „Deutscher Diplomat niedergeschossen. Jüdische Mordbanditen in der Deutschen Botschaft in Paris"[13] die Stimmung innerhalb der Lengericher Bevölkerung kräftig angeheizt und vom „jüdischen Verbrechergesindel" gesprochen. Zwei Tage nach dem Pogrom in Lengerich kommentierte der Tecklenburger Landbote – völlig auf der Linie der Partei – das Geschehen mit folgenden Worten: „Gerechte Empörung. Die schmerzvolle Nachricht von dem Ableben des von feiger jüdischer Hand niedergeschossenen Gesandtschaftsrates vom Rath hat,

Die Gedenktafel am Römer in Lengerich wurde 1990 angebracht. Foto: Bernd Hammerschmidt

wie überall im Reich, auch in Lengerich eine Welle tiefster Empörung ausgelöst. War die Erbitterung über das Attentat des Judenbengels Grünspan schon groß genug, so machte sich die Empörung der Bevölkerung bei Eintreffen der Nachricht von dem Tode des deutschen Diplomaten gewaltsam Luft. In der Stadt kam es zu judenfeindlichen Kundgebungen. Ein größerer Trupp empörter Volksgenossen drang in die Synagoge ein und zerstörte die gesamte Einrichtung. Die weiteren Aktionen richteten sich gegen die jüdischen Geschäfte und Wohnungen."[14] Aus heutiger Sicht ist es erschreckend, wie in dieser Darstellung in zynischer Weise die Rollen von Opfern und Tätern vertauscht werden.

50 Jahre nach der Reichspogromnacht erinnerte der Tecklenburger Landbote auf einer Sonderseite unter der Überschrift „Fünfzig Jahre danach: Den Haß haben die Opfer überwunden, aber der Schmerz sitzt noch tief. In der Reichskristallnacht hat in Lengerich der Mob getobt"[15] ausführlich an die Schrecken des Novembers 1938. Am Abend des 9. November 1988 versammelten sich nach

einem Aufruf eines Initiativkreises mit Vertretern kirchlicher, sozialer und politischer Gruppierungen etwa 300 Lengericher Bürgerinnen und Bürger zu einem Gedenkmarsch zum jüdischen Friedhof, zum Standort des ehemaligen Albersheimschen Hauses und zur Münsterstraße 23, wo einst die Synagoge gestanden hatte. An der Nordseite des Römers wurde am 9. November 1990 auf Anregung einer Schülerinitiative eine Gedenktafel mit der Inschrift: „Das Vergessenwollen verlängert das Exil, das Geheimnis der Erlösung heißt Erinnerung (jüd. Weisheit) Zur Erinnerung an unsere vertriebenen und ermordeten jüdischen Mitbürger" angebracht.[16]

Und heute, 80 Jahre danach? Ist es nicht an der Zeit, die Vergangenheit ruhen zu lassen und nach vorne zu schauen? Eine treffende Antwort hat Bundespräsident Steinmeier im Dezember 2017 gegeben: „Es gibt Dinge, die gehören zu Deutschland. Und dazu gehört die Verantwortung vor unserer Geschichte: die Lehren zweier Weltkriege, die Lehren aus dem Holocaust, die Absage an jede Form von Rassismus und Antisemitismus. Diese Verantwortung kennt keine Schlussstriche für Nachgeborene und keine Ausnahmen für Zuwanderer. Sie ist nicht verhandelbar – für alle, die in Deutschland leben und hier leben wollen!"[17]

Anmerkungen

1 „Ein Mensch ist erst vergessen, wenn sein Name vergessen ist". Diese Zeile aus dem Talmud ist das Leitmotiv für das Projekt „Stolpersteine. Ein Kunstprojekt für Europa", das der Künstler Gunter Demnig zur Erinnerung an NS-Verfolgte im Jahr 1992 ins Leben gerufen hat.

2 In dieser Darstellung wird bewusst der verharmlosende Begriff „Reichskristallnacht" vermieden, um deutlich zu machen, dass in jener Nacht nicht nur materieller Schaden angerichtet wurden, sondern gewalttätige Aktionen gegen Menschen durchgeführt wurden. Vgl. https://www.lpb-bw.de/reichspogromnacht.html (Zugriff: 3. Februar 2018)

3 Auffallend und zugleich erschreckend ist, dass das Ganze wie eine Tatsachenbehauptung daherkommt und nicht wie eine Anordnung.

4 Feld, Willi: Geschichte des Judentums im Kreise Steinfurt von den Anfängen bis zur Vernichtung, Steinfurt 1991, S. 81

5 Althoff, Gertrud: Lengerich, in: Freund, Susanne, Jakobi, Franz-Josef, Johanek, Peter (Hg.): Historisches Handbuch der Jüdischen Gemeinschaften in Westfalen und Lippe, Band 2, Münster 2008, S. 460

6 Feld: Geschichte, S. 87

7 Vgl. Althoff, Gertrud, Beck, Wolfhart, Specht, Frank, Vietmeier, Doris: Geschichte der Juden in Lengerich, Lengerich 1993, S. 187ff

8 Die Vorgänge auf nationaler Ebene sind ausreichend dokumentiert und sollen deshalb hier nur knapp dargestellt werden. Vgl. https://www.lpb-bw.de/reichspogromnacht.html (Zugriff: 3.2.2018) und https://www.dhm.de/lemo/kapitel/ns-regime/ausgrenzung-und-verfolgung/novemberpogrom-1938.html (Zugriff: 3. Februar 2018)

9 Althoff et al.: Geschichte, S. 194

10 Tecklenburger Landbote, 8. November 1938, Stadtarchiv Lengerich

11 Feld: Geschichte, S. 105

12 Vgl. Althoff: Lengerich, S. 460

13 Tecklenburger Landbote, 8.11.1938, Stadtarchiv Lengerich

14 Tecklenburger Landbote, 12.11.1938, Stadtarchiv Lengerich

15 Tecklenburger Landbote, 5.11.1988, ZuP der Universität Münster. Die Sonderseite wurde von Rainer Westermann zusammengestellt.

16 Althoff et al.: Geschichte, S. 264

17 http://www.bundespraesident.de/SharedDocs/Reden/DE/Frank-Walter-Steinmeier/Reden/2017/12/171215-Chanukka-Empfang.html#search=%22%22 (Zugriff: 5. Februar 2018)

Hiärfst

Hedwig Reckert

To Enne is dat Gaorenjaohr,
man süht et all: De Hiärfst is dao!
'ne guede Ernt brach us dat Land,
un daoför sägg wi „Guod si Dank".

De Sunn nu ümmer sieger steiht,
de lesten Winterastern blaiht.
November kümp met kaole Hand
un treckt met Rufuorst üöwer't Land.

Dat miärste Wassen is nu daon,
patt Moos un Brei küent no 'n lück staohn.
So'n biëtken Fuorst küent de vödriägen,
de kümp üöhr jä sogar geliägen.

Kartuffeln sint in'n Keller all,
auk Dahlienknoll'n up jeden Fall,
Rausen sall man nu todecken,
vüör Kölde konn'n de sick vöschrecken.

De Baim' laot't fallen iöhre Pracht,
kahl staoht se un aohne Saft,
deckt üöhren Foot met Blaare to,
dann sint auk Wüörm un Iëgel froh.

De miärste Arbeid is nu daon,
de Reschup kann in't Schöppken staohn.
De Bauplan för dat naigste Jaohr,
de is in'n Kopp all wiër dao.

Otto Pötter

Laot den Düüwel män laupen

Nicht to glöwen, un ick mag et auk baoll gar nich säggen, aower dao leip hier vör Jaohren nu tatsächlick maol den Düüwel bi us harüm. Dao trööf he den Gerichtsvollzieher. De keek nu auk nich schlecht, as he den Düüwel dao met siene gloinigen Aogen un den unmanierlicken Stiärt söhg. „Also nä, so wat!", reip he verwünnert uut, „nu sägg mi bloß, wat mäcks du denn hier?" „Och", sagg em de Düüwel, „wat sall ick all maaken? Ick söök maol wier nie'e Kunden för de Hölle. Us bünd niämlicks tatsächlick maol wier wat liederlicke Lumpsäcke eenfach so wegbrannt. Dat passeert schon maol. Un dann kümmer ick mi giän auk sömms es üm Naoschupp. Denn bi all de gloinige Höllenhitze döt mi frischke Luft auk es guet."

„Dat gleiw ick giäne", mennde denn auk den Gerichtsvollzieher. Off aower jüst hier bi us nie'e Satansbälge to finnen wören, dao härr he män doch so siene Bedenken. „Ach, ach, ach", wünk den Düüwel aff, dao bruukte he manchs gar nich lange bi sööken. He könn em jä debi helpen, wenn he Luune härr. Dat göng wuohl, meinde de Mann, he möss sowieso hier un dao noch hen.

Un so mööken sick de beiden up 'n Patt.

Duerde nich lange, so söhgen se ne Mooder, de schanduudelde nich schlecht mit iähre Kinner harüm. Dao reip se gar: „Ji ollen Blaagen, wenn ji nich wanner ardig bünd, dann sall ju de Düüwel haalen." „Häs hört", stott'e de Gerichtsvollzieher den Düüwel an, „dao häs jä all wat." Villicht dat he dat giftige Wief glieks mitnöhm. Doch de Düüwel wünk aff. „Nänä", meinde he, allto eenfach göng dat mit de Hölle nu auk nich män so. Dao möss he all wat genauer bi sien. Dat Geroop mit den Düüwel, dat was de Frau jä eenlicks gar nich recht bedacht. Kick, un so göngen se wieder.

Dao kamen se an ne lütke Küötterie, wo den Gerichtsvollzieher hen moss, weil de Widdefrau[1] et met de Finanzen lück in't Wilde harr. „Wocht män es iäben, dat häb ick glieks", sagg he den Düüwel to. Un de Frau kreeg strankiel[2] to hören: „Häb Ji nu dat Geld?" „Nä", wimmerde de Frau, „ick sitt de män knapp bi un weet nich, wo ick et hernemmen sall." „Wat geiht mi dat an!", blaffte den Gerichtsvollzieher trügge, „dann nemm ick ne Kooh mit!" De Frau bitt un beddelde, dat he dat doch laoten soll. Dann härren se jä gar nix mehr to liäben.

Doch den Gerichtsvollzieher bleef stur: „Geld orre Kooh", sagg he stump. Dao dreihde dat Wief dör un reip: „Sücke es ju sall de Düüwel haalen!"

„Wu recht de Frau hät", sagg de Düüwel – dao harr he den Gerichtsvollzieher all an't Schlawittken.

Kick, laot den Düüwel män laupen.

Anmerkungen
1 Witwe
2 streng

Ortsgeschichte

Hermann Schmidt | Emsdetten

„Nu halt se mi dän lesten Kärl wägg!"

Tiëgen Enne von'n Krieg wuorn söws 14-jaöhrige Kinner introcken

Jedet Maol wann ick an de Wärtschopp Antekoje un an dän Bauernhoff in Landersum, wao daomaols dat Windrad vüör'n Huse stönn, vüörbikamm, mosse ick an dat Langemarck-Lager denken.

Mien Mester, well daomaols nao de Bombenangriffe up Mönster 'ne Müerkes-Kolone in Mönster stellen mosse, harren se von düsse Kolone dän lesten düütsken Müerke introcken. Dao düsse Kolone owwer wieder bruukt wuor, bestönn se bloß no ut holländske Dwanksarbeiters, well all Dage met'n Zug von Holland nao Mönster henkaimen. Üm dat düsse Kolone nich so heel aohne een Düütske wäör, häw mien Mester mi nao Mönster nao düsse Kolone henschickt. Wann ick auk iärst een halwet Jaohr in de Lähre was, sin ick dann aal Dage met dän Zug nao Mönster henföhrt, häw de holländsken Müerkes bi de Bombenschäden repareen holpen un sin bi Fliegeralarm met iähr in de Bunkers von Mönster flüchtet.

„Nu halt se mi dän lesten Kärl wägg!" So broch et mien Mester mi gaas sachte bi, dat ick 'nen Stellungsbefehl kriëgen harre un mi glieks dän annern Dagg in Rheine mellen moss. De holländsken Müerkes, well düt metkriëgen harren,

gnöcheln bloß: „Met de Prüüs mott et all wiet kuemen sien, dat se nu all Kinner von 14 Jaohr intreckt!"

Äs ick dann aobends in Huse ankaim, dao stönnen miene Moder de Traonen in de Augen. Denn von miene Bröers laggen all drai an de Frond, un mien Broer, well een guetet Jaohr öller wäör äs ick, mosse sick auk jüst äs ick in Rheine mellen.

Met 'nen „Affen" up' n Puckel stönn 'ne heele Carona dettske Jungs in Detten up'n Bahnhoff, well sick auk in Rheine in't HJ-Heim mellen mossen.

Bes daohen wassen wi Jungs no äs Füer un Flame bi de Sake. Män äs de Zug in Rheine iärst kiene Infahrt kreeg un dann doch up dän Bahnhoff inföhrde, mossen wi us bi dän Fliegeralarm glieks verdrücken, dat et unner dat bruune Hiëmdken an to flattern fong.

Een Bomberverband flaug up Rheine to. Waobi wi von wieten de Flugtüge un de fallenden Bomben in de Sunne blin-

Emsdetten | Hermann Schmidt

ken sogen. Wi Jungs häbbt us ächte de Müern schmiëten, äs dat Geknalle lößgöng. De Flugtüge wäörn iähre Bomben quiet un draihen üöwer Rheine af. In Richtung Saoltbiärgen göng de Flick hauge, well eenen wahnen Qualm von sick gaff.

Nao de Entwarnung kraipen de Jungs ächte de Höke wägg un stafken nao't HJ-Heim hen.

An dän Driäppunkt harren sick een paar hunnert Jungs infunnen. Et duer pat no 'ne heele Tiet, bes us een paar Lkw afhollen. Düsse Lährjungs un de Jungs, well no in Schole göngen ut dän Kring Stemmert, süngen un krijölen iärst aal no up de Lkw, äs wann se dän Krieg no winnen wollen. Män äs wi naigere up Saoltbiärgen toföhren, dao wuor et doch wat stille.

Tüsken Saoltbiärgen un Hadduorp in de Naigte von dän Flugplatz, stönn in de Dannen usse Zeltlage. De Jungs wuorn in de Telte verdeelt. Ick mott säggen, wi harren in usse Telt 'ne guete Harmonie. Tum gröttsten Deel kaimen in usse Telt de Jungs von Detten, waobi twee Jungs von Ollenbiärge un eene von Nottwaol kaim. Nich wiet von usse Teltlage was een Baggersee, wao et muorns tot wasken hengöng. Waobi füör us Jungs düt in de iärsten Dage de reinste Erholung was.

Een paar Kilometer von usse Lage mossen wi met Kriegsgefangene, well ut heel Europa kaimen, Schneisen in de Büske slaon, üm dat de Flugtüge un Kriegsmaterial nich to schaden kaimen.

Dän Sunndagg drup kreegen wi haugen Besöök, von dän Gauleiter ut Mönster. Dokter Meyer dai dat Langemarck-Lager inspezeern. Wat häbbt se us daovüör sliëpen, dat wi auk de richtige Anwaord för dän Gauleiter praot harren. Up de Obrigkeit siene Fraoge, klang et dann baol ut 500 Jungskiälen: „Wir sind bereit!"

Nao dän Eed woll de Bannführer 'ne Hunnertschaft upstellen, waoto man sick de grauten Jungs daoföör utsöken woll. Daobi föllt mi Anton in, well bi us in't Telt lagg un se et wahne up afsaihn harren. Denn Anton maschiere von usse Lager äs Flüegelmann in dat iärste Glied un was för sien Oller all een heelen Kärl, well man patu in de Hunnertschaft häbben woll. Äs he owwer de Musteres in de Quiäre kaim un sagg: „Ich habe die Schnauze voll!" Dao harre de junge Bloot toviël säggt un harre et met de Führers verpüetket. Dao de eene Broer von Anton an de Front fallen was un de annere Broer vermißt wäör, dao woll he siene Öllern dat nich andohn, dat he sick so lichtferrig mellen dai. Düt Afsäggen pat können de Führers nich bruken un „draihden Anton ut aals 'nen Strick".

Mi göng lange de Junge von Rheine nich ut'n Sinn; weil de Kriëgel siene Haore to lang harre, häbbt se dän Jungen een „Stacho" verpaßt. De Jung was dao so vernienig üöwer, dat he sick vergatt un häff dat Lager verlaoten. Dage later broch de Polßai em wier trügg un de Führers häbbt em 'ne Glatze sniëden. Hiermet woll man us Jungs wull wiesen, dat Utraiten ümsüß was.

De Fiend harre üöwer Nacht Rheine bombadeet, dat in dän Beriek, wao de Bomben fallen wäören, aale Fensterschiewen kuortgaohn wassen un somet de Glasers ut dän Kreis Stemmert de armen Lüde ut de Naut helpen mossen. Dao de Anstriekers Gesellen aale in'n Krieg wassen, waorn de Anstrieker-Lährjungs, well bi us in dat Lager wassen, tot Schieweninsätten nao iähre Mesters wier trüggschickt. Waobi auk de Hunnertschaft, waoto man viële Jungs to üöwerküert harre, kaimen in een annert Lager, waodüör usse Telt lürrige wuor.

Nich äs vättain Dage läte raukde et nachens in de Schutzgriäbens von usse Lager nao de Knallerie nao Brand, Dreck un Schwiëwel. De „Tommys" harren dat Rollfeld, wat'n paar Kilometer von usse Lager lagg, kuort un klein smiëten, so dat wi Jungs up dän Flugplatz bruukt wuorden.

Dat Rollfeld was no nich gaas wier heel, dao mossen wi up'n hellechten Dagg ielig dat Rollfeld verlaoten. Waobi man von wieten een Bomberverband säög, well so dai, äs wann he up Osenbrügge toflaug. Dän naigsten Watergraben harren wi no nich gaas erreekt, äs de Bomberverband de Richtung ennere un up dän Flugplatz toflaug. Aals harre sick in dän Graben fallen laoten, un dann höörde man auk all dat Hülen von de Bomben, bes dat Geknalle loßgöng. Waobi de Dreck us üm de Aohren flaug un in düt Düörnanner dat Ropen nao de Mama unnergöng.

De Dage wuorn köller, de Telte wassen bloß no klamm un natt, ümmer mähr Jungs wuorn krank. De Führung säög langsam in, dat et so nich wiedergaohn könn. In Tiet von een paar Stunnen wuor dat Langemarck-Lager upgiëwen. Aale Jungs wassen froh, dat se wier nao Mama föhren konn'n. Wann wi auk met usse schwaore Driägt to Foot bes in Rheine nao'n Bahnhoff staffken mossen, pat düsse Tiet harren wi iärst maol ächte us.

So göng us Jungs dat met dat „Dusenjäöhrige Riek", waovon auk viële Jungs maol üöwertüügt wiësen sind.

Regentropfenballett
Ingrid Suhre

Grafik: Ingrid Suhre

Habe ich Dir schon einmal die Geschichte vom Regentropfenballett erzält?

Beim Spazierengehen im Regen
sah ich Viele sich bewegen.
In den Pfützen und im Matsch,
auf und nieder, plitsch, plitsch, platsch.

Mit viel Spaß und ganz adrett,
tanzten Tropfen ein Ballett.
Dicke, dünne, große, kleine
Regentropfen schwangen Beine.

Röckchen wippten hin und her,
Beinchen sprangen kreuz und quer,
hüpften hoch und wieder runter,
plitsch und platsch, platschten sie munter.

Jeder formte seine Kreise.
Große, kleine, haufenweise
ringeln sich auf Wasserflächen,
Pfützen, Seen, Flüssen, Bächen.

Selbst der kleinste Tropfen Pelle
tanzte eine große Welle.
Sprang ganz mutig, gar nicht klein,
mitten in die Pfütze rein.

Viele kamen angesprungen.
Alte Tropfen und die jungen
tanzten einen Ringelrein,
auf Erde, Straße, Gras und Stein.

Wie, du glaubst mir dieses nicht?
Tropfen haben kein Gesicht?
Tanzen nicht den Regenreigen?
Komm, ich werde es dir zeigen!

Bald schon lade ich dich ein,
beim Regentanz dabei zu sein.
Denn an einem Regentag,
da glaubst du mir, was ich dir sag.

Stiefel werden dir dann nützen,
beim Tanzen in den Regenpfützen.
Beim Springen deiner eigenen Kreise,
mit Regentropfen massenweise.

Millionen tanzen mit dir mit,
bei jedem Regenwetterschritt.
Dann siehst du selbst, was du schon weißt,
um jeden Tänzer ist sein Kreis.

Ortsgeschichte

Gebhard Aders | Altenberge

Pfeffer und Pflaumen aus Kalifornien

Gustav Grotemeyer betrieb erfolgreich eine Kolonialwarenhandlung

Im Jahr 2010 informierte der Altenberger Bürger Gustav Grotemeyer den Arbeitskreis „Genealogie und Ortsgeschichte" im Heimatverein Altenberge, dass auf dem Dachboden des elterlichen Hauses an der Kirchstraße 1 eine Kiste mit alten Dokumenten stehe. Die sollte man einmal in Augenschein nehmen – vermutlich wären darin Papiere von seinem Großvater, dem 1833 geborenen Gastwirt, Kaufmann und Taxator Gustav Joseph Grotemeyer. Einige Mitglieder, zu denen auch der Verfasser gehörte, kamen dieser Einladung nach.

Beim Öffnen der schlichten Tannenholzkiste schlug ihnen ein beissender Gestank von Mäuse-Urin entgegen, und der Blick auf den Inhalt ließ Schlimmes befürchten – man sah nur winzige Papierschnipsel. Aber darunter kamen dann doch recht interessante Schriftstücke zu Tage, die 1875 beginnen: ein Terminkalender von Gustav Joseph Grotemeyer, vorwiegend mit Eintragungen über Holz- und Getreideauktionen, aber auch mit privaten Eintragungen, und ein Taschenkalender und Notizbücher mit Inventaraufnahmen und Gebäudeschätzungen, die Grotemeyer nach Sterbefällen für die Erben angefertigt hatte, zum Teil mit Skizzen.[1] Schließlich gab

Die Eheleute Joseph Gustav und Elisabeth Grotemeyer führten einen Kolonialwarenladen.
Quelle: Familie Grotemeyer, Altenberge

es noch vier recht gut erhaltene Aktenordner mit chronologisch abgehefteten Lieferscheinen und Rechnungen für Waren, die in den Jahren 1903 bis 1907 an die „Wirtschaft und Colonialwarenhandlung Gustav Grotemeyer" geliefert worden waren.

Gustav Joseph Grotemeyer war am 25. Oktober 1833 im tecklenburgischen

Altenberge | Gebhard Aders

Ende des 18. Jahrhunderts ließ Johann Heinrich Terfloth sich dieses Wohn- und Geschäftshaus an der Kirchstraße bauen, in dem nach 1858 Gustav Joseph Grotemeyer wohnte.   *Foto: Gebhard Aders*

Riesenbeck als Sohn eines Kaufmanns geboren worden und lernte zunächst das Bäckerhandwerk.[2] Wohl auf seiner Wandertour als Geselle kam er um 1850 nach Altenberge und fand Arbeit beim Kaufmann Anton Terfloth, einem in Altenberge sehr angesehenen und wohlhabenden Mann, der seit 1835 Beigeordneter war. Bereits dessen Vater, der 1765 geborene Johann Heinrich Terfloth, wird 1790 im Kirchenbuch als „mercator in pago", also Kaufmann im Kirchspiel, genannt und muss sehr erfolgreich gewesen sein. Er erwarb 1790 den Kotten des Schusters Lühr an der Kirchgasse und baute bald darauf ein großes Wohn- und Geschäftshaus im klassizistischen Stil, das heutige Haus Nummer 1 an der Kirchstraße. Wer damals von Laer oder Billerbeck nach Altenberge kam, dem musste dieser moderne, repräsentative Bau schon von weitem auffallen.[3]

Terfloth und seine Frau Antoinette fanden so großen Gefallen an dem jungen Mann, dass sie ihn, kurz bevor er in die preußische Armee eintrat, im Oktober 1856 adoptierten. Beim Infanterieregiment 13 in Münster brachte er es in drei Jahren zum Unteroffizier. Nach seiner Entlassung 1858 übernahm er das Geschäft seines Adoptivvaters.[4]

Seine Adoptivmutter war die Schwester der Ehefrau des Gastwirts und Bäckers Theodor Büngeler. Über diese Verbindung lernte er die älteste Tochter Büngelers kennen und lieben, die er am 22. November 1859 heiratete – einen Monat nach seiner Entlassung aus dem

Militärdienst – und zog mit ihr in das Haus seines Adoptivvaters an der Kirchstraße.

Aus dem 1858 begonnenen Hauptbuch über Einnahme und Ausgaben geht hervor, wie vielseitig seine Geschäfte waren: Er verkaufte Schinken und Würste, Kaffee, Tee, alkoholische Getränke, Gewürze, Backwaren (die Schwarzbrote wogen 29,5 Pfund!), Seife und andere Reinigungsmittel, Eisenwaren – vor allem Nägel – und Baumaterial. Kein Käufer bezahlte damals bei seinem Einkauf bar, sondern legte dem Kaufmann ein Anschreibebuch vor, in das die Schulden eingetragen wurden. Abgerechnet wurde nach einem Jahr. Der Grund dafür war, dass die Bauern keine regelmäßigen Einkünfte hatten und somit so gut wie kein Bargeld im Haus war.[5]

Bei Erbschaftsfällen kaufte er Mobiliar und Geräte auf, die er weiterverkaufte. Daneben betrieb er allerhand Finanzgeschäfte: Er schoss für andere die fälligen Steuern oder Pachtgelder vor und nahm dafür vier Prozent Zinsen, finanzierte Bauvorhaben, war Rendant für die Anteilseigner der Altenberger „Gesellschaftsmühle" und verwaltete die Einkünfte seiner Brüder. 1866 trennte er die Finanzgeschäfte ab, als er die Leitung des neu gegründeten Spar- und Darlehenskassenvereins übernahm, dessen Geschäftsstelle in seinem Wohnhaus war. Bereits 1864 war er als Taxator vereidigt worden. In dieser Eigenschaft legte er bei Sterbefällen und Zwangsversteigerungen Inventarverzeichnisse an und lieferte Notaren und Erbschaftsgerichten Aufstellungen über den Wert der Immobilie, der Einrichtung, der Geräte, des Viehs und der Erntevorräte. Er wurde bald auch als Auktionator tätig – vorwiegend bei Holzauktionen.

Als 1866 der sogenannte Preußisch-österreichische Krieg ausbrach,[6] wurde er wieder zur Armee eingezogen und nahm – zum Sergeanten befördert – mit dem Infanterieregiment 13 an den Kämpfen am Main statt. Grotemeyer machte auch schnell eine kommunalpolitische Karriere. Nach dem Tod Anton Terfloths im März 1861 wurde er an dessen Stelle zum Beigeordneten ernannt.

Sein Privatleben wurde davon überschattet, dass von den acht Kindern, die seine Frau gebar, sieben das Kleinkindalter nicht überlebten und seine Frau 1877 im Alter von 50 Jahren starb. 1879 heiratete er wieder: die damals 33-jährige Elisabeth Verspohl aus Nottuln. Von den sieben Kindern aus dieser Ehe erreichten auch nur drei das Erwachsenenalter.

Der Briefkopf der Borghorster Weinhandlung Drerup, die ihren Sitz im Rathaus hatte: Die Rechnung ist an Herrn Grotemeyer gerichtet, nicht an seine Witwe. Quelle: Archiv Heimatverein Altenberge

Im Deutsch-Französischen Krieg 1870/71 zog er noch einmal die Uniform an, wie ein Foto belegt, wird aber wegen seines Alters wohl nur im Heimatgebiet bei der Landwehr eingesetzt worden sein.

1881 erhielt Grotemeyer die Konzession für eine Schankwirtschaft in seinem Wohnhaus. Von da an wird er in den Akten des Amtes Altenberge nur noch als Gast- oder als Schankwirt geführt, nicht mehr als Kaufmann. Das kann man auch aus dem Kontobuch ersehen: Die letzten Eintragungen für den kaufmännischen Betrieb stammen aus dem Jahr 1883.

Nicht bekannt ist, ob seine Frau Elisabeth das kaufmännische Geschäft schon ab 1881 weiterführte, aber mit ziemlicher Sicherheit nach Gustavs Tod im Frühjahr 1899, auch wenn die erhaltenen Rechnungsbücher erst mit dem Jahr 1903 beginnen, die mit „Facturenbuch der Wirtschaft und Colonialwarengeschäft von Frau Witwe Grotemeyer" beschriftet sind. Die Rechnungen aber waren noch jahrelang an „Herr Gustav Grotemeyer", an die „Firma Gustav Grotemeyer", an „Frau Gustav Grotemeyer" oder an die „Witwe Gustav Grotemeyer" adressiert. Erst im Lauf des Jahres 1907 tauchen Rechnungen auf, die an „Frau Elisabeth Grotemeyer" gerichtet sind. Frauen galten damals nicht als geschäftsfähig.

Auf den ersten Blick sind die Rechnungsbögen nur hübsche Belege für Gebrauchsgrafik aus der Zeit vor dem Ersten Weltkrieg mit ihrer verschnörkelten Schrift und den üppig gestalteten Briefköpfen, auf denen oft Fabrikgebäude oder Geschäftshäuser zu sehen sind. Befasst man sich aber näher mit dieser Quelle, kann man ihren vielen Details entnehmen, wie damals die Geschäfte eines münsterländischen Dorfladens abliefen und welche Konsumwünsche es seitens der Bevölkerung gab.

Beginnen wir mit dem Bestellverfahren: Die Waren wurden durchweg, wie damals üblich, bei „Handlungsreisenden"[7] oder Vertretern von Großhändlern oder Herstellern bestellt, die in regelmäßigem Abstand mit ihren Warenmustern „über die Dörfer" fuhren und von den Kaufleuten die Aufträge entgegennahmen. 1903 vergab Frau Grotemeyer 200 Warenbestellungen an 42 Firmen, von denen 24 ihren Sitz in Münster hatten. 18 Lieferanten bekamen nur ein oder zwei Aufträge, durchweg Vertreter, die Zigarren der unteren Preisklasse anboten. Man kann sich vorstellen, dass Elisabeth Grotemeyer diese Bestellungen mehr aus Mitleid als aus wirklichem Interesse vergab.

Das Haus hatte offenbar kein großes

Der Fuhrunternehmer L. von Gartzen aus Wettringen warb mit dieser kleinen Darstellung im Briefkopf dafür, dass seine Fuhrleute stets schnell unterwegs waren. Quelle: Archiv Heimatverein Altenberge

Lager, denn viele Produkte wurden sehr häufig in recht kleinen Mengen, also in Säcken mit einem Inhalt von 10 oder 25 Pfund geliefert. Sämereien wurden in auffallend kurzen Abständen geliefert. Gleichfalls bemerkenswert ist, dass es in diesem Jahr 22 Rechnungen für Zigarren gab, die in Kisten mit zehn Stück verpackt vorwiegend von den Fabriken Rotmann in Burgsteinfurt und Oldenkott in Ahaus kamen. Pfeifentabak hingegen war in großen Säcken oder Ballen verpackt, die zwischen 10 und 50 Pfund wogen. Es gab damals nur wenige Produkte, die in kleinen Größen verpackt waren, vor allem waren das Waschmittel und Seifen, denn auf deren Packungen konnte der Hersteller seine Markenzeichen drucken lassen. Ansonsten wurden für die Kunden die Waren in Tüten gefüllt, die sich Elisabeth Grotemeyer in großen Mengen von der Firma Schütte in Münster liefern ließ, Käse wurde in Pergamentpapier eingewickelt, das ebenfalls Schütte lieferte. Für Öl, Essig, Schmalz und Gelee musste der Kunde eigene Flaschen oder Töpfe mitbringen.

Als „Kolonialwaren" bezeichnete man damals Produkte, die aus den tropischen Kolonien der europäischen Staaten eingeführt wurden: Kaffee, Tee, Gewürze, Reis, Rohrzucker, Rum und ähnliches. Aber das Angebot ging weit darüber hinaus. Es gab aber mit Ausnahme von Käse keine Frischwaren, sondern nur Produkte in „trockener Form" oder flüssig in Fässern, Kanistern oder Flaschen. Gegenüber den Waren, die Gustav Grotemeyer 40 Jahre zuvor verkauft hatte, hatte sich das Angebot reduziert – es gab keine Eisenwaren oder Baumaterialien mehr, auch Backwaren wurden nicht mehr angeboten.

Zu den Warengruppen, die 1903 und in den Folgejahren im Sortiment waren, gehörten alkoholische Getränke, die wohl vorwiegend in der Gastwirtschaft ausgeschenkt wurden: In Fässern wurden geliefert 595 Liter Branntwein, der

Die Großhandlung Borgerding in Münster machte auf der Giebelmauer ihres Hauses an der Gasstraße in Münster Werbung für die Kola, die auch nach Altenberge geliefert wurde. Dieses Motiv fand sich auch auf den Briefköpfen.
Quelle: Archiv Heimatverein Altenberge

von den örtlichen Brennereien Wiedemann und Beuing kam, 36 Liter Anisschnaps, 24 Liter Likör, 24 Liter Cognac, 18 Liter Rum: insgesamt 697 Liter. Das entspricht einem Verkauf oder Ausschank von rund 1,9 Liter am Tag, eine erhebliche Menge für heutige Verhältnisse. Dazu kamen die in Flaschen gelieferten Alkoholika: 20 Flaschen Branntwein, 9 Flaschen Alter Korn, 133 Flaschen Wein (Rheinwein, Medoc und Samos) und 5 Flaschen Sekt. Rechnungen über Bierlieferungen findet man

Die Samengroßhandlung Bispinck garantierte, dass ihre Sämereien frei vom Parasit Kleeseide waren.
Quelle: Archiv Heimatverein Altenberge

nicht, weil Grotemeyer Miteigentümer an einer Brauerei in Altenberge war.

Erfrischungsgetränke waren weit weniger gefragt: Nur 165 Flaschen Selterswasser und Brause sind vermerkt, aber es gab damals auch Cola, die ein Fabrikant aus Münster lieferte, und erstaunlicherweise auch Kwass, den russischen Brottrunk.[8] Tee wurde nicht bestellt, aber größere Mengen Kaffee – über 750 Kilo – und 130 Pfund Zichorienkaffee.

Beliebt bei der Altenberger Kundschaft waren Trockenfrüchte wie Rosinen und Korinthen (über 90 Kilogramm)[9] und Pflaumen aus Kalifornien, Apfelringe und Aprikosen. Zucker gab es als „Feine Raffinade" (350 Kilogramm), die weniger geklärte Sorte als Zuckerhüte oder -brote (62 Kilogramm) oder als Würfelzucker, von dem über 250 Kilogramm verkauft wurden. An Mühlenprodukten konnte man Weizenmehl und -grieß, Buchweizenmehl und Hafergrütze kaufen, an Reis gingen 350 Kilogramm über den Ladentisch, an Sago nur 75 Pfund. Nudeln brauchte man damals nur als Suppeneinlage. Grotemeyer bot Hörnchennudeln an und eine als „Quodlibet" bezeichnete Mischung aus Buchstaben- und Zahlennudeln.

Trockenerbsen lieferten die Großhändler öfter, insgesamt 90 Kilogramm. Von getrockneten Bohnen gab es 1903 nur zwei Lieferungen von je 25 Pfund, und mit zwei großen Säcken Zwiebeln von 100 Pfund wurde in diesem Jahr die Nachfrage gestillt.

Für Eintöpfe mit Zwiebeln, Erbsen oder Bohnen wurde wohl auch „Liebigs Fleischextrakt" gebraucht, von dem Grotemeyer 1903 einen 18-Pfund-Topf vorrätig hatte. Gewürzt wurde in den Altenberger Küchen recht kräftig: Geliefert wurden schwarzer und weißer Pfeffer gleich pfundweise, Piment, Nelken, Lorbeerblätter, Senfsamen, Muskatnuss und Mazisblüte, Zimt und auch erstaunlich häufig mehrere Pfund Kumin, also Kreuzkümmel.[10] Dieses Gewürz bringt man heutzutage in Zusammenhang mit orientalischer Küche, es muss aber vor über 100 Jahren auch in der heimischen Küche beliebt gewesen sein oder bei der Herstellung von Wurst. Vanille gab es bei Grotemeyer nicht.

Salz gab es als feines Tafelsalz oder gröberes Kochsalz, das ebenso wie Salpeter zum Pökeln gebraucht wurde. Essig wurde in großen Glasballons geliefert, Olivenöl („Baumöl") in 10-Liter-Flaschen, Rüböl, also Rapsöl, kam in Fässern von 130 Liter Fassungsvermögen, Senf in 10-Liter-Eimern, Schmalz wurde auch in Blecheimer gefüllt, aber das Gewicht – jeweils 50 Pfund – berechnet.

Zu den regelmäßig bestellten Lebensmitteln zählte auch Goudakäse, der in Laiben von 11 bis 21 Pfund geliefert wurde – die Herstellung war damals noch nicht genormt. In der Fastenzeit ließ sich Elisabeth Grotemeyer ein kleines Fass eingelegter Heringe kommen sowie zehn geräucherte Lengfische, eine Dorschart.

„Süßes" ging in Altenberge nicht so gut: Im Jahr 1903 waren es nur 50 Pfund Gelee und zehn Pfund Preiselbeeren, außerdem zwölf Pfund Bonbons.

Sehr breit waren Angebot und Nachfrage bei Reinigungsmitteln: Bei Grotemeyer gab es als Stücke Kernseife, Boraxseife, schwedische Lanolin-Seife, die leicht transparenten und parfümierten Glycerinseifen. Von den bei einem sächsischen Hoflieferanten hergestellten Lilienmilch- und Veilchenseifen kamen nur je sechs Stück nach Altenberge. Einmal taucht in den Rechnungen eine Lieferung von „Panamaholz" auf. Das muss Panamabaumrinde oder Seifenrinde gewesen sein, aus der man ein Haarwaschmittel machte. Ob die in zwei Rechnungen erwähnten „Thautropfen", die in Dosen abgefüllt wurden, ein Kosmetikartikel waren, konnte nicht ermittelt werden.

Als Wasch- und Putzmittel gab es Gallseife zur Vorbehandlung von Flecken, unterschiedliche Flüssigseifen, geliefert in 100-Liter-Fässern, Waschpulver in Paketen, darunter auch das „Dr. Thompson Seifenpulver" mit dem Emblem eines weißen Schwans.[11] Zur Aufhellung von Weißwäsche benutzte man damals das sogenannte Wäscheblau. Hier hatte Elisabeth Grotemeyer unterschiedliche Produkte im Angebot, wohl den Wünschen der Kundinnen folgend.

Zu den in Altenberge vorrätigen Haushaltmitteln gehörten Petroleum („Patentöl") für Lampen, auch der Waltran diente dazu, Schuhwichse, Kerzen, Streichhölzer und die damals sehr verbreitete Ofenpolitur „Enameline".

Eine besondere Vertriebssparte waren die Sämereien: Für das Jahr 1903 liegen 28 Rechnungen der münsterschen Großhändler Bispink und Herbermann für Lieferungen relativ kleiner Mengen von Samen für Rot-, Gelb- und Weißklee, Böhmischen und Schwedischen Klee, Raygras, Timotheegras und Wiesenfuchsschwanz, die manchmal mit Fußboten nach Altenberge gebracht wurden. Ganz offensichtlich bestellte Grotemeyer diese Sämereien erst, wenn

Der Briefkopf der Burgsteinfurter Tabakfabrik Fr. Rotmann: Die winzigen Menschen und Fuhrwerke auf dieser Ansicht täuschen einen gewaltigen Gebäudekomplex vor. Quelle: Archiv Heimatverein Altenberge

von Landwirten Aufträge kamen. Die Samen wurden im Frühjahr und im Herbst zusammen mit dem Getreide ausgesät. Nach der Ernte kamen dann die Futterpflanzen hoch. In den Rechnungen für den Klee steht immer der Zusatz „garantiert frei von Seide". Damit ist eine Schmarotzerpflanze gemeint, die sich am Getreidehalm anheftet und ihm Nährstoffe und Wasser entzieht.

Der Wert der 1903 gekauften Waren betrug 8000 Goldmark. Den heutigen Wert zu berechnen ist eine Spekulation. Einen Annäherungswert bietet der heutige Goldwert der damaligen deutschen Goldmünzen, da käme man auf einen Wert von rund 106.000 Euro.

Geliefert wurden die Waren vorwiegend durch Speditionen, meist von der Altenberger Firma Böller, seltener kamen sie mit der Eisenbahn. Die in den Rechnungen erwähnten „Boten" könnten Kiepenkerle gewesen sein. Zigarren wurden oft von den Vertretern mitgebracht. Die Zahlungsmodalitäten waren, gemessen an heutigen Verfahren, sehr großzügig: Die Frist betrug durchweg drei, manchmal auch vier Monate, bei Sofortzahlung beim Vertreter oder Lieferanten gab es bis zu zwei Prozent Skonto, und das hängt wohl auch damit zusammen, dass Else Grotemeyer auch ihren Kunden, die wie gewohnt anschreiben ließen, eine längere Zahlungsfrist einräumte.

Über die Jahre nach 1907 sind keine Geschäftsunterlagen erhalten geblieben. Elisabeth Grotemeyer verstarb 1921, aber schon vorher hatten ihr Sohn Hermann und dessen Ehefrau Josefa noch für einige Zeit den Laden geführt, bevor Hermann sich endgültig dem Holzhandelsgeschäft zuwandte.

Anmerkungen

1 Leider sind diese Notizen mit Bleistift geschrieben, und die Schrift ist im Lauf der Zeit arg verwischt und kaum lesbar. Interessant waren die gedruckten Anhänge in diesen Kalendern: Tabellen über Viehfütterungen und Trächtigkeitsdauer, Maß-, Gewichts- und Währungstabellen, Richtwerte für Akkordarbeiten und Löhne. In den Kalendern fanden sich außerdem verschiedene Rechnungen für Gustav Grotemeyer, unter anderem für Anfertigung von zwölf Rohrstühlen, für die 1879 anläßlich seiner Hochzeit gelieferte Torte und das Backwerk.

2 Die Unterlagen zur Familiengeschichte konnte der Heimatverein bei Gustav Grotemeyer kopieren. Für viele familienkundliche Auskünfte bedanke ich mich bei Felicitas Plettendorf und Wilfried Borgschulte, Altenberge.

3 Es ist auf der Urkatasterkarte von 1829 eingetragen, aber sicher älter. Auf der Karte von 1909 erkennt man, dass ein Anbau hinzugekommen ist. Leider fehlen baupolizeiliche Akten.

4 Das geht aus einem Hauptbuch hervor, das er von 1858 bis 88 geführt hat (im Besitz der Familie Grotemeyer).

5 Dieses Verfahren gab es in Resten noch bis in die 1950er-Jahre. Der Verfasser erinnert sich, dass er in Münster mit einem Anschreibebuch beim Bäcker in der Nachbarschaft Brot kaufte.

6 Der Deutsche Krieg von 1866 war die kriegerische Auseinandersetzung zwischen dem Deutschen Bund unter Führung Österreichs einerseits und Preußen sowie dessen Verbündeten andererseits.

7 Sie bezeichneten sich oft selbst nach den von ihnen angeboten Waren als „Reisender in Seifenwaren" oder als „Reisender in Colonialwaren".

8 Es waren nur sechs Flaschen, auf der Rechnung steht fälschlicherweise „Kwast".

9 Die wurden wohl vorwiegend für die Stuten verwendet.

10 Zum Vergleich: Die Gewürzdöschen einer bekannten deutschen Firma haben einen Inhalt von 35 Gramm.

11 Das gab es bis in die 1960er-Jahre.

Ortsgeschichte

Professor Dr. Thomas Hoeren | Steinfurt-Burgsteinfurt

Monument der Wirtschaftskraft

Rotmann-Grab ist einzigartig auf dem Friedhof Ochtruper Straße

Friedhöfe sind abschreckend und erinnern an den Tod. Deshalb gehen viele Menschen nur mit Angst an solche Orte, obwohl diese ihren eigenen Reiz haben. Dabei ist der Friedhof an der Ochtruper Straße in Burgsteinfurt besonders aus historischen Gründen sehenswert. Er befindet sich nicht ohne Grund an der Ochtruper Straße, denn hier lagen die ersten Häuser außerhalb der Stadtmauern. Hier siedelten sich vornehmlich die reichen Fabrikanten, deren Unternehmen im Zuge der neuen Eisenbahnverbindungen neue Wirtschaftszweige erschlossen, an. Noch im Tod hielten sie die Treue zur Ochtruper Straße und wollten in der Nähe ihrer großen Villen und Unternehmen beerdigt sein.

Auch die weitverzweigte Familie Rotmann lebte hier und betrieb eine altehrwürdige Zigarrenfabrik. Der Stammvater kam aus Asbeck und erhielt 1674 das Bürgerrecht in Burgsteinfurt. Die von Friedrich Rotmann 1817 gegründete Tabakfabrik war bis 1960 einer der größten Arbeitgeber in Burgsteinfurt.

Geht man von der Ochtruper Straße stracks zu anderen Seite des Friedhofs, findet man das auffällige Familiengrab. Es wurde 1909 in der Zeit der Wiederbelebung der historischen Bauformen unter dem Einfluss des Jugendstils errichtet. Die Grabstelle wurde aber bereits ab 1875 belegt. Die aufwändige Einfriedung des Areals besteht aus einer Natursteinkonstruktion aus Sandstein, Tuff und Kalkstein. Die rückwärtige Mauer enthält einen von vier Stützen – davon

Steinfurt-Burgsteinfurt | Professor Dr. Thomas Hoeren

zwei mit Kapitellen – getragenen Dreiecksgiebel mit der Inschrift „Familie Rotmann". Die Begräbnisstelle einer für den Ortsteil wichtigen Industriellenfamilie ist bedeutend für den Stadtteil Burgsteinfurt. Die monumental gestaltete Anlage zeigt die Wirtschaftskraft und soziale Bedeutung der Familie. Sie ist die einzige Anlage dieser Art auf dem Friedhof.

Die Grabstätte besteht aus einer Fülle von keltisch-indischen Symbolen einschließlich mancher Swastika, die Hakenkreuzen ähnlich sehen. Dies hing damit zusammen, dass sich der Jugendstil auf alte Wurzeln und Ornamente besann. Einen großen Einfluss übten auch die 50 Jahre zuvor entdeckte alte keltische Kultstätte La Tene in der heutigen Schweiz und die dort gefundenen Objekte aus, die auch das Swastika als Motiv enthielten. Heute unbekannt ist, ob die keltischen Motive auf Wunsch des Firmeninhabers Rotmann oder auf eine Idee des Architekten zurückgehen.

Die große Grabstätte ist durch zwei kleine Tore begehbar. Man sieht, wie weit verzweigt die Familie Rotmann lebte. Die Grabstelle Rotmann ist seit 1994 als Baudenkmal eingetragen. Denkmalwert sind die natursteinerne Einfriedung, die im Jahr 1909 vom Architekten Joseph Campani (1856-1931) entworfen wurde, und die vor der rückwärtigen Mauer aufgestellten Grabmale.

Campani war ein begabter Star-Architekt um die Jahrhundertwende. Er stammt aus einer Handwerkerfamilie in Härting, heute Innsbruck, und war bis 1900 Benediktinermönch, bevor er zum evangelischen Glauben konvertierte und als Architekt in Bielefeld arbeitete. Er ist verantwortlich für zahlreiche Kirchenbauten unter anderem in Brake, Duisburg und Oberlübbe. Vom Leiter des Bauamtes in Bethel Karl Siebold lernte er die Grundzüge der altkirchlichen Ikonographie. Nach seiner Konversion heiratete er eine Witwe, die über Vermögen verfügte und ein Kind hatte. In hohem Alter wurde er nach dem Tod seiner Frau 1920 mittellos, konvertierte zurück zum Katholizismus und wurde wiederum Benediktinermönch in Beuron, wo er nach einem Schlaganfall im Alter von 75 Jahren starb. Nahezu unbekannt ist heutzutage die Tatsache, dass Campani das Denkmal schuf. Das allein zeigt, dass Friedhöfe eine höhere Aufmerksamkeit verdienen, auch aus kulturgeschichtlichen Gründen.

Fotos Karl-Heinz Wilp

Ortsgeschichte

Dr. Christof Spannhoff | Tecklenburger Land

Sehr alt und geheimnisumwittert

Die drei Seeblätter finden sich in vielen Wappen im Kreis Steinfurt

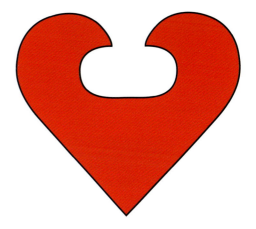

Lienen hat sie, Ladbergen auch – ebenfalls natürlich Tecklenburg und der Kreis Steinfurt. Ferner führte sie Lengerich von 1939 bis 1949: die Seeblätter im Wappenbild.[1] Doch woher kommt dieses Wappenzeichen eigentlich?

Die Ursprünge der Wappen liegen im Mittelalter. Sie entstanden im ersten Viertel des 12. Jahrhunderts als militärische Erkennungszeichen. Ihr anfänglicher Zweck bestand darin, einen durch seine Rüstung unkenntlich gewordenen Ritter als Freund oder Feind eindeutig zu identifizieren. Um ein Erkennungszeichen sichtbar an der Rüstung anbringen zu können, eignete sich vor allem der Kampfschild des Ritters. Die Bezeichnung Wappen ist daher auch lediglich die niederdeutsche Form des Wortes Waffe. Wappen bedeutete bis ins 16. Jahrhundert hinein sowohl Kampfgerät als auch Erkennungszeichen. Aufgrund dieser engen Verbindung von Kampfschild und dem auf diesem angebrachten Kennzeichen wurde der Schild elementarer Bestandteil eines Wappens. Die Kennzeichnung einer bestimmten Person auf deren Kampfschild verbreitete sich schnell im abendländischen Adel. Aus dem persönlichen Abzeichen des Ritters entwickelte sich in der Folge ein sich in männlicher Linie vererbendes Familienwappen.

Um seine Erkennungsfunktion erfüllen zu können, musste ein Wappen einfach und klar gestaltet sein. Deshalb wurden bereits früh feste Gestaltungsregeln entwickelt. Nur unvermischte Farben Rot, Blau, Grün und Schwarz durften mit den Metallen Gold (Gelb) und Silber (Weiß) kombiniert werden. Zu einem staatlichen Hoheitszeichen wurden Wappen dadurch, dass die adeligen Landesherren ihre Familienwappen auf Siegeln und Münzen abbildeten. Damit entwickelten sich Wappen auch zu Herrschaftszeichen. Die landesherrlichen Familienwappen wurden so zum Symbol für die beherrschten Territorien. Diese praktische Funktion machten sich

Tecklenburger Land | Dr. Christof Spannhoff

Erstmals sicher nachweisbar sind die Tecklenburger Seeblätter auf einem Siegel des Grafen Otto III. von Tecklenburg aus dem Jahr 1272.
Quelle: Die westfälischen Siegel des Mittelalters, Heft 1, Abteilung 2: Die Siegel der Dynasten, bearb. v. Georg Tumbült, Münster 1883, Tafel XX

seit dem 13. Jahrhundert zudem Städte zu eigen, die neben ihren Siegeln nun ebenfalls Wappen führten und damit ihre Rechtsstellung dokumentierten. Gemeinden ohne Stadtrecht blieb das Privileg der Wappenführung allerdings verwehrt. In Preußen war das sogar noch bis 1918 die Regel. Seit den 1930er Jahren nahmen dann auch Gemeinden vermehrt Wappen an, die vom Staat verliehen wurden. Als Wappenbilder wurden zumeist Elemente der regionalen, historischen Länder verwendet.

Die Seeblätter der Kommunalwappen wurden dem Wappenbild der Grafen von Tecklenburg entnommen. Sie lassen sich erstmals in einer Wappenrolle aus dem Jahr 1198 belegen, die aber nur in einer Abschrift des Jahres 1662 überliefert ist. 1225 siegelte Otto von Tecklenburg allerdings noch mit der Ab-

bildung einer Burg. Die älteste original überlieferte Darstellung der Seeblätter findet sich auf einem Tecklenburger Siegel aus dem Jahr 1272. Ihre Dreiheit lässt sich Ende des 13. Jahrhunderts (1284-1294) erstmals sicher belegen und die rote Farbe der Seeblätter auf silbernem Grund in einem Wappenbuch von 1370.[2]

Doch warum wählten die Tecklenburger Grafen gerade Seeblätter als Wappenzeichen? Der Wersener Pfarrer Gerhard Arnold Rump deutet in seiner 1672 erschienenen Beschreibung der Grafschaft Tecklenburg die Seeblätter im Wappen als Erinnerung an die von antiken Autoren berichtete „Kimbrische Flut", eine verheerende Sturmflut, die angeblich um 120 vor Christus das germanische Volk der Kimbern aus Jütland vertrieben und – nach Rumps Darstellung – auch das Tecklenburger Land heimgesucht haben soll.[3] Diese Erklärung ist aus heutiger Perspektive nicht haltbar und vielmehr ein beredtes Beispiel humanistischer, vorwissenschaftlicher Geschichtsschreibung. Noch ein gutes Jahrhundert zuvor (1580) führte der Arzt Johann Weyer (oder Wier), der 1588 in Tecklenburg starb, in seinem „Arzney Buch" an, das er der damals regierenden Grä-

Im Wappen der Stadt Tecklenburg erinnern die Seeblätter an die alte Funktion als Sitz der Tecklenburger Grafen.
Quelle: Wappenbuch der westfälischen Gemeinden, hrsg. v. Eugen Meyer, Münster 1940, S. 46

Dr. Christof Spannhoff | Tecklenburger Land

Die Dreiheit der Tecklenburger Seeblätter erscheint erstmals auf einem Siegel Ottos IV. von Tecklenburg (1284-1294).
Quelle: Die westfälischen Siegel des Mittelalters, Heft 1, Abteilung 2: Die Siegel der Dynasten, bearb. v. Georg Tumbült, Münster 1883, Tafel XX

fin Anna von Tecklenburg (um 1530-1582) gewidmet hatte, das „Seekraut im Teckhelnburgischen [!] Wappen" komme von der Lage der Grafschaft an der Ems.[4] Diese Erklärung hätte schon eher etwas für sich.

Der preußische Verwaltungsbeamte August Karl Holsche meinte dann 1788, die Seeblätter seien aus dem Wappen des Herzogtums Engern entnommen, zu dem die Grafschaft Tecklenburg einst gehört habe.[5] Zwar werden in Abbildungen des späten 15. Jahrhunderts die Seeblätter als engrisches Wappenzeichen dargestellt. Allerdings gab es zu der Zeit, als eine Landschaft Engern existierte, noch gar keine Wappen und schon erst recht keine „Landeswappen".[6] Helmut Naumann weiß zwar um diese historische Tatsache, hält es jedoch für möglich, dass die Seeblätter zwar nicht direkt das engrische Wappenbild darstellten, aber dennoch bereits früh mit Engern in symbolischer Verbindung gestanden hätten.[7]

Allerdings hat Peter Veddeler anschaulich gezeigt, dass die angeblich engrischen Seeblätter aus dem bereits 1226 nachweisbaren und auch drei Seeblätter zeigenden Wappen der Grafen von Brehna stammen. Dieses Wappenbild ging ab 1290 mit dem Erwerb des größten Teils der thüringischen Grafschaft Brehna an die Herzöge von Sachsen-Wittenberg über, die ebenfalls den Titel Herzöge von Westfalen und Engern führten. Deshalb wurden die Seeblätter später – vermutlich erst im 15. Jahrhundert und vor allem aus herrschaftspolitischen Motiven – als Zeichen Engerns interpretiert.[8]

Aufgrund der Tatsache, dass auch die Grafen von Brehna Seeblätter im Wappen führten, wurde zudem die These vertreten, dass die ältesten Tecklenburger Grafen ursprünglich aus Mitteldeutschland stammten.[9] Doch hat Johannes Bauermann 1972 nachgewiesen, dass die Tecklenburger Grafen Anfang des 12. Jahrhunderts als Grafen von Saarbrücken aus dem

Auch die Stadt Lengerich führte die Tecklenburger Seeblätter von 1939 bis 1949 im Wappen.
Quelle: Wappenbuch der westfälischen Gemeinden, hrsg. v. Eugen Meyer, Münster 1940, S. 45

Mittelrheingebiet kamen.[10] Deshalb ist eine Abhängigkeit der Tecklenburger Seeblätter von denen der Grafen von Brehna eher nicht anzunehmen. Das Wappen der Tecklenburger wird vermutlich vielmehr unabhängig von jenem der Brehnaer entstanden sein.

Somit werden die Herkunft und das ursprüngliche Auswahlmotiv der Tecklenburger Seeblätter wohl für immer ein Geheimnis der Geschichte bleiben. Denn bereits im 16. Jahrhundert wusste man anscheinend nicht mehr, woher das Wappenzeichen eigentlich rührte. Ein „Historischer Bericht über die Grafschaft Tecklenburg", der vermutlich kurze Zeit nach 1564 im Zuge der Rückgewinnungsversuche der den Tecklenburgern 1548 entzogenen Grafschaft Lingen entstanden ist, führt Folgendes aus: „Alß wan manlich stam gepricht, vnd abgangen, das alsdan die rechte eldest geborn tochter des stams erbtt (wie dan vormals vor Zeiten auch geschehen) das ein Graue von Schwerin mit einer tochter von Teckenburgh die Graueschafft Teckenburgh bekommen, dauon das wapen, neben dem ancker, mit dreyen roten seheplattern in weissem felde, gepraucht vnd getragen wurde."[11] Diese Erklärung ist jedoch nachweislich falsch, da die eheliche Verbindung zwischen Tecklenburg und Schwerin erst um 1312 mit der Heirat des Gunzelin von Schwerin mit der Richardis von Tecklenburg entstand.[12] Die Seeblätter als Tecklenburger Wappenzeichen sind aber bereits seit 1272 sicher bezeugt. Die Tecklenburger führten die Seeblätter also schon vor der verwandtschaftlichen Verbindung mit den Herzögen von Schwerin im Schilde.

Quellen

1 Peter Veddeler, Wappen, Siegel, Flaggen. Die kommunalen Hoheitszeichen des Landschaftsverbandes, der Kreise, Städte und Gemeinden in Westfalen-Lippe, Münster 2003, S. 79 (Kreis Steinfurt), 160f (Ladbergen), S. 165f (Lengerich), S. 168 (Lienen), S. 228 (Tecklenburg)

2 Christof Spannhoff, Die Wappen der Kreise Tecklenburg und Steinfurt, in: Wege in die Geschichte des Kreises Steinfurt mit seinen 24 Städten und Gemeinden. 1816-2016. 200 Jahre Kreis Steinfurt, hrsg. v. Kreis Steinfurt, Steinfurt 2016, S. 64-65. Bisher ist noch nicht abschließend geklärt, ob das auf dem „Quedlinburger Wappenkästchen" Ottos IV. von 1209 abgebildete Wappen mit drei Seeblättern das Wappen der Grafen von Tecklenburg oder der Grafen von Brehna darstellt. Wenn hier das Tecklenburger Wappen gezeigt sein sollte, wofür einiges spricht, wäre diese Abbildung die älteste original überlieferte Darstellung der Tecklenburger Seeblätter. Dazu: Natalie Kruppa, Neue Gedanken zum Quedlinburger Wappenkästchen, in: Concilium medii aevi. Zeitschrift für Geschichte, Kunst und Kultur des Mittelalters und der Frühen Neuzeit 4 (2001), S. 153-177

3 Gerhard Arnold Rump, Des Heil. Röm. Reichs uhralte hochlöbliche Graffschafft Tekelenburg, mit einem Nachwort hrsg. v. Christof Spannhoff, 3. Nachdruck der Ausgabe Bremen 1672, Tecklenburg 2012, S. 16f

4 Johann Weyer, Artzney Buch: Von etlichen biß anher unbekandten und unbeschriebenen Kranckheiten, als da sind der Schurbauch, Varen oder lauffende Varen, pestilentzische Pleurisis und Brustkranckheit, stechend Rippenwehe, engelendischer Schweiß, auch Ursachen, Zeichen, Diaeta, und eigentlicher Curation derselben, Frankfurt a.M. 1580, Nachdruck, hrsg. v. Marielies Saatkamp, Tecklenburg 1988, Vorrede (nicht paginiert)

5 August Karl Holsche, Historisch-topographisch-statistische Beschreibung der Grafschaft Tecklenburg nebst einigen speciellen Landesverordnungen mit Anmerkungen, als ein Beytrag zur vollständigen Beschreibung Westphalens, Berlin u. Frankfurt/Oder 1788, S. 9

6 Joseph Prinz, Der Zerfall Engerns und die Schlacht am Welfesholz (1115), in: Ostwestfälisch-weserländische Forschungen zur geschichtlichen Landeskunde, hrsg. v. Heinz Stoob, Münster 1970, S. 75-112; Peter Veddeler, Das Westfalenross. Geschichte des westfälischen Wappens, Münster 1987, S. 20

7 Helmut Naumann, Vom Tecklenburger Wappen und seiner Bedeutung, in: Friedrich Ernst Hunsche, Tecklenburg 1226-1976, hrsg. v. d. Stadt Tecklenburg, Tecklenburg 1976, S. 149-155, hier S. 151

8 Veddeler, Westfalenross, S. 19-43; Ders., Das Niedersachsenross. Geschichte des niedersächsischen Landeswappens, Hannover 1996, S. 50-52. So bereits Friedrich Philippi, Die Entwicklung des westfälischen Wappens, in: Festschrift zur Erinnerung an die Einweihung des neuen Landeshauses der Provinz Westfalen zu Münster am 12. Oktober 1901, Münster 1901, S. 19-30, hier S. 23f

9 Anton Hagemann, Das westfälisch-niedersächsische Wappenbild, in: Zeitschrift der Savigny-Stiftung für Rechtsgeschichte, Germanistische Abteilung 69 (1952), S. 340-345, hier S. 343; Ders., Das Hochstift Münster und die Grafen von Cappenberg, in: Zeitschrift der Savigny-Stiftung für Rechtsgeschichte, Kanonistische Abteilung 39 (1953), S. 443-449, hier S. 447-449; Ders., Rezension zu Josef Prinz, Mimigernaford – Münster, in: Zeitschrift der Savigny-Stiftung für Rechtsgeschichte, Germanistische Abteilung 78 (1961), S. 381-383, hier S. 383

10 Johannes Bauermann, Die Abkunft des ersten Grafen von Tecklenburg, in: 68. Jahresbericht des Historischen Vereins für die Grafschaft Ravensberg (1972), S. 9-42

11 Historischer Bericht über die Grafschaft Tecklenburg [bald nach 1564]. Hessisches Hauptstaatsarchiv Wiesbaden, Abteilung 171 (Altes Dillenburger Archiv), Nr. Z 2591.

12 Wolfgang Bockhorst, Die Grafen von Tecklenburg aus dem Haus Schwerin, in: Mecklenburgische Jahrbücher 124 (2009), S. 63-84

Traumhaft
Hartmut Kubitza

Mondschein
gleitet auf dem See

Wiegende Wellen
schaukeln sein Licht
verbinden Ufer
wie Welten

Träume
spiegeln im Wasser wider
tauchen ein
und wieder auf

Neue Noten
neue Lieder

zaubern
Melodie
Opus dei
zu den Sternen

Hätten sie
die Gabe
zu erfüllen

ein einziges Mal

Ortsgeschichte

Paul Baumann | Greven

Möppkenbraut, Töttken un Iesbeen
Schlachttiet was van November bes an'n End van Februar

Wat is dann wull dat laifste Dier för us Westfaolen, bi us in't Mönsterland?

Wann't üm't lätten gaiht, dann is dat wisse wull dat Swien. De leckeren Saken van so'n daut Dier laot't us gau dat Water üm de Tiähne laupen, denkt wi bloos maol an Möppkenbraut, Piäpperpotthast, Pannhas, Töttken, Wuorstebraut un Liäwerbraut, Suerbraoden, Iesbeen un 'ne gaße Riege an smaaklicke Fraiden för ussen Gaogel.

Alle düsse leckeren Dinge häbbt sik wiet üöwer de Grensen van Westfaolen 'nen grauten Naomen maakt, denkt wi bloos an ussen westfäölsken Schinken. Waohre Luowleeder sint üöwer dat Swien sungen wuorn, 'ne Masse Küersels kuëmt derto: „Dat Swien häff't beste Fleesk ächter de Aohren sitten." „Mannigeen höllt van een kuort Gebätt un een langen End Mettwuorst." Un: „De Sueg döt iärst guet, wann se daut is."

Well de laigen Tieden so kuort nao'n Krieg metmaakt häff, de kann dao een Leed van singen. Wat was't een Armootswiärks! Et gaff so rächt niks te Bieten of te Tanen. De miärsten Lü wassen so arm äs 'ne Kiärkenmuus. Wi häörn auk daoto. Wi harrn so guet äs niks, aower wi harrn usse Hüesken met 'n Swienestall un een grauten Gaorn. Et wäör jä gelacht, wann sick dao niks uut maken lait.

Usse Moder harr Guott Dank 'ne starke Natuur un lait sick nich unnerkriegen. Usse Vader harr sick „van'n Acker maakt". Wi grötteren Blagen wassen al fröh met Arbaid vertruet maakt wuorn un mossen dat „Spiël" metmaken, so guet äs't göng.

Usse Moder kreeg in düsse Tiet Arbaid in de „Aolle Fabrik" (Grevener Baumwollspinnerei). Mien äölste Süster was van dao an fast in'n Hueshollt inspannt. Se suorgede för Rainlickkait un satt den Gemösepott up'n Härd, wann wi uut de Schole kaimen. Den Pott harr usse Moder den Aomd vüörhiär al trächtmaakt.

Ködde, ködde, ködde. Kiek, süh, wat se laupt! Niesgierig sint se auk. Foto: Paul Baumann

Wat was nu mine Arbaid Dag för Dag? För Holt un Kuohlen suorgen, den Gaorn in Uorder brängen, vüörn un ächtern Hues dat Wiärks propper hollen un süss no wat. Vüörhiär mossen de Schoolarbaiden maakt wäern. För't Spiëlen met annere Blagen bleef nich de miärste Tiet. Un wehe, wann de Arbaiden nich üörnlick maakt wassen, wann mine Moder aomds üm fief Uhr van de Fabrik kaim. Dann gafft'n een Haidenspitakel. Man kann wull säggen, dat wi veer Blagen gaaß nett düör'n Schuersack kuëmen sint.

Up een guëdden Dag kaim een Buer met sine Stüörtkaor un bragg us Strauh, Runkeln un Klie. Auk kaim uut so'n aollen Miählsack een kleen Fiärken to'n Vüörschien. De Fraide was graut. Dat Dierken wogg wull so üm de 20 Pund un was an de sess Wiärken aolt. Dat ik van den Dag an no 'ne Potsjoon mäehr Arbaid an de Hand kreeg, dat häff ik iärst läter miärkt. Un dat was nich wennig. Aower dat Fiärksken was dao, un et moss der auk för suorgt wäern. Dat gaße Gerai för't Swienken anfoern harrn wi no uut verliëdene Tieden. Fridags dain wi den Swienepott ansetten. Vüörhiär moss ik för 'ne Wiärk of so Runkeln met en Biel in kleene Stücke hauen. De kaimen dann in den Swienepott. Auk kaimen dao kleene Katüwwelkes bi in, de wi us van de Buern iähre Kämp stibitst harrn. Mannige aower wäörn mäehr äs Riëkels un laiten us nich äs een lück naosöken. Wann de us saogen, dann drewen de us in'n „Swiensgalopp" van't Feld. De wussen fröher al: Laot doch de annern män smachten, solang äs't us guët gaiht.

Wat kaim süss no in den Swienepott? Runkelblaar, Brennniëdeln un Daufniëdeln, Disseln un lättensreste. Aower de gafft'n so guët äs garnich. Usse Moder lait afsluut niks verkuëmen. Nich äs een Druopen Miälk. Söfst dat Afwaskwater van dat Meddagsiätten kaim in den Pott. Vandage küert se van „recyceln". Dat Waort gafft'n to usse Tiet nich äs, aower wi dain et al. Kann sik eener üöwerhaups en Beld daovan maken, wu dat fröher uutsaoch? Wao vandage för de miärsten Mensken lättenssaken so garniks mäehr bedüden doot un alls eene Verdoerie un Slömerie is.

Auk moss ik dat Füerholt unner den Swienepott trächtläggen. Dat Ansticken dai mine Moder. Met Füer hanteern, dat was för kleene Blagen verbuoden. Dao was ümmer de Angst met in't Spiël, dat wi dat Hues in Brand sticken dain. Wao sollen wi in so een Fall dann auk bliwen?

Wann de Swienepott dann ferrig was, moss he afköhlen. Den annern Dag konn ik dat Friättenwiärks met 'ne Katuwwelquetske düördraihen. Dat was auk 'ne Masse Arbaid för so'n kleenen Kiekindewiält. Aower nich eener is der nao froggt wuorn, of he will orre kann. Et moss eenfack maakt wäern. Un ik woll jä eenes Dages auk in den Genott van so'n Öostken Fleesk, een Rengel braodte Mettwuorst of 'ne Plate Wuorstebraut un Liäwerbraut kuëmen. Aower bes daohen was't no een heelen End Tiet un Arbaid.

Tweemaol an'n Dag mott so'n Swienken sien Gerach häbben: Een üörnlicken Swieneemmer vull Friätten un buowendrup en Schüppken Klie, daomet dat Dierken auk guët in Foer kümp. Auk mott so'n Swienken un de Swienestall propper hollen wäern, süss is glieks dat Untüüg dao. So'n Dier brück Propperität, auk wann't män bloos een Swien is. Dat bedütt, man mott den Swienestall eenmaol de Wiärk uutmessen.

De Mess kaim up'n Messfall in'n Gaorn. Wat was dat för'n Gedoo! Ik magg der vandage boll nich mäehr an denken. Met de swaore Schuffkaor düör dat losse Land, dat was kinne Spiëlerie. Vüörn dat met Isen beslagene Rad uut Eekenholt, de Kaor söfst auk uut Eeke un swaor äs Bli! Mario, mario, wat was't 'ne Slowerie!

So gong dat nu Maonat för Maonat. Upmaol was dat November, Beginn van de kaolle Jaohrestiet. Schlachttiet, dat is de Tiet van November bes an'n End van Februar.

Up düt Beld is en Swienestall met Swieneklappe un Trog te saihn. Bes in de Jaohre üm 1960 harr man boll in alle Hüser no Swieneställe. Foto: Paul Baumann

Dat Swienken harr sick guët maakt un wogg wull siene 500 Pund. Et harr sik auk 'ne düftige Laoge Speck anfriätten. Süss düëgede so'n Dier auk nich. Man wäor jä nao de langen Kriegs- un Mangeljaohre rainewägg versiätten up Fett. Vandage häbbt wi Tieden, wao 'ne gaaß annere Suorte Swien mästet wät un boll kin Gramm Fett häbben draff.

Nu was't langsam Tiet, den Slächter Beschaid te säggen. De Mann was van Beroop Müerker. „In'n Summer Müerker, in'n Winter Slächter", dat was in't Mönsterland dat bekannte Waort. Wiägen dat slächte Wiär konnen de Lü up'n Bau nich ferrig wäern un dain sik met Slachten iähr Inkuëmen siëkern.

Dag's vüörhiär, vüör dat de Slächter kaim, moss alls mündkesmaot ferrig liggen: de Pötte un Pannen, de Wuorstmüëhl, de graute Panne to't Speck un Flomen uutlaoten, de Ledder, wao dat Swien dran uphangen wuor, dat Krummholt, Strickskes, Schnesen, Krüderien, Diärme, Wannen, Schümer, Düörsliäge, Holtliëpels, Gliäser un Büssen to't Inkuoken un wat weet ik no. Dat gaße Gerai moss blitseblank un in Uorder sien. Dat Piëkelfatt harrn wi al Dage vüörhiär sauber maakt un Water drinlaoten, daomet dat rächttietig dicht was. 150 Liter heet Water moss der sien. De Swienepott wuor al üm fiew Uhr in de Muorntiet anbott. Nu konn't lösgaohn.

De Slächter was al muorns fröh to de afküerte Tiet dao. Nu kaim de truerige Moment. De Slächter holl dat arme Dier tosammen met een Naober uut'n Stall. Vüörhiär kreeg dat Swien Strickskes üm dat rächte Vüörder- un luchte Ächter-

Een stäödig Dier häng an de Ledder. Daoniäben staiht Schlächter Johannes Stege uut Graiwen.
Quelle: Stadtarchiv Greven

been. Dann gönk't de twee Trappen haug up ussen Hoff. Dat Dier mook wahne Gedoo un was an't kriesken äs dull. Et gönk mi düör Mark un Been. De Slächters wassen düör de Bank wat groff un spiëlden nich lang harüm. Wi Blagen bekeeken us dat Wiärks met Grusen, Niesgier un auk 'ne Potsjoon Metleed. Aower wat konn dat alls helpen. Dat Dierken moss „dran glaiwen".

De Slächter stellde dat Dier dann up de rächte Stiär, wao et henfallen moss. Vüörhiär harrn wi de Stiär met Strauh uutläggt. Dann naihm he den Bolsenschussapparat, settde den dat Swien an'n Kopp un trock af. Daobi moss dat Dier up de rächte Siete stüörten, üm an den Hals te kuëmen. Met en lang Mess stack de Slächter dann dat Swien in'n Hals bes an't Hiärt, trock et wier haruut un lait dat Dier uutblöden. Daobi harr he Hölpe naidig. Dat Bloot wuor van mine Moder in 'ne graute Pann upfangen, daonao in en Emmer guotten un düftig ümröehrt. Et droff nich stolten. Dat wuor jä läter för Wuorstebraut un Swartemagen bruukt. Was düt nu erledigt, gaff't iärst een uut de Pulle. Dat moss sien un was guëdden Bruuk.

Nu wuor heet Water üöwer dat daude Swien guotten. Met een Schrapphäönken dai he nu de Strübben afschrappen. Wat der no sitten bleef, wuor met'n Strauhwisk afflämmt. Wann dat Dier nu gaaß blank was, dann fong de swaore Arbaid an. Dat Dier moss up de Ledder läggt un met dat Krummholt an de büöwerste Spruotte fastbunnen wäern. Vüörhiär wuorn de Achillessiëhnen van de Ächterbeene friläggt und dat Krummholt an beide Sieten düör de Löcker stoppt. De Ledder met dat daude

In't Piëkelfatt kaim dat Fleesk för drai bes veer Wiärk te liggen. Vüörhiär wuor dat Fleesk met groff Saolt infriëwen. Foto: Paul Baumann

Swien drup wuor nu met een kräftigen Swupp upricht't un an de Hueswand stellt. De Kopp van dat Swien höng nao unnen. De Slächter konn dat Dier nu met'n scharp Mess lössnieden un dat Diärmewiärks met den Magen un de anneren Innerien haruutniëhmen. De smeet he dann in Emmers un Beckens. Bes up de Gallenblaose konnen de gaßen Innerien bruukt wäern. Daonao wuor de Rüggenstrang met'n Biel klofft un dat Dier uuteneenklappt. So konn dat Fleesk in de kaolle Lucht afköhlen. Et moss nao Müëglickkait guët düörfraisen. Dat was van Belang för de Fleeskqualität. Auk konn man dat dann biätter snieden. Dann wuor dat Fett van de Diärme afsnieden un sauber maakt. Daonao wuorn se up de annere Siete draiht un richtig schrappt, dann in klaor Water een paarmaol afspollt. De Dickdarm konn för Blootwuorst un Wuorstebraut bruukt wäern, de Dünndarm för Mettwuorst. Dat was dann de Wuorst in Naturdiärm.

Dat Afköhlen duerde aower nu een paar Stunnen. De Slächter gong in düsse Tiet nao annere Kunnen un dai dao siene Arbaid. Vüörhiär naihm he sik no guët een uut de Pulle.

Tüskentiets kaim de Finnenkieker un dai sik dat Fleesk düör sien Apperatewiärks bekieken. Wäör alls in Uorder, kreeg dat Fleesk 'n Stempel updrückt.

Läter, in de Aobendstunnen, kaim de Slächter dann wier un sneet dat Fleesk in Potsjoonen trächt. Üm dat Fleesk holtbaor te maken, wuorn Schinken, Specksieten, Swienebacke, auk halwe Kopp nömpt, un lesbeen met groff Saolt infriëwen un för drai bes veer Wiärk in't Piëkelfatt läggt. Was dat Fleesk van de Saoltlake guët düörtrocken, moss dat wasket, an de Lucht drüügt un to't Raikern in een Bosen üöwer dat Härdfüer uphangen wäern. Dat Raikern söfst konnen wi jä nich. Dat dai een Buer för us. De Kotletts un dat annere Fleesk, wat inkuokt of verwuorstet wäern soll, wuor dann uuteneenläggt. De besten Stücke kaimen in de Gliäser. De dai mine Moder läter inkuoken.

Wann de Tiet dann dao was, wuorn düsse so riegaswägg lösmaakt un giätten. Dat was jä daomaols de eensigste Müëglickkait, niäben dat Raikern, Fleesk un Gemöse üöwer lange Tiet holtbaor te maken. In de aolle Tiet gafft jä no kinne Köhlschiäppe.

Was dat eengslicke Slachten nu an'n End, dann kreeg de Slächter sien Laun. Nao dat leste Pinnken „Aollen Klaoren" mook he sik dann up'n Patt, miärsttiets

Paul Baumann | Greven

liekuut nao den naichsten Kunnen.

Aower de Arbaid was no lange nich daon. Nu gong et an't Verwuorsten. Daoför kaim usse Tante Klärchen van de Marienstraot. De wuss an'n besten Beschaid, wat Afsmaken un Krüderie anbelangen dai. Dat Fleesk wuor kleen snidden un kaim dann in de Wuorstmüehle, de jä met de Hand draihet wären moss. Dat dain wi Blagen dann. Dat Gehackde kaim dann in 'ne graute Schüëddel, de verschaidene Krüderie inröehrt un dat gaße Wiärks dann afsmaakt. An Krüderien wuorn Thymian, Muskat, Lorbeerblare, Majoran, Piäpper, Nelken, Piment un Saolt nuohmen. Wann de rächte Geschmack dran was, wuor de Miskung in de Wuorstmüehle giëwen. De harr vüörn 'ne Tülle, wao wi de sauberen Diärme uptrocken. Dann dain wi de Müehl in Gang setten. Düör dat Draihen wuor de Wuorstmasse in den Darm presst. Papeerdiärm mossen no derbi kofft wären, denn et gaff jä nich bloos Mettwuorst, de in Natuurdiärm kaim. Van annere Suorten dain wi auk Gebruuk van maken, so äs Liäwerwuorst, Sülte, Swartemagen, Wuorstebraut, Blootwuorst, Tungenwuorst un Büülwuorst. Tunge, Kopp, Swaorn, Hiärt un Lunge konnen kuokt un wieder to Wuorst verarbaid't wäern. Linnen Büüls harrn de Fraulü al Dage vüörhiär bineene naihet un uutkuokt, wao dann de Wuorstmasse inkaim. De Wüörste mossen dann tomaakt wäern. Dat dain se up verschaidene Wiesen. Manks wuorn Wuorstdäörn uut Slainen of Wittdäörn bruukt, manks auk wull met 'ne gruowe Naodel un een dicken Fahm tomaakt.

Dann kaimen de Wüörste in den grauten Kiëddel un wuorn kuokt. Wi Blagen konnen de Tiet boll nich afwochten, bes dat de Wüörste afköhlt wassen un wi 'ne Plate Wuorste- un Liäwerbraut up de Fuust harrn. Een Deel Speck un Flomen dain wi to Smaolt verarbaiden.

Was dat fette Speck uutlaoten, dann bleewen de Schraowen üower. Aomds gaff't dann friske Mettwuorst uut de Pann, auk Wuorste- un Liäwerbraut met Schraowen un braodte Appelplaten derbi. Jungedi, wat was dat een Plasseer!

Nao so'n Slachtfest gonk et us dann wier 'ne gaße Tiet bestguët, wiärkenlang, een Liäwen pännkesfett.

Verkläörungen

düör den Schuersack kuëmen	die harte Seite des Lebens erfahren
pännkesfett liäwen	gut leben, aus dem Vollen schöpfen
Finnenkieker	Fleischbeschauer
Gaogel	Gaumen
Kiekindewiält	kleines Kind
Krüderie	Gewürz
Plasseer	Freude
Propperität	Sauberkeit
riegaswägg	der Reihe nach
Schrapphäönken	Borstenschaber
Slainen	Schlehen
Slowerie	harte Arbeit, Schuften
stolten	gerinnen
Untüüg	Ungeziefer

Ortsgeschichte

Angelika Pries | Rheine

„Ein freudiges Ereignis" in tristen Zeiten
Vermeintlicher Weltkriegsheld wurde enthusiastisch empfangen

Als 1962 das Deutsche Rote Kreuz in Rheine auf 75 Jahre Arbeit vor Ort zurückblickte, wurde wie üblich in Festschriften ein historischer Überblick über die Zeit seit der Gründung des Vaterländischen Frauenvereins vom Roten Kreuz am 4. Januar 1887 erstellt, aus dem später das DRK Rheine hervorging. Der Autor, DRK-Bereitschaftsarzt Dr. Anton Mettler, beschreibt in seinem Text die Anfänge dieses auf bessere Versorgung verwundeter Soldaten und auf allgemeine Wohltätigkeit ausgerichteten bürgerlichen Frauenvereins, berichtet über die Leistungen vor Ort im Ersten Weltkrieg durch die Einrichtung eines Hilfslazaretts und einer Unterstützungsstation im Bahnhof, um dann fortzufahren: „Nach vier Jahren harten Ringens kehrte unser Heer zwar unbesiegt, aber nicht als Sieger heim. Am 6. März 1919 wurde die trostlose Stimmung durch ein freudiges Ereignis erhellt, als am Bahnhof Rheine General Lettow-Vorbeck mit seiner tapferen Schar zuerst auf deutschem Boden Rast machte."

Diese Darstellung fordert heute, 100 Jahre nach diesem „freudigen Ereignis" und 57 Jahre nach dessen Beurteilung in den Anfangsjahren der Bundesrepublik, die Historikerin zu einer näheren Betrachtung heraus. Wer war Lettow-Vorbeck, was genau geschah am 1. März 1919 am Bahnhof Rheine.[1] Und was erklärt diese überaus positive Einschätzung eines an den Kolonialkriegen in Afrika vor dem Ersten Weltkrieg und später an diesem Krieg in Ostafrika beteiligten Offiziers?

Paul von Lettow-Vorbeck (1870-1964) war bereits im Jahr 1900/01 bei der Niederschlagung des „Boxeraufstands" durch acht verbündete Mächte, unter anderem das Deutschen Reich, dabei. Eine chinesische Bewegung hatte sich von der imperialistischen Fremdherrschaft zu befreien versucht. Der nächste koloniale Einsatz führte Lettow-Vorbeck nach Deutsch-Südwestafrika. Als Adjutant von Lothar von Trotha war er so an einem Ereignis beteiligt, das inzwischen als erster Völkermord des 20. Jahrhunderts eingestuft wird: an der Vernichtung der Herero und Nama (1904-1907), die man in der Wüste umkommen ließ oder in Zwangslagern ausbeutete. Nach Deutschland zurückgekehrt, drängte er auf ein Kommando in den Kolonien. Dieser Wunsch ging nach seiner Ernennung zum Oberstleutnant 1913 in Erfüllung. Als Kommandeur der Schutztruppe von Deutsch-Ostafrika befehligte er nach

Ausbruch des Ersten Weltkrieges dort den Kampf gegen die Engländer. Im Verlauf des Krieges stilisierte die deutsche Presse ihn zum Helden, der unter widrigsten Bedingungen im fernen Afrika einen enormen Durchhaltewillen zeige und damit die deutschen Truppen in Europa entscheidend entlaste. Damit wollte man ein leuchtendes Vorbild für alle Deutschen an Front und „Heimatfront" schaffen.

Nicht berichtet wurde, dass sich Lettow-Vorbecks Truppen beim Feldzug auch über das eigentliche Kerngebiet der Kolonie hinaus ins portugiesische Mosambik aus dem Land ernährten, er seinen für Deutschland kämpfenden, einheimischen Söldner-Truppen, den noch lange bekannten „Askari", die Verschleppung von Frauen erlaubte, um diese – oft schwanger – dann beim Rückzug hilflos zurückzulassen. Einer der wenigen zeitgenössischen Kritiker von Lettow-Vorbeck notierte: „Unsere Spur ist bezeichnet (!) von Tod, Plünderung und menschenleeren Dörfern."

Die Kunde vom Waffenstillstand in Europa erreichte den General und seine Truppen um einige Tage verspätet, so dass es erst am 25. November 1918 zur endgültigen Entwaffnung durch britische Einheiten kam. Im Januar 1919 wurden die Soldaten von Dar-es-Salaam aus nach Europa verschifft und trafen am 26. Februar 1919 in Rotterdam ein. Von dort traten sie mit dem Zug die Heimreise an, begleitet von Zeitungsartikeln, die die Kunde über das „unbesiegte Heer, unsere Helden in Ostafrika" verbreiteten, eine Variante der Dolch-

Paul Emil von Lettow-Vorbeck
Quelle: Bundesarchiv, Bild 183-R05765

stoßlegende, Deutschland sei „im Felde unbesiegt geblieben".

Das war die Situation, als der Sonderzug mit Lettow-Vorbeck und seinen 115 Veteranen die Grenze nach Deutschland überquerte und auf Rheine zurollte. Der nationalkonservative Lehrer am Gymnasium Dionysianum, Hermann Rosenstengel, notierte dazu:

„1.3. (...) Am Morgen hatte ich den Jungen die Bedeutung der Heimkehr Lettow-Vorbecks vor Augen geführt, und am Abend gingen wir zu seinem Empfang auf dem Bahnsteig. (...) Lange nicht mehr gehörtes „Hurrah!" erscholl. Feierlich begrüßte der Bürgermeister den Helden unserer Schutztruppe; denn Rheine war die erste Station Lettows auf deutschem Boden. (...) Diese Menschen kehren nun nach mehr als vierjähri-

Rheine | Angelika Pries

Eine Ansicht des Rheinenser Bahnhofs von 1908: Bis 1928 führten Gleise an beiden Seiten des Inselbahnhofs vorbei.
Quelle: Stadtarchiv Rheine

ger Abwesenheit in das unglückliche Deutschland zurück. Auf ihren Gesichtern liegt Weltgeschehen." Dazu spielte die Blaskapelle „mit quiekenden, dünnen Flöten und heiseren Klarinetten", und Rosenstengel betrachtete die „armseligen Liebesgaben, die das Letzte darstellten, was die guten Rheiner Frauen herbeischleppen konnten". Er schloss: „Mir wurde so fürchterlich weh und ich musste mit den Tränen kämpfen. (...) Armes, armes Deutschland." Insgesamt erschien dem Studienrat die Szenerie, die er so wichtig für seine Schüler gehalten hatte, also eher als trist.

Auch die Münsterländische Volkszeitung berichtete am 4. März 1919: „General von Lettow-Vorbeck und seine ostafrikanischen Helden trafen am Samstag abend (!) (...) auf ihrer Durchreise nach Berlin in einem Sonderzuge hier ein. Den unerschrockenen Verfechtern des Deutschtums, die lange Jahre hindurch fern der Heimat einem mit allem Kriegsgerät wohlausgestatteten Feinde die Stirne boten, und durch ihre Tapferkeit die Bewunderung der ganzen ehrlich denkenden Welt wachriefen, einen geziemenden Empfang in unserer Vaterstadt zu bereiten, war Ehrensache."

Es folgte eine genauere Beschreibung der Veranstaltung, der Beteiligung des Vaterländischen Frauenvereins, der Kommunalbehörden und der Kriegervereine mit Fahnen, ohne dass sich wie bei Rosenstengel ein kritischer Ton einschlich. Beide Quellen bezeugen, dass die Propaganda bezüglich Lettow-Vorbecks gewirkt hatte: Man suchte und fand in ihm eine Projektionsfläche für alle immer noch bestehenden Wünsche nach nationaler Größe und Heldentum. Da der General durchaus wegen seiner effizienten Kriegsführung die Anerkennung englischer Militärs errungen hatte, kann man der Formulierung, dass die „ganze(n) ehrliche(n) Welt" ihm Respekt zollte, die Berechtigung nicht ganz absprechen. Es ist übrigens bezeugt, dass niemand überraschter war als der „Held" selbst über den grandiosen Empfang, der ihn dann vor allem in Berlin erwartete.

Erscheint es vor dem Hintergrund der Situation von 1918/19 durchaus nachvollziehbar, dass die Heimkehr des Generals zu einem „Event" in ganz Deutschland wurde und man die Fragwürdigkeit des „Helden" weder kannte noch hätte wissen wollen, so bleibt als Frage, wie sein guter Ruf – bedenkt man das Eingangszitat von 1962 – die Weimarer Republik, den Nationalsozialismus und den Zweiten Weltkrieg bis in die Zeit der Bundesrepublik überdauerte.

Dazu muss kurz auf die Folgegeschichte hingewiesen werden. Dem Heimkehrer gelang es, einen Teil seiner Soldaten in der Hamburger Polizei unterzubringen und später auch eine nachträgliche Soldzahlung für seine afrikanischen Soldaten zu erwirken. Die Beteiligung am Kapp-Putsch gegen die amtierende Regierung führte 1920 zu seiner Demission, aber nicht zu seiner gesellschaftlichen Ächtung. So notierte Rosenstengel im Jahr 1927 über einen späteren Besuch Lettow-Vorbecks, der Vorträge haltend Deutschland bereiste: „Lettow-Vorbeck war auch in Rheine. Er sprach auch bei Elpers. Das ist doch ein ganzer Mensch. Ich glaube, mit dem würde auch Beethoven Brüderschaft gemacht haben."

Bis 1945 trat er politisch für sein Herzensanliegen ein, die Rückgewinnung der Kolonien – zunächst im Rahmen der Deutsch-Nationalen Volkspartei (DNVP), dann auch in Verbindung mit den Nationalsozialisten, ohne Parteimitglied zu werden. Viele Straßen erhielten nach 1933 seinen Namen, so auch die Kleinbahnstraße in Rheine, die man im Adressbuch von 1951 wieder unter ihrem alten Namen findet. Obwohl sein Sohn und sein Stiefsohn fielen und sein Haus in Bremen durch einen Luftangriff zerstört wurde, unterstützte er bis zum Ende das Regime und wurde lange anerkannt. Sein Durchhalten in Ostafrika empfahl ihn als Militärexperten und Vorbild. In seiner Autobiografie „Mein Leben" kritisierte er 1957 nur die taktischen Fehler Hitlers, nicht seine Verbrechen.

Es gelang Lettow-Vorbeck nach einer vorübergehenden Phase, in der sein Verhalten vor und die Fortzahlung seiner Bezüge nach 1945 umstritten waren, im öffentlichen Leben des neuen Staates in der Rolle des unbelasteten, tapferen Helden des Ersten Weltkriegs wieder Fuß zu fassen. Er wurde 1956 Ehrenbürger seiner Geburtsstadt Saarlouis, die „Deutsche Illustrierte" sponserte ihm eine Afrikareise[2], und es gab eine große öffentliche Feier in Hamburg zu Ehren seines 90. Geburtstages mit Glückwunschtelegrammen von Konrad Adenauer, Heinrich Lübke und Franz-Josef Strauß. Die entstehende Bundeswehr benannte Kasernen nach dem angeblich unbelasteten, da nicht am Zweiten Weltkrieg beteiligten und sicherlich persönlich mutigen Offizier. Die Nachrufe nach seinem Tod 1964 waren in der Bundesrepublik durchgängig positiv, so auch der des damaligen Bundesverteidigungsministers Kai-Uwe von Hassel bei der Trauerfeier.

Der Schreiber des Jahres 1962 war also bei seiner Beurteilung des heute nicht mehr nur umstrittenen, sondern durchweg kritisch gesehenen Generals und jahrzehntelanger Identifikationsfigur nicht in auffälliger Weise revanchistisch oder politisch blind, sondern, wie die Analyse verdeutlicht, nur genauso unwissend und unkritisch wie die bundesdeutsche Gesellschaft seiner Zeit, einschließlich der Wiederholung der Formel vom „unbesiegten" Heer. Vergangenheitsinterpretationen unterliegen, wie die Forschung immer wieder und auch dieses Beispiel aufzeigt, dem historisch-gesellschaftlichen Wandel. 1962 lief eine heute als notwendig erachtete, kritischere Sicht auf die deutsche Geschichte und viele ihrer Facetten gerade erst an, so bei Fritz Fischers Analyse der Ursachen für den Ersten Weltkrieg[3] oder ab 1963 durch die Auschwitz-Prozesse. Spätestens die „68er" stießen dann eine Revision von so manchem (zu) lange bewahrten Geschichtsbild an.

Inzwischen trägt keine Kaserne mehr den Namen Lettow-Vorbeck. Die meisten, aber nicht alle nach ihm benannten Straßen wurden – zum Teil erst in den letzten Jahren – sukzessive umbenannt.

Anmerkungen

1   Das Datum in der Festschrift ist falsch.

2   „Afrika, wie ich es wiedersah", 1955

3   Griff nach der Weltmacht, 1961

Quellen

Michels, Eckard: „Der Held von Ostafrika" Paul von Lettow-Vorbeck. Ein preußischer Kolonialoffizier; Paderborn 2008

Bericht in der Münsterländischen Volkszeitung vom 4. März 1919

Mettler, Anton: Gründung und Entwicklung des Deutschen Roten Kreuzes in Rheine, in: Alle sind Brüder. 75 Jahre Rotkreuz-Arbeit in Rheine Westfalen, Rheine 1962, S. 33

Rosenstengel, Hermann: Chronik 1914-1950; in: Büld, Heinrich (Hrsg.): Rheine a. d. Ems. Chroniken und Augenzeugenberichte 1430-1950, Rheine 1977, S. 407f, S. 454

Ortsgeschichte

Ulrike Kluck | Laer

Übertritte sind nicht belegt
Reformation hat in Visitationsprotokollen keine Spuren hinterlassen

Ist Laer in den damals so bewegten Zeiten der Reformation auf irgendeine Weise vom Protestantismus beeinflusst worden? Wenn man die Zeit bis zur Mitte des 20. Jahrhunderts betrachtet, sieht es so aus, als ob es für die katholische Kirche in Laer kaum bemerkenswerte Veränderungen gegeben hat.

Die Kirche gehörte ehemals zum Hof Schulze Welling. Da der Edle von Ahaus im Jahre 1278 seine sämtlichen Besitzungen in Laer mit Ausnahme des Freigerichts und des Marktrechts an die Johanniterkommende in Burgsteinfurt verkauft hatte,[1] gingen auch die Kirche und das Patronatsrecht, also das Recht, den Pfarrer zu bestimmen, auf die Kommende über, die ihrerseits der Gerichtsbarkeit der Herren von Steinfurt unterstand, die die Johanniterkommende gestiftet und ihr Ländereien zur Verfügung gestellt hatten.

Die Herrschaft über die Freigrafschaft Laer und das Gogericht Rüschau, zu dem außer Laer auch die Gebiete Holthausen, Borghorst, Höpingen und Beerlage, also die spätere Obergrafschaft Steinfurt, gehörten, hatten die Steinfurter Grafen 1279 von den Edelherren von Ahaus-Horstmar übernommen. Somit hatten sie Einfluss auf den Johanniter-

Der Wappenstein des Johanniters und Laerer Pastors Erasmus Keseman von 1560 am Pastorat ist ein Relikt aus der Zeit der Johanniter-Pastöre in Laer. Der Stein war erst am Pastorat und ist jetzt an der Kaplanei angebraucht. Foto: Karl-Heinz Wilp

Orden, und der Orden hatte wiederum Einfluss auf die Kirche in Laer.

Zur Zeit der Reformation gab es in Münster und in vielen anderen Orten der Umgebung evangelische Christen. Das Stift Borghorst leitete von 1533 bis 1563 die evangelische Äbtissin Jacoba von Tecklenburg.[2] Der Bischof von Münster, Franz von Waldeck, war den

121

Laer | Ulrike Kluck

Lehren Martin Luthers gegenüber sehr aufgeschlossen und trat für eine Reformation der Kirche ein. Durch die Radikalisierung der Wiedertäufer und die Bildung des Täuferreiches 1534/35 war er jedoch gezwungen, die Stadt zu verlassen. In Münster und in den umliegenden Orten herrschte große Not. Mit Hilfe von altgläubigen und evangelischen Fürsten gelang es dem Bischof, die Stadt zu belagern und wieder einzunehmen. Zur Unterstützung dabei waren auch Soldaten des Grafen von Steinfurt.

1544 trat Graf Arnold II. von Steinfurt und Bentheim zum Protestantismus über.[3] 1591 führte Graf Arnold IV. die reformierte Lehre anstelle der lutherischen in seiner Grafschaft ein, allerdings nicht für Borghorst, Laer und die Beerlage. Dort hatte sich der Bischof durch den sogenannten Flinteringschen Vertrag von 1569 die konfessionelle Herrschaft gesichert. Die weltliche Gerichtsbarkeit oblag jedoch weiterhin dem Gogericht Rüschau, das dem Grafen von Steinfurt unterstand.

Die unruhige Zeit der Konfessionswechsel ließ auch die Kommende nicht unberührt. So trat der Burgsteinfurter Komtur des Johanniter-Ordens Heinrich von Hövel[4] zum neuen Glauben über und heiratete eine Burgsteinfurterin. Deswegen wurde er, nachdem er das Amt immerhin von 1549 bis 1584 innehatte, schließlich aus dem Orden verstoßen.[5] Mit dem Augsburger Reichs- und Religionsfrieden von 1555 trat ein Reichsgesetz des Heiligen Römischen Reichs Deutscher Nation in Kraft, das den jeweiligen Landesherrn ermächtigte, die Religion seiner Untertanen zu bestimmen. Ob die Laerer Bevölkerung in dieser Zeit mit dem neuen Glauben auch aufgrund der Nähe zum Grafenhaus Steinfurt sympathisierte, ist nicht ganz auszuschließen.

Allerdings gibt es in Laer keine Belege für einen Übertritt zur evangelischen Konfession. Hier war man stolz auf die neue spätgotische Pfarrkirche St. Bartholomäus, für die 1485 der Grundstein gelegt wurde. Lediglich der achteckige Taufstein aus der ersten Hälfte des 16. Jahrhunderts mit seinen rundbogigen Nischen lässt vermuten, dass es – wohl beeinflusst durch den Zeitgeist des Humanismus und der Reformation – Veränderungen gegeben hat.[6] Diese Nischen waren ursprünglich mit Figuren ausgestattet, von denen jedoch nur noch eine Sandsteinfigur mit einem abgeschlagenen Kopf und einem Buch in der Hand

Foto: Karl-Heinz Wilp

vorhanden ist. Auch muss der Schaft ursprünglich höher gewesen sein. Hat es auch hier protestantische Bilderstürmer gegeben, die die Heiligen-Figuren gewaltsam beseitigt haben? Geschah das vielleicht, um mehr Platz für Bibelsprüche zu schaffen oder um den Sprüchen mehr Aufmerksamkeit zukommen zu lassen? Im oberen Bereich des Brunnens und an den Seiten des Beckens finden sich gotische Inschriften in lateinischer Sprache. Es handelt sich um Zitate aus der heiligen Schrift mit Bezug auf die Taufe, die auf die Gelehrsamkeit der Renaissance und die Bibelfestigkeit der Reformation hinweisen.[1]

In der letzten Sitzungsperiode des Trienter Konzils von 1545 waren zwei Beschlüsse gefasst worden, die die kirchlichen Verhältnisse in Westfalen unmittelbar berührten.[7] Dabei handelte es sich insbesondere um die Dekrete über den Laienkelch[8] und die Priesterehe. Kaiser Ferdinand I. hatte noch bis zuletzt auf diese Dekrete Einfluss zu nehmen versucht und den Papst gebeten, kraft seiner Amtsvollmacht Freistellung in den Fragen der Priesterehe und des Laienkelches zu gewähren. War es doch damals in der Priesterschaft überwiegend üblich, eine Konkubine zu haben oder auch „klandestin", also heimlich, zu heiraten. So soll der Johanniter Johann Pistorius, der von 1565 bis 1585 Pastor von Laer war, seine Magd geehelicht haben. Er führe sie mit sich zu „bruitwerschupen, Kindelbeir und andere gesellschaften"[9].

Im Zuge der nach dem Trienter Konzil einsetzenden Gegenreformation wurden regelmäßig bischöfliche Visitationen zur Kontrolle in den Pfarreien und Klöstern durchgeführt. Sie geben Aufschluss über die Lage vor Ort. Die ältesten Visitationsberichte über die Besuche in Laer, die im bischöflichen Archiv von Münster liegen, datieren aus den Jahren 1601 bis 1616. Darin wurden die konfessionellen Verhältnisse im Ort abgefragt. Unter anderem geht es um den Zölibat, das Abendmahl in beiderlei Gestalt, das heißt mit Wein und Brot für alle Gläubigen, die an der Kommunion teilnehmen, und die Sprache der Kirchenlieder, da in den evangelischen Gottesdiensten deutsche Lieder gesungen wurden. Außerdem wurde nach dem Ritus der Messe und der Ausstattung der Kirche gefragt, wie zum Beispiel das ewige Licht und ob im Gottesdienst das Verbot der heimlichen Ehe aufgrund des Tridentiner Konzils bekanntgegeben wurde. Auch die ordnungsgemäße Führung von Tauf- und Heiratsbüchern wurde geprüft und gefragt, welche Bücher vorhanden waren und ob auch „ketzerische" Schriften, also solche, die die lutherische Lehre betrafen, darunter seien.

Nachstehend auszugsweise nur einige Beispiele aus den Visitationsprotokollen[10], die die eidlichen Aussagen der Laerer Pfarrer wiedergeben:

16. Mai 1601, Pastor Adrianus Morrien, illegitimer Sohn eines verstorbenen Pfarrers in Laer, sagt aus: Er habe sein Amt durch Simonie erhalten, das heißt er habe die Pfarrstelle gekauft. Die Gemeindeglieder zählten ihre Sünden nicht einzeln auf, kommunizierten in einer Gestalt. Die Sakramente der Fir-

mung und der letzten Ölung seien in der Gemeinde nicht bekannt. Er habe seit fünf Jahren eine Konkubine und mit ihr drei Kinder. Ihm wird aufgetragen, diese innerhalb von 14 Tagen zu entlassen und darüber zu berichten. Wegen der begangenen Simonie und weil er seinem Vater nachgefolgt ist, wird von allerhöchster Stelle entschieden werden.

15. März 1602, Hermann Jolinck, seit fünf Jahren Kaplan in Laer und Ordensbruder der Johanniter, sagt aus, er habe das Gelübde der Armut, der Keuschheit und des Gehorsams abgelegt. Die Sakramente würden rechtgläubig gespendet. Er spende die Kommunion unter einer Gestalt. Das Fasten werde öffentlich gezeigt. Er faste. Samstags setze der Herr Pfarrer dem Kaplan Fleisch vor. Er selbst habe eine Konkubine gehabt, diese aber entlassen. Heimliche Ehen seien bekannt gegeben worden.

27. Juni 1611: Henricus (Heidenreich) Knehem, Johanniter und Pastor in Laer, unehelicher Sohn, hatte eine Konkubine.[2]

20. März 1616, Johannes Preckingh, Pastor in Holthausen, legitimer Sohn, keine Beanstandungen.

Obwohl durch die Beziehung zu den Johannitern in Burgsteinfurt und deren Verbindung zum protestantischen Grafenhaus in Burgsteinfurt eine solche Wirkung durchaus vorstellbar wäre, ist ein konkreter Einfluss des Protestantismus für Laer nicht nachweisbar. Die Beschaffenheit des Taufsteins wie auch die Entwicklung in den umliegenden Orten geben Anlass zu dieser Vermutung. Wie die Visitationsberichte zeigen, sind vier von fünf Pfarrern Ende des 16. und Anfang des 17. Jahrhunderts, wahrscheinlich in der Hoffnung auf eine Abschaffung des Zölibats, wie sie auch vom Kaiser befürwortet wurde, eine Ehe oder eine eheähnliche Verbindung eingegangen. Offenbar wurde dies von der Gemeinde respektiert. Es gibt keinen Beleg für Übertritte zum protestantischen Glauben.

Anmerkungen

1 Bernhard Regelmeier, Die Johanniterkommende zu Steinfurt, Münster 1912. S. 15

2 Wilhelm Elling, Jacoba von Tecklenburg, Abtissin in Borghorst, Vreden 2013

3 https://steinfurt.active-city.net/city_info/webaccessibility/index.cfm?item_id=855191&waid=178

4 Marc Sgonina, Die Johanniterballei Westfalen, Frankfurt/M., 2014

5 Alois Schröer, Die Kirche in Westfalen im Zeichen der Erneuerung, Bd. 1, Münster 1986

6 Peter Illisch, Geschichte der Pfarrgemeinde St. Bartholomäus, Laer 1985, S. 32

7 Alois Schröer, Die Kirche in Westfalen im Zeichen der Erneuerung, Erster Band, 1986, S. 9

8 „Laienkelch" meint, dass in einer katholischen Eucharistiefeier nicht nur der Priester, sondern alle mitfeiernden Gläubigen, die „Laien" in der katholischen Kirche, bei der Kommunion auch das Blut Christi aus dem Kelch trinken können.

9 Alois Schröer, Die Kirche in Westfalen im Zeichen der Erneuerung, Erster Band, 1986, S. 301, Abs. 2

10 Bischöfliches Archiv, Münster

11 Regelmeier, Bernhard, Münster, Die Johanniterkommende zu Steinfurt, 1912, S. 25

Quellen

Pfarrbrief Nr. 55 der St. Bartholomäus-Gemeinde, Laer, Ostern 1998

Brune, Friedrich, Der Kampf um eine evangelische Kirche im Münsterland 1520-1802, 1953

Heimatverein Burgsteinfurt

WN vom 19. Januar 2017, Große Frauen in der kleinen Kirche

Anhang

Die Kommende besaß in Laer im 14. Jahrhundert folgende Höfe: [11]

curia Welinc | Schulze Welling, Aa-Bauerschaft
curia Midelhof | Schulze Middelhof, später Steinmann Dorfbauerschaft
domus Smedinck | Schmiemann, Dorfbauerschaft
domus Riderinch | Niermann, Dorfbauerschaft
domus Willingh | Willing
domus Wissinch | Witzinc
casa Eylincbrinke, molendinum Calcine | Kolzien
domus Marquardinch | Schulze Markfort, Aa-Bauerschaft
domus apud pontem | Brüggemann, Aa-Bauerschaft
domus Alferdinch | Alfert
domus Wolteri Bertramminch | Bettmer
domus Berandinc tho Sudendorpe | Berning
casa iuxta Hilgenvelde curia Vovincle | Schulze Vowinkel, Bauerschaft Vowinkel
minor domus in Vowincle Dorbandincmolen Rolcinchoef | Schulze Rölving
Voghelinc | Vögeling, Bauerschaft Altenburg
Lambertes hus Dorbeddinc | Bödding (?) Aa-Bauerschaft
ton Westendorpe Pelekingk | Pelkmann, Bauerschaft Vowinkel

Sommer in der Stadt: „Ibbi", du Perle am Teutorand | Acryl auf Leinwand   Bild: Reinhold Meyer

FRANS UN DE WICHTER

Herbert Schürmann

Frans aals akkraot mäk, guëd un gau,
häw't manges sogaar üöwerdriëwen.
Met dat, wat't doon kan of is mau,
döt he sik nich tofriäden giëwen.

So he et auk bi Wichter hölt,
löt bloos, wat vulkuomen is, gellen.
Bes dat een Wicht em guëd gefölt,
döt graute Ansprüëke he stellen.

Läg Wääd drup, dat fien uut se söt,
mänt, daodrup ankümp et van allen;
iärst, wan em dat tosäggen döt,
kan em auk't ännere gefallen.

Män, Frans de Pässige nich fint,
an jede häw wat uuttosätten;
se rigasnao nich guëd noog sint,
he döt bi kine sik lang letten.

To dik, to dün, to kleen, to graut,
ne schewe Niërse, krumme Bene,
em päs kien Haor, dat glainig raut:
Met een Waod sägt: Em päs nich ene.

He mänt: „Met'n Wicht, dat graut un dün,
daohiär kümp äs'n langen Staken,
kien Liew of Siäl häw, aals is min,
daomet kan'k anfang'n niks of maken.

Wat sak met'n Wicht, dat rund un dik,
dat biäter rullen kaas äs trecken?
Ik do mi laiwer rössen lük
un laoten van nicheen vöschrecken."

So gait för Frans de Tied vüörbie,
he döt dat Frien rats vögiäten;
tolest was bol för Wichter schü:
Äs Ööm häw an de Müer siäten.

Pat, äs in't Duorp wier Kiärmes is,
de Wichter dansen doot van widen,
denkt he nao iälke Beer sik wis:
De een of änn're mag'k wul liden.

Besunners häw et em andaon,
ne Städige met helle Haore.
He modig döt up se togaon,
dat driäpt sik iäre Augenpaore.

Äs Frans to'n Dans se bidden döt,
säg de: „Ja. Dansen do ik gäne."
He forts miäkt, äs he se ümslöt,
dat se doot passen guëd binene.

Se häw een wunnerschöön Gesicht.
Iär Singen döt gaas häerlik klingen.
Se danst un drait sik fiäderlicht,
äs wil se daomet em vöjüngen.

Mäk wider so de halwe Nacht,
iärst dän wät se een biëtken möde.
Äs Frans se häw nao Huus hän bragt,
giw se een Mülken em, gaas smöde.

Daodüör is so vödattert he
un kan et iärstan nich begripen.
Pat, äs van em krig'n Müülken se,
löt gau se iäre Laiwe ripen.

mau = dürftig

Ortsgeschichte

Karl-Heinz Käller | Mettingen

Mit Schöüfel un Schouten utbuddelt

Aule Badeanstalt is bouet vön den Turnverein in de Jouhren 1931/1932

Düsse Dage wör ik mit mi'n Knippskasten in use Buerskup Muckhorst unnerwechens, üm Belder för een nie't Fotobouk to maken. Es ik so an de ollen Pielers vön de Badeanstalt stönnt, hef ik in Gedanken de schöne Tiet noch eenmoll wier seihn.

Up de Bank an'e ännere Siete von de Strauden hef ik mine Gedanken loupen lauten. An dat Kassenhüsken kann ik mi noch gout Entsinnen, un Mischvader seh ik auk noch do sitten.

Bouet is de Badeanstalt vön den Turnverein in de Jouhren 1931/1932. De daumolige „Turnvader Jahn vön Mettingen", Schoulmeester Niggemann, un sine Tourners häf mit Hölpe vön de Unternehmers un Spuorkassen in 1600 Stund'n dat Becken mit Schöüfel un Schouten utbuddelt un in Beton guoten.

50 mol 14,5 Meter wöret graut. De Parole von daumols: „Ein großes Werk gedeihet nur in Einigkeit."

Inwiehet is et in Suommer 1932. Dat Water keump ut Klingenbiärgs Wellen. Domit dat Water nich so kault in't Becken keump, is noch tüsken de Quellen un't Becken een Diek utschmiärten wuorden, üm dat Water son biärtken antewiärm. Manche Jungs un Wichter un auk de ölleren Lüe het daumols hier dat Schwemmen liärt.

De Bademoden wörn no recht sittsam. De Junges un Mannslüe drüörgen 'ne Buxe und de Wichter un Fraulüe 'nen Badeanzug. Bikinis hef man noch nich kannt. De Badetieten wörn auk tüsken Junges un Wichter trennt. Uorners wör för de Familie Schwemmen, un wi kon'n alle tousamm in't Water. In'e Suormerferien drofften auk Muorns de Kinner in't

Hier an düssen Pieler wüör de Ingang vön de olle Badeanstalt. Foto: Archiv Karl-Heinz Käller

Kinner spiält in't Water vön de olle Badeanstallt in den 50er Juohren.
Foto: Archiv Karl-Heinz Käller

Water, üm dat Schwemmen tou liärn.

Dat Kassenhüsken wör dicht achte de Pieler, wiärke de nu noch stoat. Mischvader wör all's in eene Person. He moss den Intritt kassern un ouk uppassen, dat nicheen unnergöng.

Wenn wie vön't Hus een paar Groschken mitkriegern harrn, hef he us auk noch een Eis an Stiäl un Söitigkeiten verkofft.

Twiärs due't Becken wöür mit'ne lange Kiär dat Schwemm- un dat Nichtschwemmerbecken trennt.

Üm be de Wichter Indruk to maken, sprüngen de „Bücke" auk vön't Sprungbrett, eenige auk mit'n Köpper.

Wi Junges versochten achte de Wichterkabine düör de Ritzen te kieken. Over Mischvader har us gawwe biet Schlawittken. Wenn dat Katzbalgen alltou dürne wüörd, geif't 'ne Verwarnung, und bie't twedde Moll konns di ümtrecken un vön Buten düörn Toun toukieken.

Mit de Tied wüörd de Beton groff un rissig. De aule Badeanstalt wüörd nu nich men bruket. In 1959 wör de schöine Tied vöbie. Üm sik de Arbeit to spueren un den ganzen Betonkloss wier uttebuddeln un kott hobben, sin een paar Löcker in'n Betonboden maket wuorden, daomit dat Water wiär in dei Papiermürlenbiärke afloupen konn. Dat Becken is mit Schutt un Ärd'n füllt wuorden.

De Natur hef sik we breeid maket, un mit Baüme un Gestrüpp is alles wiär touwossen.

So, nu hef ik mi lange nouch uphaulen, un ik kriege süss to House de „Katt in'n Pott" un nich wat to iärten. Un nu wünsk ik ju eenen gouden Dag.

De iärste Müer'n ut Beton steht all, over et giv no viäll to doun.
Foto: Archiv Karl-Heinz Käller

Ortsgeschichte

Dr. Willi Feld | Steinfurt-Burgsteinfurt

Eigenheim für Linientreue

Nationalsozialisten köderten Mittelschicht mit „Kleinsiedlungsbau"

In den ersten fünf, sechs Jahren nach der sogenannten „Machtergreifung" wartete das nationalsozialistische Regime mit einer ganzen Palette großzügiger sozialpolitischer Angebote und Vergünstigungen auf. Ein wesentliches Ziel dieser so breit angelegten sozialpolitischen Offensive der neuen Machthaber bestand darin, noch mehr Menschen, insbesondere noch mehr Arbeiter und Angestellte, für sich zu gewinnen und sie zum Mitmachen oder zum stärkeren Mitmachen in der nationalsozialistischen „Volksgemeinschaft" zu bewegen. Die Sache hatte nur einen Haken: Keine der angebotenen neuen sozialen Möglichkeiten war ohne Gegenleistung zu haben. Wer immer eine von ihnen nutzen wollte, musste dafür nicht nur mit dem Verlust eines (weiteren) Stücks seiner Freiheit und Selbstbestimmung bezahlen. Er musste auch die Ausgrenzung derjenigen, die per definitionem nicht zu der besagten nationalsozialistischen „Volksgemeinschaft" gehörten – „Nicht-Arier", Außenseiter und Andersdenkende –, ausdrücklich akzeptieren und damit ein traditionelles Stück Moral und Humanität über Bord werfen. Die folgende Beispielgeschichte soll diese Zusammenhänge etwas genauer veranschaulichen.

Am 19. September 1933 trafen sich in Burgsteinfurt 37 junge Männer – allesamt Mitglieder des evangelischen Männer- und Jünglingsvereins – und fassten den Plan, in absehbarer Zeit gemeinschaftlich zu siedeln.[1] Angeregt zu ihrem Projekt wurden die 37 jungen Burgsteinfurter wahrscheinlich durch die lautstarke Propaganda, die die neue Reichsregierung in Berlin für eine massive Ausweitung der „kommunalen Siedlungsarbeit" machte. Initiativen wie die ihre wurden dabei ausdrücklich begrüßt. Sie firmierten offiziell unter dem Begriff „Kleinsiedlungsbau" und sollten von den Städten und Gemeinden von nun an bevorzugt gefördert werden.[2] Das „Hausen in engen Mietwohnungen", so hieß es dazu in einigen der einschlägigen Reden und Verlautbarungen ebenso großspurig wie eingängig, müsse „für den deutschen Arbeiter" nun endlich ein Ende haben. Jeder noch so gering verdienende „Volksgenosse" müsse in Zukunft die Möglichkeit besitzen, „sein eigenes Haus auf eigener Scholle" zu erwerben.[3]

Tatkräftig unterstützt wurden die 37 jungen Burgsteinfurter bei ihrem Vorstoß vor Ort durch den langjährigen Vorsitzenden des evangelischen Männer- und Jünglingsvereins, Pastor Helmut Engel. Aber auch der ehrgeizige, junge Bürgermeister Dr. Walter Schumann, der früh der NSDAP beigetreten war, zeigte sich von ihrem Vorhaben sofort sehr angetan. Und so war es denn auch weiter nicht verwunderlich, dass der erhoffte Erfolg nicht allzu lange auf sich warten ließ. Bereits Ende Oktober 1933 erklärte sich die Burgsteinfurter Stadtverordnetenversammlung bereit, den Bauwilligen in der Stadt in Erbpacht Grundstücke aus dem städtischen Armenfonds zur Verfügung zu stellen.[4] Und nur wenig später zogen die evangelische und die katholische Kirchengemeinde nach, indem sie sich ebenfalls bereit erklärten, Grundstücke aus ihrem Besitz beizusteuern. Alle diese Parzellen lagen etwas außerhalb der Stadt in der Nähe des alten „Ludwigsdorfs" am sogenannten Kohlstrunk. Jede von ihnen hatte eine Größe von circa 1000 Quadratmetern und sollte, genauso wie es dem offiziellen Kleinsiedlungsprogramm des Regimes entsprach, möglichst kostengünstig fast ausschließlich in Eigen- und Gemeinschaftsarbeit mit einem kleinen Einfamilienhaus samt Gemüsegarten und Stallung versehen werden. Ausgeführt werden sollten die Arbeiten in mehreren aufeinander folgenden Etappen von jeweils kleineren Gruppen, sogenannten Gefolgschaften, von 20 bis 25 Mann, denen die fertig gestellten Häuser, Gärten und Stallungen anschließend auch überlassen werden sollten.[5]

Nachdem die unerlässlichen bürokratischen Vorarbeiten erledigt waren, konnte Anfang April 1934 mit dem ersten der geplanten Bauabschnitte begonnen werden, der dann gut vier Monate später bereits so weit vorangetrieben war, dass ein erstes großes, gemeinsames Richtfest im Burgsteinfurter Ludwigsdorf gefeiert werden konnte, an dem neben den Siedlern auch zahlreiche Parteifunktionäre und Honoratioren der Stadt teilnahmen. Das Fest wurde zu einer richtigen kleinen Propagandaveranstaltung für das Regime. Hauptredner war Bürgermeister Dr. Walter Schumann. In beinahe perfektem Parteijargon lobte der Burgsteinfurter Verwaltungschef die, wie er meinte, geradezu vorbildliche Art und Weise, in der die Siedler bisher versucht hatten, das neue nationalsozialistische Siedlungskonzept in der Nähe

Dr. Walter Schumann (7. Mai 1903 – 10. März 1986) war Bürgermeister von Burgsteinfurt von 1931 bis 1945. Bildquelle: Archiv Kiepker-Balzer, Steinfurt

des Burgsteinfurter Ludwigsdorfs in die Tat umzusetzen. Gleichzeitig mahnte er die Siedler aber auch, in ihrem bisher gezeigten Einsatz nicht nachzulassen. Ihr Bestreben müsse es vielmehr sein, so betonte er, auch weiterhin aktiv in der Gemeinschaft mitzuarbeiten – und zwar nicht nur in dieser Siedlergemeinschaft vor Ort, sondern auch in der umfassenderen Gemeinschaft der Stadt wie der nationalsozialistischen Volksgemeinschaft überhaupt. Oder anders ausgedrückt, ihr Bestreben müsse es sein, einfach vorbildliche Nationalsozialisten zu bleiben oder zu werden.

Solche Mahnungen, wie Dr. Schumann sie hier noch vortrug, waren indessen bei den nächsten Richtfesten im Burgsteinfurter Ludwigsdorf schon nicht mehr nötig. Sie erübrigten sich, weil das NS-Regime 1935 neue gesetzliche Richtlinien herausbrachte, die die Linien- und Gemeinschaftstreue künftiger Siedler sozusagen schon im Vorhinein garantieren sollten. Nach diesen Richtlinien reichte es für die neuen Bewerber nun nicht mehr aus, den Nachweis zu erbringen, dass sie und ihre Familienangehörigen für die Bewirtschaftung einer avisierten Siedlerstelle befähigt waren. Stattdessen mussten sie sich von jetzt an alle einem ausgedehnten Prüfungsverfahren unterziehen, in dem sie zusätzlich auch noch Auskunft über ihre politische Haltung, ihre Parteimitgliedschaft, ihre „Rassezugehörigkeit" sowie ihre Erbgesundheit und Fortpflanzungsfähigkeit zu geben hatten. Durchgeführt wurde das Verfahren anhand eines vielseitigen Fragebogens, der ausgefüllt

Ein paar der damals entstandenen Häuser bestehen bis heute. Foto: Karl-Heinz Wilp

– möglichst zusammen mit einem „Ariernachweis" und einem amtsärztlichen Erbgesundheitsattest – einer eigens zu diesem Zweck neu eingerichteten Prüfungskommission eingereicht werden musste. Zusammengesetzt war diese Prüfungskommission aus Bürgermeister Dr. Schumann, dem Ortsgruppenleiter der NSDAP sowie dem Ortsobmann und der Ortsfrauenwalterin der DAF. Die Entscheidung selbst blieb dann dem ebenfalls gerade erst neu ins Leben gerufenen Reichsheimstättenamt in Münster vorbehalten.[6]

Aber selbst wenn die Entscheidung am Ende positiv ausfiel, war die Überprüfung noch nicht vollständig abgeschlossen. Keiner der Bewerber erhielt sofort den endgültigen Zuschlag für die von ihm avisierte Siedlerstelle. Alle wurden zunächst nur Siedler auf Probe. Selbst wenn das ihnen zugedachte Haus schließlich fertiggestellt war und sie es beziehen konnten, mussten sie sich noch drei Jahre lang in jederlei Hinsicht politisch korrekt verhalten, ehe sie damit rechnen durften, die Eigentumsrechte auch tatsächlich zu erhalten. Bei Juden einzukaufen oder gar noch persönliche Kontakte zu jüdischen Mitbürgern zu unterhalten war deshalb für Siedler alles andere als ratsam. Wurden sie erwischt, drohte ihnen nicht nur eine Anprangerung als Verräter an der Gemeinschaft. Im schlimmsten Fall wurden sie sogar aus der Gemeinschaft ausgeschlossen und mussten die Siedlung und damit auch das so mühsam von ihnen erwirtschaftete Eigenheim wieder verlassen.

Insgesamt drei weitere Siedlungsabschnitte mit über 50 Parteien wurden im Burgsteinfurter Ludwigsdorf unter diesen verschärften Bedingungen in den folgenden Jahren noch fertig gestellt. Bürgermeister Dr. Schumann behielt das Projekt während der ganzen Zeit fest im Auge und tat alles, um es auf nationalsozialistischem Kurs zu halten. 1936 veröffentlichte er in dem reichsweit erscheinenden Presseorgan des NSDAP-Hauptamts für Kommunalpolitik, für das er seit einiger Zeit als nebenberuflicher Mitarbeiter tätig war, einen umfangreichen Artikel, in dem er die immer noch im Entstehen begriffene Burgsteinfurter Siedlung geradezu als eine Art Mustersiedlung des „Dritten Reiches" präsentierte.[7]

Doch damit nicht genug. Um die Siedler selbst noch besser unter Kontrolle zu bekommen und gleichzeitig ihren Ehrgeiz auf möglichst unverfängliche Weise weiter anzustacheln, ließ er von Mitarbeitern der Stadtverwaltung genaue Erhebungen über ihre Gartenerträge anstellen und dann vom Stadtrat für das kommende Jahr Prämien sowohl für „den größten Gartenertrag"

Das Richtfest der im Entstehen begriffenen Häuser im Burgsteinfurter Ludwigsdorf fand schon vier Monate nach dem Baubeginn im April 1934 statt. Die Siedler, aber auch Parteifunktionäre und Honoratioren waren anwesend.
Foto: Steinfurter Kreisblatt, 28. August 1934

als auch für die „bestgepflegte und am schönsten ausgestaltete Siedlung" ausschreiben. Anschließend ging er dann auch mit dieser Maßnahme wieder an die Presse. In einer eigens zu diesem Zweck anberaumten Pressekonferenz stellte er sie in allen Einzelheiten vor und verkaufte sie dabei als eine überaus nachahmenswerte Neuerung, durch die die Siedlungsarbeit im nationalsozialistischen Sinne geradezu veredelt, wenn nicht gar vervollkommnet wurde. Im Steinfurter Kreisblatt las sich der entsprechende Kommentar dazu am folgenden Morgen auszugsweise so: „Wir wüssten nicht, dass in irgendeiner Stadt Erhebungen über den Gartenertrag in den allerorts neu entstandenen Siedlungen vorgenommen worden sind. Mit der Verwirklichung des Vorschlages von Bürgermeister Dr. Schumann ist unsere Stadt Burgsteinfurt also neue Wege gegangen. Und es scheinen uns Wege zu sein, die zu einem guten Ziel führen. Der zweite Vierjahresplan unseres Führers fordert auch die Fortsetzung der Erzeugungsschlacht mit allen Kräften. Der Reichsnährstand tut alles, was er kann. Ihm können in unseren Siedlern Hilfskräfte erstehen, deren Mitarbeit in der Erzeugungsschlacht beachtenswert sein wird. Jedenfalls wird der landwirtschaftliche Markt durch die Siedlerfamilien nicht mehr belastet. Um aber die Arbeit in den Siedlergärten und den Ställen erfolgreich zu gestalten, ist eine systematische Kontrolle unerlässlich. Und die wird durch die von der heimischen Stadtverwaltung vorgenommene Erhebung über die Erträge verwirklicht."[8]

Nicht einmal zwei Jahre später kam die Siedlungtätigkeit in Burgsteinfurt wie auch sonst fast überall im Reich zum Erliegen. Der Grund dafür lag darin, dass die zusehends knapper werdenden Baumaterialien auf Anordnung der Reichsregierung fortan in erster Linie für die Befestigungsanlagen des sogenannten „Westwalls" und nicht länger für die Errichtung weiterer „Eigenheime auf eigener Scholle" verwendet werden sollten.[9] Bald darauf brach dann der Zweite Weltkrieg aus und viele der Burgsteinfurter Siedler und Siedlungsbewerber wurden eingezogen und mussten an die Front.

Anmerkungen

1 Vgl. Steinfurter Kreisblatt vom 29. August 1934

2 Vgl. u. a. Führer, Karl Christian: Das NS-Regime und die Idealform des deutschen Wohnungsbaues, in: Vierteljahrschrift für Sozial- und Wirtschaftsgeschichte, Bd. 89 (2002) S. 141-161; Haerendel, Ulrike: Wohnungspolitik im Nationalsozialismus, in: Zeitschrift für Sozialreform (1999) H. 10, S. 843-879, hier S. 852ff

3 Vgl. ebd., aber auch Schumann, Walter: Kommunale Siedlungsarbeit, in: Die nationalsozialistische Gemeinde 4 (1936) S. 231-233, hier besonders S. 231

4 Vgl. Stadtarchiv Steinfurt Amtsbuch 12. Eintragung vom 30. Oktober 1933

5 Vgl. Stadtarchiv Steinfurt Burgsteinfurt E 517; E. 2655; E 2669; E 2675; E 2694; E 2696; E 2799: E 2813

6 Vgl. Wikipedia-Artikel „Reichsheimstättenamt"

7 Schumann, Walter: Kommunale Siedlungsarbeit, in: Die nationalsozialistische Gemeinde 4 (1936) S. 231-233

8 Steinfurter Kreisblatt vom 12. November 1936. Der Kommentar zeigt deutlich, wie eng das Konzept der Selbstversorgung und die Aufrüstungspolitik des NS-Regimes zusammenhingen.

9 Vgl. u. a. Rübel, Rudolf: Burgsteinfurt. Geschichte einer kleinen westfälischen Residenz im Wandel der Zeiten, hrsg. von Eckart Hammerström, Freiburg o. J., S. 678

Herbert Schürmann

Olt sien of olt fölen

Wel mänt, dat he so olt is
äs he sik döt fölen,
de mot wanners und dat wis
sinen Mood sik kölen.

Giärd un Gust häbt nülik sik
nao Jaor'n wier druopen.
Gust mänt, äs he Giärd ankik:
„Du lös mi wat huopen."

„Wu sak", mänt Giärd, „dat vöstaon,
kaas mi dat klaormaken?"
„Du häs guëd di hollen daon,
wat't giw nich to faken."

„Ik", säg Gust, „kan't düütlik sain:
Häs bol kine Follen;
dös di wisse drüöwer frain,
täls nich to de Ollen.

Wees, dat sik gau tüüsken kan
mannigeen gaas hännig,
mot van vüörne fangen an
und dat stup un stännig.

Bliew gesund, niks üöwerdriew,
daobi kaas olt wäern,
altied fro un kriëgel bliew,
ümmerto wat läern.

Di so guëd äs't gait, bewäg
un bitiden driwen,
up de fule Huut nich läg,
altied määtig bliwen.

Wainig rauk of laot't gaas sien,
Snäpskes drink in Maoten
to Plaseer of wan häs Pien,
süs do't laiwer laoten."

Gust weet: Giärd häw wisse em
viël vötält un läert,
gään häw daon et utedäm
wainig maakt vökäert.

hännig = handlich
stup un stännig = stets und ständig

Ortsgeschichte

Robert Herkenhoff | Mettingen

Stük för Stük afbruoken un nie upsett

Knapphoff uut 1801 is dat iärste Bauwiärk van't nië Tüöttenmuseum

För de Kolpingsfamilge uut Mettingn is 1963 een bedüdend Jaor. De Kolpingsbröërs beschlut', dän Knapphoff in Wiehe Stük för Stük aftebriäken un in't Duorp nie uptesetten. Dat graute Fakwiärkhuus uut 1801, dat me äs Denkmaol ansein kan, soll dat iärste Bauwiärk van't nië Tüöttenmuseum wiärn.

De Schriëwer van de Kolpingsfamilge Reinhard Marczewski schriw in't Protokollbook: „1963 half die Kolpingsfamilie beim Abbau des Herkenhoffschen Fachwerkhauses, das beim Hotel Telsemeyer als Museum aufgebaut wurde. In den Monaten Juni bis Oktober 1963 fiel die regelmäßige Versammlung der Kolpingsfamilie aus. Stattdessen trafen sich die Kolpingssöhne zweimal in der Woche, dienstags und donnerstags, bei Herkenhoff in Mettingen-Wiehe, um ein altes Fachwerkhaus einzeln auseinander zu nehmen. Dieses sollte im Dorf bei Overwaul (Telsemeyer) im Garten wieder aufgebaut werden und als Museum dienen. Mit dieser Arbeit erfüllen wir einen guten Zweck, um uns eine spätere finanzielle Hilfe für die Kolpingsarbeit in Mettingen zu sichern. Außerdem hat uns diese Arbeit sehr viel Freude bereitet. Treu Kolping."

Franz Brenninkmeyer van Goot Langenbrügge häw dän Plaon, de Geschicht van de Tüötten te dokumenteeren. Et is jä auk de Geschicht van sine eegene Familge. To alleriärst soll de Knapphoff, de nao Hubert Rickelmann in sin Mettingske Hemaotbook auk Knappmeier naomt wätt, upsett wiärn. Bi Telsemeyer soll ät staun, dat is 'n aol Gasthuus met vull Geschicht midden in Mettingn an'e Kiärke.

Buom van dän Liethof in Mettingn-Wiehe ligg de Knapphoff van 1807. Zeichnung: Kampmeyer

Hauge Häerns in Tiäkenbuorg bi't Landraotsamt hätt ümme 1950 besluoten, öllere Fakwiärkhüser aftebriäken. De sprüöken bloos von de „aule Kabache", de weghäörden. Un Geld häbt se auk no för dat Afbriäken gieben. Wat se in Tiäkenbuorg nich in'n Kopp häbbt, is, dat se de aole Wuonkultuur för ümmer kaputt maket. De Häer si Dank, dat no wecke Fakwiärkhüser staohn bliëwen sin, guodlouw!

De Knapphoff is een Tweständerhuus uut 1807. De Timmerlüë häbt daomoals graute Holtbalken vearbaid, de nu ale uutännernuom wiärn muët. An ale Balken schriewet de Kolpingsbröërs eene Tal, üm dän Wierupbau later lichter te maken. De Bauunnerniëmer August Schüttken, söwwes auk Kolpingbroër, passt up, dat nix schewe gait, de häw alsweg dat rechte Augenmaot. De graute Niendüöre, de heller wat hiär giëw, timmert Kolpingbroër Alfons Dierkes, de kann auk wunnerboare Intarsienarbaiden maken.

Wu liäwet de Mensken up dän Knapphoff, de nu Museum is? Up dän Knapphoff wätt plattdüsk küert. Tein Kinner sin hie graut wuorden. De Schriewer van dütt Vötelsel häw mannig Tiet up

Vöwantschup, Naobers un de tein Kinner fiern 1935 up'n Knapphoff de Sülwerhochtiet vön Heinrich un Maria Herkenhoff geb. Alkemeier.
Foto: Archiv Robert Herkenhoff

dän Knapphoff vebraocht un hie auk bi sine Grautöllern plattdüsk läert. To Familgenfiern vesammeld sik ne rieke Antal van Enkelkinner in de graute Küëke. Süwwes gebacknen Stuten giw et, in'n Hiärfst Gummistuten un in de Adventstiet Klaushänkes. Gummistuten, dat is een Maol gebackener Twibakdeek, un Klaushänkes sin ganz wat Besünneres uut Mettingn, un de wärd nüörswoän-

För de Kinner giëw et up dän Knapphoff alsweg wat te beliëwen, 1955 links de Schriewer vön düssen Bidrag met sin Broër.
Foto: Archiv Robert Herkenhoff

De Afbau van dän Giëwel is för de Kolpingbröërs viël Arbaid. Foto: Archiv Robert Herkenhoff

ners nao de aulen Mettingsken Rezepte backet.

Gewöltige Böcken staot up dän Knapphoff un wat wieder van't Huus giw et 'nen grauten Nottbaom. De Nüete wätt up de Diële in graute Kaffwannen drüöget un schüddelt un in Winter met Vögnögen achter dän waormen Uom knacket. Winterdags wiärd de graute Messingpumpe, de vandage no met Spöölsteen in't Tüöttenmuseum te sein ist, in Strau packet, de soll jä nich tofraisen.

In'n Hiärfst, wan de Düörskerie lösgait, giff et 'ne upregende Tiet för de Kinner un auk 'ne drocke Tiet för de Manslüe in de Nauberschup un up'n Hoff. De swaore Lanz-Bulldogg trekket met viël Gedrüs de Düörskmaschine biärgan up dän Knapphoff. Swatte Wolken küëmt ut dän Uutpuff. Akkraot schüff de Bulldogg dän Düörskkassen up de Diäle.

Hie mot ik wat vöraoden: De Düörsker pasde upmaol nich män düör de Niendüöre. Min Vader un sin Broër häbbt de Balkenposten upnaohm un dän Ingang breeder maket. Dat kan män vandage no in't Tüöttenmuseum sein, dän dat linke Fenster buoben häw bloos eene Sprosse, dat is kleener äs dat rechte Fenster.

De Reems, de dän Düörsker andriebet, wätt upsmiëten, un met hauge Touren kümmp de Düörskmaschine in Gang. Garwe üm Garwe flügg üörwer dän Garwendisk in dän Düörskkassen. Dat ganze System vön Triewreemen lött de Siewe rüddeln un de Trummel dreien. Binnen in de Trummel wätt dat Küörn van't Kaff trennt un landet in graute Säcke. Düör lange Rohre blöss datt Kaff up dän Kaffhaupen achter de Schoppe. Nich blos Kaff, hän un wier flügg auk Küörn düör de Rohre, to'n Plaseer för de Vüögel, de in Winter up dän Kaffhaupen rieklik Foer find'. Viële Trieshöhnkes[1] kann män achter de Schoppe sein, de

För dän haugen Besöök wätt up'n Knapphoff in dän besten Stuoben indiëket, sao äs 1961 bi dän Mettingsken Kaplaon un dan Biskup van Hildesheem Dr. Josef Homeyer (1983-2004).
Foto: Archiv Robert Herkenhoff

Mettingen | Robert Herkenhoff

De Knapphoff, hie in de 1950er Jaore, lig hauge up dän Biärg, dat Daal unnen is de Mettingske Liethoff. Foto: Archiv Robert Herkenhoff

in Kiën[2] üörwer't Land laupet. Vandage giw et de Trieshöhnkes selten, de häbbt kinne Liäwensgrondlauge män. In'n Mai 2017 häw de Regeerung in't Parlament vön Berlin no bekantgiëwen, dat dä Trieshöhnkes vön 1990 bet 2005 ümme veerunachzig Persent trüggegaon sin, dat is aal beduerlik.

Dat uutdüöskerde Strau bindt de Presse in dicke Straubünde. Roggen un Hawer för de Diere kümp up'n grauten Haupen up dän Büörn un de guete Waiten in'e Küörnkiste. De Waiten wet fien uutmahlen för dän Stuten.

Dr. Andreas Eiynck betonde maol, dat bi aler Bedüdung un ale Wäädschat för dat Tüöttenwiäsen te beliekteeken[3] is, dat in dat hüütige Mettingske Museumshuus, dän aulen Knapphoff, westfäölsket Buerntum liäwet wuorden is.

De Kolpingbröers häbbt 1963 viël Arbaid met massig Sweet insätt, üm dän Knapphoff te erhollen. Van Dage steiht dat Huus midden in't Duorp van Mettingn, is to een Tüöttenmuseum inricht wuorden un wätt van viël Lüë besocht.

Anmerkungen

1 Rebhühner

2 Ketten

3 vermitteln

Quellen

Up Platt sin de Moundaorten vön Duorp to Dourp unnerscheetlik. Düsse Bidrag is in de plattdüske Spraoke schriëwen, de in Mettingn küert wätt.

Eiynck, Andreas, Alles unter einem Dach, 1981 Rheda-Wiedenbrück und dort angegebene Quellen

Nonte, Bernhard, Tüöttenmuseum, Mettingen 2002

Rickelmann, Hubert, Mettingen im Wandel der Zeiten, Erstausgabe 1953

Sauermann, Dietmar, Vom alten Brauch in Stadt und Land, 1988 Rheda-Wiedenbrück

Freiherr von Kerckering zur Borg, Engelbert, Beiträge zur Geschichte des westfälischen Bauernstandes, Hiltrup 1988

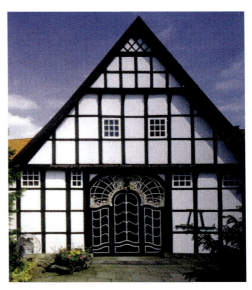

Viële däftige Hande wärn bruket, dän grauten Giëwel vön dat westfäölske Fakwiärkhuus uut 1807 aftebauen und nie uptesetten. Vandage is de fröere Knapphoff uut Wiehe dat Tüöttenmuseum in Mettingn. Foto: Archiv Robert Herkenhoff

Ortsgeschichte

Wolfram Essling-Wintzer, Rudolf Klostermann | Steinfurt-Burgsteinfurt

Buddenturm auf eigener Insel

Grabung an einer der bedeutendsten Dynastenburgen Westfalens

Das Schloss in Burgsteinfurt zählt zu den bedeutendsten Dynastenburgen Westfalens, weshalb ihm ein besonderer Wert als Bau- und Bodendenkmal beizumessen ist. Dem geplanten Neubau eines Schwimmbeckens auf der Hauptburg stimmte die Fachbehörde daher nur unter der Auflage zu, dass im Vorlauf der Baumaßnahme eine fachgerechte Ausgrabung stattfindet. Zwischen April und Juni 2017 führte das Fachreferat Mittelalter- und Neuzeitarchäologie der LWL-Archäologie für Westfalen dann eine archäologische Untersuchung durch, die erstmals Einblick auf eine bis in die Gründungsphase der Burganlage zurückreichende Stratigraphie gewährte.

Die Burg der Edelherren von Steinfurt, deren Stammsitz sie bis 1421 war, taucht 1129 erstmalig in der schriftlichen Überlieferung auf. In Folge einer Fehde mit den Edelherren zu Ascheberg, Verbündete des Bischofs von Münster, wurde sie 1164 zerstört. Der anschließende Wiederaufbau wurde unterstützt durch einen Verwandten der Edelherren von Steinfurt, den Kölner Erzbischof Reinald von Dassel.

Wiewohl bislang archäologische Nachweise fehlen, die Auskunft über Gestalt und Größe der ersten Burganlage geben könnten, deuten Indizien auf eine zunächst deutlich kleinere Hauptburg mit Wohnturm im südlichen Teil der heutigen Hauptinsel.[1] Im Zuge des Wiederaufbaues verstärkte man die Wehranlage durch den Bau eines massiven Bergfrieds, des sogenannten Buddenturms, der mutmaßlich auf einer eigenen Insel, also durch einen Graben von der älteren Hauptinsel getrennt im Norden errichtet wurde.[2] Die heutige leicht elliptische Form der Hauptburg könnte demnach aus der Vereinigung der beiden separaten Inseln resultiert sein.

Aus der Zeit des Wiederaufbaus nach 1164 haben sich die romanische Doppelkapelle, der Torturm sowie Abschnitte der Ringmauer erhalten. Der übrige Baubestand stammt aus der Folgezeit und lässt sich anhand einer besseren archivalischen Überlieferung in der frühen Neuzeit sowie bauhistorischer Analysen einordnen. Die 1421 in den Besitz der Grafen von Bentheim übergegangene Anlage wurde ab 1558 unter der Gräfin Walburg von Brederode umfassend saniert. Als Neubau entstand der Wohnflügel nördlich der Kapelle samt Neuem Saal, Auslucht und Treppenturm. 1596 folgten die über L-förmigem Grundriss errichteten Flügel an der Südwestecke

Foto: LWL/Rudolf Klostermann

der Hauptburg mit in den Winkel eingestelltem großen Treppenturm. Der Dreißigjährige Krieg brachte schwere Schäden mit sich, die unter Graf Philipp Conrad (1656-1668) durch Neu- oder Umbauten behoben wurden. Aus den Jahren 1723 bis 1729 stammt der langgestreckte Wohnflügel, der sich von innen an den nordöstlichen Abschnitt der Ringmauer lehnt und bis an den Buddenturm reichte. Letzteren brach man in den Jahren 1773 bis 1793 ab.

Das 2017 geplante Bauvorhaben bedingte den Aushub einer etwa vier mal zehn Meter großen Baugrube nebst Gräben für Ver- und Entsorgungsleitungen. Als Standort hatte man sich für eine Freifläche im nordwestlichen Teil der Hauptburg entschieden, da man hier nicht mit dem Auftreten nennenswerter Baureste im Untergrund rechnete. Die dann aber im Zuge der Ausgrabung freigelegten Befunde zeigen wieder einmal, wie lückenhaft die archivalische Überlieferung ist und in welch großem Umfang trotz sorgfältiger Recherche auf hochwertige Bodendenkmalssubstanz gestoßen werden kann.

Knapp zwei Meter unterhalb der heutigen Hofoberfläche liegt die Oberkante des Burghügels. Seine Aufschüttung besteht aus hoch verdichtetem, fetten bis tonigen Lehm. Im Bereich der Untersuchungsfläche diente er als Fußboden im Inneren eines Gebäudes, dessen hofseitige Längswand sich als lineare, parallel in einem Abstand von 8,50 Metern zur Ringmauer verlaufende Verfärbung abzeichnete. Bei diesem an die Ringmauer angebauten Gebäude handelte es sich um einen auf Grundschwellen errichteten Fachwerkbau. Das kleinteilig zertretene Fundmaterial aus den zugehörigen Laufhorizonten besteht aus uneinheitlich gebrannten Kugeltopfwaren, die nur grob in das 11./12. Jahrhundert datiert werden können. Es ist also leider nicht möglich, das Gebäude der 1129 erwähnten älteren Burganlage oder der Wiederaufbauphase nach 1164 zuzuweisen. Aufgrund vollständigen Fehlens eines Zerstörungshorizonts erscheint die Zugehörigkeit zur jüngeren Phase plausibler, wenn man gleichzeitig der Theorie einer zweiten Hauptinsel mit Buddenturm folgt.

Der erfasste Fachwerkbau war über einen langen Zeitraum in Nutzung. Ein Paket von Laufhorizonten zeigt, dass sich der Fußboden über die Jahre um zwanzig Zentimeter anhob. Schließlich entsteht an seiner Stelle ein Neubau in der Bauphase II, der durch Verschiebung der hofseitigen Fassade etwa einen Meter breiter ausfällt. Auch bei ihm handelt es sich noch um einen Fachwerkbau, dessen Grundschwellen aber nun auf in Lehm versetzten Bruchsteinfundamenten aufliegen. Aus ihnen konnten große Mengen harter, reduzierend gebrannter Irdenwaren sowie Fragmente von Krügen aus Faststeinzeug geborgen werden, so dass seine Errichtung im 13. Jahrhundert gesichert ist.

Sein Nachfolger aus der Bauphase III lässt sich aufgrund stratigraphischer Bezüge nur grob in das 16. Jahrhundert datieren. Es handelt sich um den ersten Steinbau an dieser Stelle. Erfasst werden konnte ein zehn Meter langer Keller, dessen Steinplattenboden 2,70 Meter unterhalb der heutigen Hofoberfläche liegt. Vorausgesetzt, die erfasste Längswand des Kellers entspricht in ihrer Lage derjenigen der hofseitigen Fassade, hatte das an die Ringmauer angelehnte Gebäude eine Breite von 5,50 Metern – war also deutlich schmaler als seine Vorgänger. Aufgrund der mit 40 bis 60 Zentimeter nur geringen Stärke der in Kalkmörtel versetzten Bruchsteinwände des Kellers müssten die darauf lagernden Wände der aufgehenden Geschosse als Fachwerk zu rekonstruieren sein. Ein hoher Anteil von Backsteinschutt, der nach Abbruch des Gebäudes zur Verfüllung des Kellers verwendet wurde, verweist auf eine Ausfachung mit Backstein.

Im 17. Jahrhundert, vermutlich nach Ende des Dreißigjährigen Krieges, entsteht Bau IV. Der Plattenboden seines

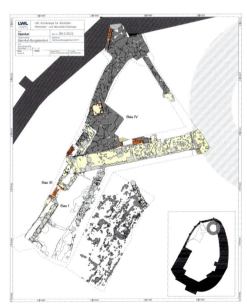

Der Plan der Ausgrabung zeigt die Lage der ausgewählten Befunde an.
Grafik: LWL/Essling-Wintzer, Rudolf Klostermann

halb eingetieften Souterrain-Geschosses liegt einen Meter unter der heutigen Hofoberfläche in vollständiger Erhaltung vor. Seine Südwand verläuft in einem Abstand von 9,70 Metern parallel zum nördlichen Abschnitt der Ringmauer und weist eine Stärke von 1,60 Metern im Fundamentbereich und noch 1,30 Metern im Aufgehenden auf. Man hatte sie ebenso wie den ab 1723 erbauten langgestreckten Wohnflügel an der Ostseite der Hauptburg gegen den Buddenturm gesetzt. In diesem Bereich legen das Fehlen des Plattenbodens sowie zwei in Ansätzen erfasste Mauerzüge nahe, hier einen kleinen quadratischen Keller mit einer Grundfläche von etwa zehn Quadratmetern zu vermuten.

Weiter westlich deutet ein mächtiger, aus Backstein aufgemauerter Pfeilersockel mit Kantenlängen von einem Meter an, dass für das Souterrain-Geschoss ein Gewölbe anzunehmen ist. Der Zugang verlief über einen mittig in der Südfassade gelegenen Eingang, wie Reste einer Treppenanlage belegen. Am leider abgebrochenen westlichen Ende der Südfassade muss die Knickstelle gelegen haben, an der die Mauer nach Nordwesten abbog, um im rechten Winkel auf die Ringmauer zu treffen. Der Verlauf der hier mutmaßlich als Giebelwand aufgeführten Mauer erschließt sich indirekt aus dem Verlegemuster der hiesigen Herdstelle. Die hier auf hohe Kante gepflasterten Backsteine wiesen starke Glühungen auf und hatten sich ebenso wie der umgebende Plattenboden merklich gesetzt. Schuld daran hatte der darunterliegende Keller des Vor-

In der südlichen Baugrubenkante liegen mehrere Schichten übereinander.
Foto: LWL/Wolfram Essling-Wintzer, Rudolf Klostermann

Bei den Befunden der ältesten Bauphase zeichnen sich deutlich Laufhorizont und Grenzen des Gebäudes ab. Links oben ist ein halb angeschnittener Ofen, der noch vor der Errichtung von Bau I betrieben wurde. Hart an der westlichen Baugrubenwand liegt das Mauerwerk des Kellers aus Bauphase III.
Foto: LWL/Rudolf Klostermann

gängerbaues aus dem 16. Jahrhundert, dessen Verfüllung vor der Überbauung nicht ausreichend verdichtet worden war. Schwach belichtet wurde das Souterrain über Schießscharten, die in tief eingeschnittenen Nischen mit schrägen Gewänden die hier noch gut 2,50 Meter starke Ringmauer durchbrachen.

Erfreulicherweise konnte durch die Anlage einer kleinen Sondage erstmalig das Mauerwerk des Buddenturms freigelegt werden. Den Abbruch in den Jahren 1773 bis 1793 hatte man bis in eine Tiefe von anderthalb Metern vorangetrieben und dann auf Höhe des oberen Sockelabschlusses gestoppt. Dieser mindestens vierfach gestufte Sockel, der typisch für romanische Wehr- und Sakralbauten ist, war bis in eine Tiefe von 2,15 Metern zu verfolgen. Damit entspricht das Niveau der Geländeoberkante am Buddenturm in der zweiten Hälfte des 12. Jahrhunderts derjenigen an Bau I zur gleichen Zeit – es handelt sich um die erste Oberfläche des Burghügels. Neben der genauen Bestimmung der Lage des Buddenturms kann anhand des aufgedeckten Mauerwerks sowie des alten Ansatzes am östlichen Wohnflügel nun auch dessen Durchmesser angegeben werden: Er lag bei 17 Metern.

Steinfurt-Burgsteinfurt | Wolfram Essling-Wintzer, Rudolf Klostermann

Die Überreste von drei verschiedenen Bauphasen im Detail: Mittig ist der durch große Hitze rot geglühte Plattenboden von Bau II, der vom Kellermauerwerk von Bau III im Vordergrund links gestört wird. Ganz oben liegt der Plattenboden samt aus Backstein gemauertem Pfeilersockel von Bau IV.

Foto: LWL/Rudolf Klostermann

Eine vollständige wissenschaftliche Auswertung, die weitere Ergebnisse und möglicherweise schärfere Datierungen liefern könnte, steht bislang noch aus. Die wichtigsten Ergebnisse der aktuellen Ausgrabung lassen sich wie folgt zusammenfassen: Auf der Hauptburg hat sich dank sukzessiver Aufhöhung der Oberfläche eine knapp zwei Meter mächtige Schichtenfolge gebildet, die unzählige Bau- und Siedlungsbefunde der knapp 900-jährigen Geschichte der Anlage konserviert. An den heute unbebauten, zur Vorburg gelegenen nordwestlichen Abschnitt der Ringmauer haben sich vom 12. bis 18. Jahrhundert permanent Gebäude angelehnt, so dass von einer stets geschlossenen Ringmauerbebauung auf der Hauptburg auszugehen ist. Der fehlende Nachweis von Brandhorizonten kann als Indiz die Hypothese stützen, dass der nördliche Teil der Hauptburg samt Buddenturm erst nach 1164 als zusätzliche Verstärkung angelegt und später mit dem älteren Südteil vereint wurde.

Anmerkungen

1 K. E. Mummenhoff, Die Profanbaukunst im Oberstift Münster von 1450 bis 1650, Münster 1961, S. 140f

2 Im Zusammenhang mit Baugrunduntersuchungen angelegte Bohrungen stießen im Bereich der südlich der Brabender-Auslucht gelegenen Treppenanlage auf Sedimente, die auf einen ehemals hier gelegenen Wassergraben schließen lassen könnten. Mündliche Auskunft durch Carl Ferdinand Erbprinz zu Bentheim und Steinfurt.

Ortsgeschichte

Werner Janning | Wettringen

Aus dem Dornröschenschlaf erwacht
Villa und Park Jordaan sind eine imposante und sichtbare Landmarke

Die Villa Jordaan liegt inmitten eines etwa 15 Hektar großen Parks auf einem 95 Meter hohen „Berg" in der Wettringer Bauerschaft Rothenberge. Sie ist eine imposante, weithin sichtbare Landmarke im nördlichen Münsterland. Von der Villa aus eröffnet sich ein fantastischer Blick über die weite Umgebung: im Osten über die Kirchtürme von Rheine, Neuenkirchen und Wettringen. Bei klarer Sicht sind auch die Höhen des Teutoburger Waldes und die Kühltürme des Ibbenbürener Kraftwerkes zu erkennen. Im Süden bietet sich eine eindrucksvolle und weite Aussicht in die münsterländische Parklandschaft, über Wettringen, den Buchenberg in Borghorst, die Kreisstadt, die Schöppinger Berge und im Westen über die Kirchtürme von Welbergen und Ochtrup. Park und Villa entstanden zwischen 1908 und 1923.

Wie kam es zu diesem wunderschönen Komplex oben auf dem „Rothenberg"? Zu verdanken ist dies dem niederländischen Bankier Jan Jordaan, der 1873 in Gronau geboren wurde und als Sohn eines Textilfabrikanten aufwuchs, in Coesfeld das Gymnasium besuchte und dort auch das Abitur machte. Als Leiter einer Privatbank in Paris gelangte er zu erheblichem Reichtum. Mit 62 Jahren starb er dort 1935, seine letzte Ruhestätte fand er jedoch am Fuß seiner Villa auf seinem geliebten Rothen Berg. Sein Vater war Jagdpächter in Rothenberge, und von ihm übernahm Jan seine Verbundenheit mit der Landschaft und den Menschen dieser Gegend, mit denen er sich gerne auf Plattdeutsch unterhielt. Er erkannte die Möglichkeiten, die sich ihm auf dem Berg, dem letzten Ausläufer des Teutoburger Waldes, boten. Ab 1908 erwarb er von den Bauern nach und nach die erforderlichen Flächen. Die am Südhang gelegenen Grundstücke waren Esche, die infolge der Düngungen mit Naturstoffen eine dicke Schicht wertvollen Ackerbodens aufwiesen. Die nur 1000 bis 2000 Quadratmeter großen Flä-

chen waren zumeist schmale Streifen, manchmal nur acht Meter breit. Weiter nördlich gab es Öd- und Heideland mit Krüppelholz. Bis Ende der 20er Jahre kamen in Rothenberge, Bilk und der Brechte etwa 112 Hektar zusammen. Bis 1933 kaufte er rund 140 Hektar.[1]

Als erstes Gebäude ließ Jan Jordaan eine Jagdhütte im holländischen Baustil auf dem Berg errichten. Daraus entwickelte sich das sogenannte Teehäuschen, das auch heute noch in niederländischem Privatbesitz ist. 1921 wurde nach den Entwürfen des münsterschen Architekten Gorries mit dem Bau der großen Villa im Stil französischer Landadelssitze begonnen. Die Grundfläche beträgt 314 Quadratmeter, das Gebäude besteht aus einem Keller-, Erd-, Ober- und teilweise ausgebauten Dachgeschoss. In der Baugenehmigung vom 9. Februar 1921 heißt es: „Die Baukosten betragen mindestens zwei Millionen Mark."[2] Zur Einordnung dieser gigantischen Summe ein Vergleich: Die Wettringer Personalkosten für den Amtsinspektor, den Amtsrentmeister, den Polizeiassistenten und einen Angestellten betrugen im Jahre 1926 genau 12.823 Mark.[3] Der Wettringer Amtmann „hätte sein gesamtes Bruttoeinkommen für 537 Jahre zusammentragen müssen, um die Villa zu finanzieren."[4] 1928 wurde die Villa durch zwei Zimmer und einen „Closetraum" erweitert.

Der Bankier Jan Jordaan war verheiratet mit der aus Enschede stammenden Fabrikantentochter Engelbertha Auguste van Heek, die 1876 geboren wurde und deren Vorfahren ursprünglich im westfälischen Heek beheimatet waren. Sie wurde in Rothenberge wegen ihrer ausgeprägten Freundlichkeit zu Kindern liebevoll „Tante Bertha" genannt. Änne Lastering, die am Fuß des Rothen Berges aufwuchs, hat in ihrem Buch über die Familie Jordaan[5] etliche Beispiele für deren Volksnähe und Kinderliebe aufgeführt: „Sie stellte uns Kindern 30 Schlitten zur Verfügung. Sie lehrte uns das richtige Bremsen und wollte noch im Alter von 80 Jahren auf ihren eigenen, etwas breiter gebauten und mit Kissen bestückten Schlitten mit uns den Berg hinabfahren. Die Kinder bekamen bei großer Kälte von ihr heißen Kakao und holländisches Gebäck."[6] Angestellte hielten die mit Strohballen entschärfte Schlittenbahn in Ordnung. An manchen Tagen wurde die Bahn bis Mitternacht zum Rodeln beleuchtet. „Oft verteilte sie Bonbons und wenn Tante Bertha in ihrer Limousine an der Rothenberger Schule vorbei fuhr, winkten die Kinder ihr zu."[7] Geachtet und beliebt war sie auch wegen ihrer caritativen Tätigkeit. „Zu Weihnachten bedachte sie viele Menschen und nicht nur die, die in ihrem Leben eine Rolle spielten, sondern auch Menschen, bei denen es finanziell eben einfach nicht reichte."[8]

Engelbertha Jordaan war auch eine leidenschaftliche und talentierte Malerin. Zahlreiche Landschaftsbilder aus der Umgebung zeugen von ihrer Begabung. 1940 musste sie als „feindliche Niederländerin" Deutschland verlassen. Ihre Rückkehr nach dem Krieg zeugt von ihrer Verbundenheit und Liebe zu ihrem Besitz in Rothenberge. Sie starb am 23. März 1960 in Wettringen. Unter großer Anteilnahme der Bevölkerung wurde sie auf dem Privatfriedhof unterhalb der Villa an der Seite ihres bereits 1935 verstorbenen Mannes beerdigt.

Die 1907 geschlossene Ehe war kinderlos geblieben. Das Paar lebte als „Europäer" an drei Standorten: Paris, Twente und Rothenberge. Durch Erbschaften aus beiden Elternhäusern waren die Eheleute sehr vermögend, zeigten sich aber sehr freigebig. „Jan und Bertha Jordaan waren reich und hatten auch hohe Ansprüche an das Leben. Doch sie ließen die Menschen in ihrem Umfeld daran teilhaben"[9], resümiert Änne Lastering dankbar.

Zu den Besitzungen des Ehepaars gehörte auch die Wasserburg „Haus Welbergen" aus dem 13. Jahrhundert und die dazu gehörenden Ländereien mit rund 150 Hektar. Im Jahre 1929 erwarb Jan Jordaan von der Familie Druffel die Burg in Welbergen. Das Ehepaar restaurierte die Anlage und sorgte wieder für eine historische Ausstattung, als

Wettringen | Werner Janning

Wohnhaus wurde sie von den Jordaans allerdings nicht genutzt. Nach einer erneuten Restaurierung von 1962 bis 1966 erhielt das Haupthaus wertvolles Mobiliar aus der Sammlung der Stifterin. Auch andere kostbare Gegenstände aus der Villa Jordaan wechselten von Rothenberge nach Welbergen. Der alte Edelsitz mit den sehr gepflegten Gartenanlagen ist heute ein beliebtes Ausflugsziel. Bertha Jordaan hatte in ihrem Testament verfügt, dass ihre Besitzungen in eine Stiftung überführt werden sollten. Die Bertha-Jordaan-van-Heek-Stiftung übernahm 1960 aber nicht nur die Villa Jordaan und die Wasserburg „Haus Welbergen", sondern auch über 700 Hektar Naturschutzflächen in Wettringen und Umgebung. Die Stiftung fördert den kulturellen Austausch zwischen Deutschland und den Niederlanden und die Heimatpflege. Die Satzung garantiert einen dauerhaften Kontakt zwischen Stiftung und Westfälischem Heimatbund.

1962 stellte das Stiftungskuratorium die Villa Jordaan der Fördergesellschaft der Westfälischen Wilhelms-Universität für 20 Jahre als Universitätslandheim zur Verfügung. Die Fördergesellschaft der Uni Münster betonte, dass „ein gemeinsamer Spaziergang, die ruhige Unterhaltung am Kamin oder in fröhlicher Runde Einblicke in Wesen und Art des anderen geben, die für alle Beteiligten wertvoll"[10] seien. Häufig tagten ausschließlich Dozenten verschiedener Fachrichtungen in der Villa. Auch für einzelne Dozenten sollte die Villa als „ultimum refugium" zur Verfügung stehen.[11] Ehemalige Seminarteilnehmer erinnern sich gerne an die Aufenthalte in Rothenberge und an das besondere Ambiente des Landheims. Die kleinen Seminare mit 20 bis 30 Personen in der Villa waren bei Dozenten und Studenten gleichermaßen sehr beliebt. 34 Betten standen für die Übernachtung zur Verfügung. Aus brandschutztechnischen Gründen musste der Seminarbetrieb Ende 2012 eingestellt werden. Man scheute die enormen Kosten für die erforderlichen Umbaumaßnahmen. Seitens der Universität wurden die exklusiven Seminare im Landheim Rothenberge zur Disposition gestellt. Die Villa fiel in einen Dornröschenschlaf. Der drohende allmähliche Verfall von Park und Villa konnte aber im Jahre 2016 endlich gestoppt werden. Durch gemeinsame intensive Bemühungen der Gemeinde, der Jordaan-Stiftung, der Fördergesellschaft der Universität, der Universität selbst und des Landschaftsverbandes (LWL) gelang es, wichtige Zuschussgeber für die teure Renovierung zu gewinnen. Die Deutsche Stiftung Denkmalschutz, das Land NRW, die Universitätsgesellschaft, Kulturfördermittel des Bundes, die Bezirksregierung, der Kreis Steinfurt und die Gemeinde Wettringen stellten gemeinsam die Mittel für die anfallenden Kosten in Höhe von über 962 000 Euro zur Verfügung.[12] Im Vergleich zu den großen „Geldgebern" waren die Zuschüsse des Kreises (25 000 Euro), der Gemeinde Wettringen (25 000 Euro) und der Bezirksregierung (90 000 Euro) zwar relativ gering, verdeutlichten jedoch die lokale und regionale Bedeutung der Villa für die Umgebung. Das Mietverhältnis der Universität Münster wurde um weitere 30 Jahre verlängert. In Anerkennung der breiten finanziellen Unterstützung verpflichtete sie sich, jährlich sechs Termine für öffentliche Veranstaltungen zur Verfügung zu stellen. Mit diesem Zugeständnis erfüllte die Universität sicherlich den Wunsch vieler Heimatfreunde aus Wettringen und Umgebung.

Am 9. September 2018, dem vom Heimatverein, der Gemeinde und dem Schützenverein Rothenberge organisierten „Tag des offenen Denkmals", konnten sich die zahlreichen Besucher von der gelungenen Renovierung überzeugen und die tolle Atmosphäre im Park mit der traumhaften Aussicht genießen.

Fotos privat/Engelbert Rauen

Quellen

1 Gemeindearchiv Wettringen (Archivar Lothar Hempel)
2 Ebd.
3 Ebd.
4 Ebd.
5 Änne Lastering, Familie Jordaan in Rothenberge, 2011
6 Ebd. S. 82
7 Ebd. S. 145
8 Ebd. S. 144
9 Ebd. S. 155
10 Das Universitätslandheim Rothenberg, Sonderdruck 1962, S. 65
11 Ebd.
12 Franz Josef Melis, Geschäftsführer der Jordaan-Stiftung

Ortsgeschichte

Wolfgang Johanniemann | Lotte

Beinahe spurlos verschwunden
Ehemalige Küche des Klosters Osterberg verfällt zunehmend

Auf der Suche nach Spuren des untergegangenen Klosters in der Lotter Bauerschaft Osterberg wird man am Ende der Straße „Im Kloster" fündig: Heute ist kaum noch bekannt, dass es sich bei dem baufälligen Gebäude um die ehemalige Küche, im Volksmund „Küöken" genannt, des früheren Klosters Osterberg handelt. Einer alten Steinschrift zufolge soll das Haus im Jahr 1437 errichtet worden sein. Leider konnte der Stein, der sich an der Mistgrube befand, nicht mehr gefunden werden. Ursprünglich war die Küche ein zweistöckiges Gebäude. Der alte Giebelabschluss des Hauses trug, bevor der Blitz einschlug, noch eine Glocke. Vielleicht hat sie einst die Mönche zu ihren gemeinsamen Mahlzeiten gerufen. Vom Keller des Küchengebäudes soll auch ein unterirdischer Gang zur nahe gelegenen Klosterkirche geführt haben. Bis etwa 1998 war das Haus noch bewohnt. Und es ist sicherlich das älteste Gebäude in diesem Ortsteil, versicherte der Osterberger Wilhelm Beckemeyer.

Die Lotter Bauerschaft Osterberg wurde erstmals am 28. April 1251 im Band III des Osnabrücker Urkundenbuches Nr. 25 als „silvam que vocabulo Osterberch nominatur" erwähnt. Im Mittelalter war Lotte bekannt durch das im heutigen Ortsteil Osterberg gelegene Kloster der Zisterzienser-Mönche.

Das im Jahre 1410 entstandene Männerkloster spielte über 200 Jahre lang eine wichtige Rolle im Leben der Gemeinde. Die durch die Reformation ausgelösten konfessionellen Streitigkeiten hatten auch Auswirkungen auf das Kloster Osterberg. Um 1525 führte Graf Conrad die Reformation in Tecklenburg ein. Das brachte auch die Mönche in Bedrängnis. 1538 verließen sie Osterberg. Erst nach dem Tod des Grafen im Jahr 1557 kehrten sie wieder zurück. Graf Adolf von Tecklenburg stellte das Kloster 1618 unter weltliche Verwaltung. Am

Die ehemalige Klosterküche ist auf einer Postkarte mit dem Stempel vom 27. Februar 1899 dokumentiert. Quelle: Heimatkalender der Kreissparkasse Ibbenbüren

Im Jahr 2017 ist die ehemalige Klosterküche bereits sehr verfallen. Dies ist die Giebelansicht.
Foto: Wolfgang Johanniemann

6. März 1629 verfügte Kaiser Ferdinand mit einem Restitutionsedikt die Rückgabe der eingezogenen Güter und Stifte an die Katholiken. Soldaten besetzten die Klostergebäude und übergaben sie wieder dem Kreuzherrenorden. Als 1633 die Schweden in den 30-jährigen Krieg eingriffen und das Kloster einnahmen, verließen die Mönche endgültig Osterberg und übersiedelten nach Bentlage bei Rheine. Die Tecklenburger Grafen nahmen die Klostergüter in ihre Verwaltung. Die ehemals zum Klosterbesitz gehörenden Ländereien wurden unter mehr als zwei Dutzend Erbpächtern aufgeteilt. Ihren Zins mussten sie an die kirchliche Güterkasse entrichten. Die Glocke des Klosters aus dem 14. Jahrhundert kam 1710 nach Tecklenburg. Sie befindet sich heute als Schlagglocke in der Turmspitze der Stadtkirche.

Gerhard Arnold Rump[1] schreibt 1672 über das Kloster: „Es ist eine überaus schöne Kirche, drin alle Sonntag als auch in der Fastenzeit alle Freytag vom ordentlichen Prediger daselbst jetziger Zeit Herrn Mauritio Ludovieo Sluter, oder von dem H. Pastore zu Lotte der Gottesdienst verrichtet wird." Nachdem die Mönche das Kloster verlassen hatten, wurden in der Klosterkirche noch bis 1728 Gottesdienste gehalten.

August Karl Holsche[2] schreibt 1788: „Zu katholischen Zeiten war es ein Bernhardiner Mönchskloster Cisterzienserordens, bey den unruhigen Zeiten der

Reformation aber liefen die Mönche heraus und begaben sich nach Rheine, wo ein Kloster gleichen Ordens ist. Das ehemalige Kloster, welches auf einer Anhöhe liegt, ist eingestürzt, und von der Kirche, welche überaus schön gewesen seyn soll, stehen nur noch wenige Mauern, welche auch den Einsturz drohen".

Einen Beleg für einen angrenzenden Küchengarten findet man in der Urkarte der Gemeinde Lotte, Flur VIII, gent. Osterberg, aus dem Jahre 1828. Dort ist ein Flurstück mit dem Namen „Im Küchengarten" verzeichnet.

Eine Wanderung von Lotte nach Osnabrück führte den Reporter der „Osnabrücker Heimatbilder" im Jahre 1923 in die Bauerschaft Osterberg und damit auch zu den Resten des früheren Klosters. Ein schon deutlich in die Jahre gekommenes Haus weckte sein Interesse: „In dem vom Erbpächter Leesmann bewohnten Hause erkennt man schon an dem äußeren Ansehen ein altersgraues Gebäude; es soll das frühere Küchengebäude des Klosters gewesen sein und heißt noch heute im Volksmund „up de Küöken". Meterdicke Mauern weist der Bau auf, zum Teil vermauerte Fenster, und die verkürzten Giebel zeigen gotische Formen. An die damalige Benutzungsart des Gebäudes erinnern der gewaltige Schornstein und ein gewölbter Keller."

Im Jahre 1927 berichtet auch der „Tecklenburger Heimatkalender" über die ehemalige Küche: „Die mächtige Steinwand verleugnet nicht ihre Vergangenheit, wenn man auch schon ein Stockwerk abtrug und durch seitliche Anbauten den Gesamteindruck verwischte. Die schmalen, hohen Fenster haben ihr besonderes Gepräge be-

Das als „Fillhus" bekannte Haus Westerman sah im Jahr 1922 so aus. 1970 wurde es abgebrochen.
Foto: Kultur- und Heimatverein Westerkappeln

Wolfgang Johanniemann | Lotte

Die ehemalige Klosterküche ist auf einer Postkarte mit dem Stempel vom 27. Februar 1899 dokumentiert.
Quelle: Heimatkalender der Kreissparkasse Ibbenbüren

halten. Flurnamen erzählen von alten Zeiten. Da ist der Hopfengarten, der Klostergarten, der Klosterberg. Eine einheimische Apfelsorte, die ‚Schmeerfenten', erinnern noch an alte Klosterherrlichkeit, da hier Mönche den Obstbau förderten. Sie hatten kein unpassendes Plätzchen erwählt. Ihr Bau war ein Haus in der Sonne. Das ‚Fillhus' (= Schlachthaus) neben der Schule, der ‚Schaupstall' (= Schafstall) weiter südlich und die Osterberger Reihe in Osnabrück bilden im Sprachbewusstsein letzte Verbindungsfäden mit der Vergangenheit. Doch totes Gestein weiß noch mehr zu erzählen. Da ist vor der Klosterküche ein Stein mit der Jahreszahl 1437. Fast ein halbes Jahrtausend sah er vorüberschreiten, war dabei, als Graf Konrad an jenem Karfreitag den Galgen als Zeichen seiner Macht aufrichtete. Wie alt mag in der Küche der Spülstein sein? Tiefe Rillen sind eingeritzt. Manches Mönchlein mag da für des Leibes Notdurft seines Amtes gewaltet haben".[3]

Aus Zeitungsartikeln von 1934 ist ebenfalls noch einiges über die Klostergebäude zu jener Zeit überliefert: „Mancher Besucher lenkt den Schritt nach den Gebäuden, die an alte Klosterherrlichkeit erinnern. Die alte Klosterküche steht nun bald 500 Jahre. Manches ist zerstört, aber das feingefügte Fensterkreuz lässt z.B. noch gut den künstlerischen Geist jener Mönche ahnen, die diesen Bau errichteten. Die 1849 in diesem Haus geborene Frau Leesmann kann noch mancherlei vom Umbau des Hauses erzählen. Ein Stockwerk ist heruntergenommen. Über der Dieleneinfahrt stand ehemals ein

Marienbild. Auf hundert Jahre schaut ein Dachziegel zurück, der laut Inschrift 1834 gebrannt wurde."

Lottes Pastor Eberhard Müller schreibt 1956 in seiner Chronik „650 Jahre Kirchengemeinde Lotte", die alte Witwe Leesmann habe ihm erzählt, dass sie als Kind beim Spielen hin und wieder bunte Glasscherben von den Kirchenfenstern der Klosterkirche gefunden habe.

Die Klosterkirche selbst, die in der Nähe der Küche gestanden hat, ist wohl schon im Jahre 1665 eine Ruine gewesen. 1937 fand man beim Bau einer Jauchegrube handbreite Bretter, wahrscheinlich Überreste von Särgen der Mönche, die etwa um 1500 neben der Kirche beigesetzt worden waren.

Mauerreste, die oberhalb der Erde früher noch deutlich sichtbar vorhanden waren, sind auch längst verschwunden. Der Nachwelt erhalten geblieben ist ein Säulenkapitell aus der Osterberger Klosterkirche, das im Osterberger Schützenhaus aufbewahrt wird. Über die wechselvolle Geschichte des Klosters ist viel bekannt, aber ein Bild oder eine Beschreibung des Klosters existiert bislang nicht. Die ehemalige Küche verfällt zunehmend. Wie aus den Schilderungen aus den Jahren 1923 bis 1934 hervorgeht, hat sich ihr äußeres Aussehen seit der Zeit ohnehin stark verändert, sodass heute kaum noch etwas an die einstige Nutzung dieses Hauses erinnert.

Anmerkungen

1 Gerhard Arnold Rump wurde am 13. November 1629 in Tecklenburg geboren. 1652 beendete er sein Theologiestudium in Basel. Danach kehrte er in seine Tecklenburger Heimat zurück. Am 8. April wurde Rump Pfarrer in Wersen, wo er bis zu seinem Tode am 20. Januar 1691 blieb. 1672 hatte er sein Buch der Tecklenburger Landesbeschreibung mit dem Titel „Des Heil. Röm. Reichs uhralte hochlöbliche Graffschafft Tekelenburg" veröffentlicht.

2 August Karl Holsche, Königlich Preußischer Assistenzrath zu Bromberg in Westpreußen, verbrachte 15 Jahre von 1772 bis 1787 als Hoffiskal, also Beamter zur Vertretung der finanziellen Angelegenheiten eines Hofes, in Tecklenburg. Im Jahre 1788 veröffentlichte er sein gesammeltes Material in dem Buch „Historisch-topographisch-statistische Beschreibung der Graffschaft Tecklenburg".

3 Das als „Fillhus", also Schlachthaus des Klosters bekannte Haus Westermann, dessen Ursprung wohl in der Gründungszeit des Klosters im 15. Jahrhundert lag, wurde im Jahr 1970 abgebrochen.

Quellen

Kultur- und Heimatverein Westerkappeln

Osnabrücker Heimatbilder 1923

Neue Osnabrücker Zeitung

Festschrift „750 Jahre Osterberg"

Wikipedia

Gemeinde Lotte

August Karl Holsche, „Historisch-topographisch-statistische Beschreibung der Graffschafft Tecklenburg"

Tecklenburger Heimatkalender, November 1927

F. E. Hunsche, Aus der Geschichte der Gemeinde Lotte

Festschrift 300 Jahre Schützenverein Lotte

Pastor Eberhard Müller, „650 Jahre Kirchengemeinde Lotte", 1965

Gerhard Arnold Rump, „Des Heil. Röm. Reichs uhralte hochlöbliche Graffschafft Tecklenburg", 1672

Wilhelm Wilkens, „Die Geschichte der Vereinigten Geistlichen Güterkasse"

Wilhelm Beckemeyer

Dr. Christof Spannhoff; Lebendige Steine, Kirchliche Gemeinschaftsstiftung für denkmalwerte Kirchen im Kirchenkreis Tecklenburg

Letzte Erinnerung an die Osterberger Klosterkirche, Lehrer Wilhelm Twiehaus, 1960

Ortsgeschichte

Wilhelm Elling | Ochtrup

Charakteristisch für den Historismus
Villa Winkel des Fabrikanten Laurenz entging nur knapp dem Abriss

Von den 58 Objekten in der Ochtruper Denkmalliste stammen nur sechs profane Bauten aus der Zeit des Historismus. Unter diesen waren in den 70er Jahren ausgerechnet zwei ehemalige Objekte der Textilfirma Laurenz vom Abriss bedroht, nämlich der Beltmannbau, also das Bürogebäude der Firma, und die Villa von Anton Laurenz (1867-1946). Der Textilfabrikant hatte sie im Jahre 1899 für 145 000 Mark im Stil der niederländischen Renaissance gebaut. Sie liegt inmitten eines Parks mit Rasenflächen, Teichen und Wald.

Die mit der Firma Gebr. Laurenz verbundenen Villen Lindhorst und Krebs waren bereits abgebrochen und eine weitere Villa zur Bank umgebaut. Dabei hatte um 1900 jeder zweite Ochtruper bei Gebr. Laurenz in Lohn und Brot gestanden, und die Familie Laurenz hatte der Stadt durch ihre großzügige soziale Haltung sowohl ein Krankenhaus als auch Arbeiterwohnungen, ein Waisenhaus und ein Hospiz für weibliche Arbeitskräfte gestiftet.

Nach dem Kriegsende 1945 ging das Zerstörungswerk des Krieges in Deutschland unvermindert weiter. Was die Bomben der Alliierten verschont hatten, musste nun als Unterkunft für englisches Militär herhalten. So musste Fabrikant Anton Laurenz binnen 24 Stunden mit der Familie seine Villa verlassen. Er starb ein Jahr nach Ende des Krieges im Haus seines ältesten Sohnes Heinrich an der Bentheimer Straße. In die Villa zogen englische Offiziere ein. Danach folgten Ostvertriebene, denn Wohnraum war bis um 1950 äußerst knapp.

Das Familienarchiv in der Villa wurde geplündert, und Objekte wie Klinken, Beschläge und anderes Inventar wurden entwendet. Selbst der Kachelofen im Saal wurde zum Teil demontiert.

Anton Laurenz hatte die Villa testamentarisch seinen Kindern zu gleichen Teilen vermacht. Diese Erbengemeinschaft verkaufte 1969 die Villa und den Park mit dem alten Baumbestand – insgesamt eine Fläche von elf Hektar – an die Stadt. So erhielt Ochtrup unversehens einen stadtnahen Park, eine Fläche, die früher einmal als städtische Kuhweide den Bürgern gedient hatte. Damit begann

auch die Diskussion um Erhaltung oder Abriss der verwahrlosten Villa im Winkel.

Jeder Architekt weiß, dass der Abriss eines Altbaus billiger ist als seine Restaurierung. Und jeder Architekt will sich gern selbst verwirklichen, lieber etwas Neues schaffen, als hinter den Ideen der Alten zurückstehen. Die Politiker im Rat dachten zunächst ähnlich wie die Architekten, vor allem weil auch die finanziellen Mittel knapp waren. Und als 1974 die Einrichtung einer Altentagesstätte diskutiert wurde, bezeichneten manche die Villa als „Klotz am Bein" oder „Danaergeschenk" . Besser einmal 5000 Mark für den Abbruch der Villa ausgeben als ständig ein solches Haus zu unterhalten, hieß es.

Schließlich half das Land Nordrhein-Westfalen den Gegnern des Abbruchs mit der Erhöhung seines Zuschusses, der als Konjunkturmittel nur für Umbauten, nicht aber für Neubauten gewährt wurde. Zudem waren die vorgelegten Entwürfe für den Neubau einer Altentagesstätte unbefriedigend, und die Pläne, die Villa für die Stadtverwaltung selbst zu nutzen, wurden aufgegeben.

Der Landeskonservator beurteilte die Villa aus kulturhistorischen Gründen als erhaltenswert und damit auch förderungswürdig und gab einen Zuschuss von 70 000 Mark, denn die Gutachten waren eindeutig. „Die Villa Laurenz ist verbunden mit der in Ochtrup dominierenden Textilindustrie charakteristisch für die Gemeinde. Die Villa ist ein Dokument einer für die Geschichte Ochtrups bedeutenden Epoche", hieß es in dem Gutachten von Dr. Dorothea Kluge vom Denkmalamt Münster. Und Landesverwaltungsdirektor Dr. Franz Mühlen aus Münster schrieb: „Es ist sinnvoll, das Gebäude zu erhalten, wenn es genutzt werden kann und die Instandsetzungskosten in einem vertretbaren Rahmen bleiben."

Tatsächlich ist bei der Diskussion über Erhaltung und Restaurierung historischer Gebäude gewöhnlich die sinnvolle künftige Nutzung ausschlaggebend. In Ochtrup war von Anfang an die Verwendung der Villa als Altentagesstätte, Volkshochschule, Bücherei und für die Jugendarbeit vorgesehen. Teure weitere Wünsche wie Schwimmbad oder Kegelbahn wurden bald ausgeschlossen. Für die Bücherei fand sich eine andere Lösung. Allerdings waren der Einbau neuer Fenster, eines neuen Treppenhauses, eines Aufzugs sowie der

Die Ostansicht der Villa zeigt auch den Wintergarten. Skizze: Architekt Roesler

Bau eines modernen Gymnastikraums und der Anbau eines Cafés notwendig. Die Eingriffe wurden jedoch so unauffällig vorgenommen, dass sie in keiner Weise stören.

So beschloss der Haupt- und Finanzausschuss des Rates 1975 den Erhalt der Villa und die Erweiterung um ein Seniorencafé und vergab die Leitung der Restaurierung an den münsterschen Architekten Roesler. Ein Vergabeausschuss mit Bürgermeister Karl Schmeing und Stadtdirektor Bernhard Elling sowie Oberbaurat Max Krassowski und drei Mitgliedern des Rates wurde gebildet.

Die Gesamtkosten der Restaurierung samt Umbau beliefen sich 1977 schließlich auf 888 000 Mark bei einem Eigenanteil der Stadt Ochtrup von 412 000 Mark.

Der Kostenanschlag des Architekten war 1975 von einer Million ausgegangen.

Bürgermeister Karl Schmeing lud die Ochtruper Bevölkerung zur Eröffnung der restaurierten Villa Winkel und des neuen Stadtparks im Rahmen einer Festwoche vom 15. bis 25. September 1977 ein. Die offizielle Einweihung fand mit geladenen Gästen aus Politik, Verwaltung und beteiligten Firmen mit der Übergabe des Schlüssels der Villa durch den Architekten Roesler an Bürgermeister Karl Schmeing und Stadtdirektor Elling statt. Auch Oberkreisdirektor Leo Böhmer und Regierungsdirektor Dr. Wilms waren dabei. In den Festreden wurde hervorgehoben, dass mit der Restaurierung von Villa und Park der Freizeitwert der Stadt beachtlich gestiegen sei.

Alle nich eenfach

Otto Pötter

Et is nix, bloß in' Huuse to sitten. Dao moss fein uppassen, dat de nich noch debi liggen bliffs. Doch wohen? Alle nich eenfach. Leit sick aower nich maol wier schön Visite maaken? Sick nett wat vertellen, dat muntert doch glieks wier up! Wohen? Na, nao Grete hen! De krüpp jä auk bloß alleene so in de Stuobens rüm un weet nich, wu se den Dag rüm krigg. Also dao nu es hen.

Verwünnert frögg Grete glieks all an de Dööre: "Meinee, häb ji ju verlaupen?" Franz puußet erst es deep uut un sägg dann: "Nänä, wi weet' jä, wat sick gehört. Aff un an mott man sick doch es seihn laoten." Dat freut Grete: "Dann män harin met ju."

Nu ja, wu et alle so göng un so. Düssen Dokter Sounso keek auk all immer ganz kruus, wenn man drin kam bi em. Män et wüörd nu maol nich all's biätter! Mia nickoppt. Se wieset up Franz un sägg: "Franz mott et de Nacht üöwer nu all met so nen Schnuorkschnorchel doon." Wat för 'n Ding? Genau, so 'n Ding. Ohne dem göng et bi em gar nich mehr. Dat mott so, meint Franz, dat mööken siene Schlaopmalessen. He dai dao manchs dat Aomhaalen bi vergiätten. Un dat göng nich. So ohne Aom nachts, dat wör nix. "Se blaoset et mi dann üöwer 'n Schnorchel so to", sägg he. "Wat du nich säggs", wünnert Grete sick, "also nää, machs so denn noch wuohl liäben?"

Nu ja, meind Franz, Gott Dank liäwede he jä nich bloß so van Luft alleene.

Dat wör 'n Wort. Glieks döt Grete Kooken up 'n Disch. Se meint aower doch: "Eenlicks gar nich guet, immer dat Sööte." Daorup Mimi: "Genau. Doo mi män leiwer 'n Glas blank Waater, eher dat ick naoher noch mienen Zucker spritzen mott." "Hä, wat 'n Elend alle", quengelt Grete, un stellt den Kooken all wier weg "man weet gar nich mehr wat man iätten soll."

"Hauptsaake wi krieget de noch Luft bi!" japst Franz. Wör gar nich so selbstverständlick mehr bi alle de giftigen Stickoxide vandage. "Un buobendrüöwer auk noch dat graute Ozonlock!", föllt Mimi em int Wort, "Unnerwiärs un Üöwerschwemmungen wo de henkicks." "Jaja, ganz schlimm!" winkt Grete aff. Wo dat alle noch wuohl hengöng? "Hauptsaake, et is antlest nich so ne Quiälerie", meint Franz.

Hö? Dao soll jüst he nu doch es still sien, kick Grete ratz up. He härr weinßens jä all so 'n Puusteschnorchel! "Ach, ach, ach, laot' us an so wat doch nich alle denken", sägg Mimi. Genau. Drüm stellt Grete nu dat Fernsehn an. Fischers Leenken is niämlicks dran. Grete hört se giäne singen. Franz kömmt glieks auk all up änn're Gedanken. Se kann sick jä auk guet seihn laoten, düsse Helene Fischer. "Dat is hier 'n schön Beld bi di, Grete", freut sick Franz.

Doch dat duurt nich lange met de Freude. Denn dao singet Helene Fischer luuthals: "Atemlos durch die Nacht".

Tschä, alle nich eenfach.

Ortsgeschichte

Hermann-Josef Pape | Steinfurt-Burgsteinfurt

Mit-Erfinder der optischen Telegrafie
Christoph Ludwig von Hoffmann war nicht nur gräflicher Leibarzt

Die schnelle Übertragung von Informationen durch Telefon, Fax, E-Mail, Smartphone, Rundfunk oder Fernsehen ist heute eine Selbstverständlichkeit. Ganz anders war aber die Situation noch vor mehr als 200 Jahren. Die gesellschaftliche Entwicklung im 18. und 19. Jahrhundert war gekennzeichnet durch eine zunehmende Industrialisierung und die Notwendigkeit eines schnelleren Informationsaustausches. Deshalb wurde nach Möglichkeiten gesucht, Informationen schneller zu übermitteln, als es durch Boten oder Reiter möglich war. Entwickelt wurden optische und später elektrische Telegrafen, die es ermöglichten, Informationen schnell auszutauschen.[1]

„Während des Siebenjährigen Krieges erfand ich in Burgsteinfurt die Telegraphie. Sie wurde in Schönbusch ausgeführt. In Münster ließ ich im Jahre 1782 von dieser Sache eine abgekürzte Nachricht abdrucken: also 10 Jahre früher, als die Franzosen der Welt etwas davon bekannt gemacht haben. Nicht die Teutschen, die Frantzosen haben mich geschäzzet."[2] So schrieb der inzwischen geadelte 83-jährige Kurfürstlich Mainzische Geheimrat und Professor Christoph Ludwig von Hoffmann am 15. Februar 1805 an den Grafen Ludwig von Bentheim-Steinfurt. Weiter wies von Hoffmann auf einen Aufsatz hin, der im Jahre 1800 in Paris und Amsterdam erschien. Darin heißt es übersetzt: „Die Franzosen haben zwar die erste telegrafische Verbindung eingerichtet; aber das deutsche Volk kann die Erfindung selbst für sich in Anspruch nehmen; denn Herr Hoffmann hat sie zehn Jahre vor ihrer Ausführung in Frankreich öffentlich bekannt gemacht."

Christoph Ludwig Hoffmann wurde am 1. Dezember 1721 in Rheda als Sohn des Regierungsrates Wilhelm Hoffmann geboren, der im Dienste des Grafen von Bentheim-Tecklenburg stand. Er studierte Medizin in Rintelen, Harderwijk/Niederlande und Jena, wo er im Jahre 1746 zum Doktor der Medizin promovierte. Am 6. Oktober 1756 übernahm er die Stelle als Professor der Medizin und Philosophie am „Gymnasium Illustre Arnoldinum" in Burgsteinfurt, auch „Hohe Schule" genannt, das damals den Charakter einer Akademie hatte. Der gelernte Doktor war auch bis 1764, also während der gesamten Zeit des Siebenjährigen Krieges, Leibarzt des Grafen Karl von Bentheim und Steinfurt. Er wohnte im Haus Steinstraße 13 und war unverheiratet. Seine Mutter führte ihm den Haushalt. Während seiner Tätigkeit in Burgsteinfurt veröffentlichte er eine Schrift über die Bekämpfung der Pocken, eine für den Menschen gefährliche Infektionskrankheit. Der Arzt war erstaunlich vielseitig, auch technisch interessiert. Aber war er deshalb auch der Erfinder des optischen Telegrafen?

Die geographischen Voraussetzungen für ein Experiment einer optischen Nachrichtenübermittlung waren vermutlich mit einem Berg und bei vorhandenen Türmen wie dem Schlossturm oder einem Kirchturm in Burgsteinfurt und in Borghorst gegeben. Die Orte sind rund fünf Kilometer voneinander entfernt. Dazwischen liegt eine bewaldete Anhöhe, der 111 Meter hohe Buchenberg. Es darf unterstellt werden, dass Hoffmann mit Unterstützung und Beteiligung seines Herren, des Grafen Karl von Bentheim-Steinfurt, einen frühen

Versuch zur optischen Übertragung von Zeichen auf der Linie von Burgsteinfurt nach Borghorst zwischen 1756 und 1763 durchführte. Nach allem, was über das Leben des Grafen Karl bekannt ist, kann man vermuten, dass das Experiment um 1760 gemacht wurde.

Leider hat Hoffmann die eingesetzten telegrafischen Sende- und Empfangseinrichtungen nicht näher beschrieben. Er hat es nur bei einer „abgekürzten Nachricht" im Jahr 1782 belassen. Daran muss sich auch heute noch die zweifelnde Frage anschließen, ob der Professor der Medizin und Philosophie überhaupt telegrafentechnische Einrichtungen konstruierte und bauen ließ.

Bisher konnte die Existenz des Hoffmannschen Telegrafen nicht mit Quellen nachgewiesen werden. Aber jetzt gibt es einen klaren Beleg für die Richtigkeit der von Hoffmann in seinem Brief vom 15. Februar 1805 gemachten Angabe, dass er 1782 in Münster „von dieser Sache", also der Telegrafie, eine abgekürzte Nachricht abdrucken ließ. Professor Volker Aschoff spricht die Fundstelle aus dem Jahr 1782 in seinem 1984 erschienenen Buch über die Geschichte der Nachrichtentechnik an. Die so lange gesuchte Veröffentlichung der „abgekürzten Nachricht" ist in einem Buch Hoffmanns gefunden worden, das im angegebenen Jahr 1782 in Münster beim Hofbuchhändler Perrenon erschien. Es darf eigentlich nicht verwundern, dass Hoffmann, der Autor von über 30 Schriften und Büchern ist, von denen sich viele mit der Bekämpfung der Pockenkrankheit beschäftigen, in einem medizinischen Buch – und hier fast beiläufig – auch auf die optische Nachrichtenübermittlung zu sprechen kommt. Dessen Titel „Vom Scharbock, von der Lustseuche, von der Verhütung der Pocken im Angesichte, von der Ruhr, und einigen besonderen Hilfsmitteln" hat aber wohl doch die Suche nach der nun entdeckten Fundstelle der „abgekürzten Nachricht" eher erschwert als erleichtert.

Der Inhalt der sehr allgemein abgefassten „abgekürzten Nachricht" lässt keinen Schluss auf einen von Hoffmann konstruierten optischen Telegrafen zu; er lässt vielmehr vermuten, dass Hoffmann im Siebenjährigen Krieg lediglich Versuche mit großen Zahlen oder Buchstaben und optischen Instrumenten wie Fernrohren durchführte. Da nicht angenommen werden kann, dass das Gymnasium Arnoldinum über neue und hochwertige optische Einrichtungen wie Teleskope und Linsenfernrohre verfügte, liegt der Gedanke nahe, dass höhere Offiziere die Fernrohre ausgeliehen hatten. Auch wenn in der „abgekürzten Nachricht" genaue technische Detailkenntnisse und Apparatebeschreibungen fehlen, bleibt es doch das Verdienst des gelehrten Professors der Medizin Christoph Ludwig von Hoffmann, zu einem sehr frühen Zeitpunkt den Einsatz verbesserter optischer Geräte für die Übertragung von Nachrichten vorgeschlagen zu haben. Diese Versuche wurden aber nicht weitergeführt und gerieten in Vergessenheit. Dennoch kann Hoffmann bei den Erfindern der optisch-mechanischen Nachrichtenvermittlung nicht mehr ungenannt bleiben.

> **Auszug aus einem Brief
> Christoph Ludwig von Hoffmanns
> vom 15. Februar 1805 aus Eltville
> an Ludwig Graf von Bentheim-Steinfurt:**
>
> „...
> Schon Seiner Hochgräflichen Gnaden dero seligem Herrn Vater war ich mehr Dank schuldig, als ich vergelten konnte. Mit Selbigem lebte ich ein halbes Jahr in Paris. Unter Seiner Regierung erfand ich in Burgsteinfurt die Telegraphie. In Münster ließ ich im Jahre 1782 von dieser Sache eine abgekürzte Nachricht abdrucken: also zehn Jahre früher, als die Franzosen der Welt etwas davon bekannt gemacht haben. Nicht die Teutschen, die Franzosen haben mich geschätzet. In einem Aufsatz unter dem Titel „Description d'un télégraphe très simple et à la portée de tout le monde. A Paris et Amsterdam, 1800" findet man Seite 45 folgendes:
> „Les Francais ont établi la première correspondance télégraphique; mais la nation germanique peut réclamer l'honneur d'une invention que Mr. Hoffmann a publié plus que dix ans avant son exécution en France."
> (Die Franzosen haben zwar die erste telegrafische Verbindung eingerichtet; aber das deutsche Volk kann die Erfindung selbst für sich in Anspruch nehmen; denn Herr Hoffmann hat sie zehn Jahre vor ihrer Ausführung in Frankreich öffentlich bekannt gemacht.)
>
> Im siebenjährigen Kriege wurde sie in Schönbusch (= Buchenberg?) auf einer Anhöhe bei Burgdorf (= Borghorst) ausgeführt. Seine Hochgräflichen Gnaden Dero seliger Herr Vater hatten an der Ausführung Anteil."

Christoph Ludwig von Hoffmann (1721–1807)

Der Begriff „Telegraf" ist zwar erst im Jahre 1793 im Zusammenhang mit den Linien des Franzosen Claude Chappes geprägt worden, doch auch Hoffmann meint ein System der optischen Übertragung von Zeichen. Im gleichen Jahr 1805, in dem Hoffmann seinen zitierten Brief schreibt, nimmt sich der Erbauer der französischen Telegrafenlinien, Claude Chappe das Leben. Man darf annehmen, dass ihn viele Anfeindungen und Streitigkeiten im Zusammenhang mit den von ihm erhobenen Prioritätsrechten zermürbt haben. Nur das französische System der Telegrafie hat aber im Grunde für alle später verwirklichten Linien Pate gestanden. Fakt ist, auch von Professor Hoffmann ist keine optisch-mechanische Anlage bekannt, über die ein regelmäßiger Nachrichtenaustausch betrieben wurde.

Der Professor starb 1806 in Eltville, hat also noch die rasche Verbreitung der Telegrafie in Frankreich erlebt.

Anmerkungen

1 Unter optischer Telegrafie versteht man im Allgemeinen Nachrichtenübermittlung über große Entfernungen mit Hilfe optischer Mittel wie einfache Blinkspiegel, Morselampen, Winkzeichen oder Flaggensignale.

2 Mit Schönbusch gemeint ist der Buchenberg bei Borghorst.

Quellen

Walters, Heinrich: Postgeschichtsblätter Münster, Nummer 25, Oktober 1985. „Ich erfand in Burgsteinfurt die Telegraphie"

Aschoff, Volker: Geschichte der Nachrichtentechnik; Springer-Verlag Berlin/Heidelberg 1984

Fotonachweis

Postgeschichtsblätter Münster, Nr. 25, Oktober 1985

Ortsgeschichte

Nele Kramer | Altenberge

Den ländlichen Charakter erhalten
Gemeinde will gemäßigtes und moderates Wachstum fördern

Altenberge hat eine überdurchschnittlich gute Verkehrsanbindung nach Münster und in die Region. Daher hat der Ort eine große Attraktivität für Menschen, die in Münster arbeiten oder Schulen und Hochschulen besuchen. Im Jahre 2016 gab es weit über 2000 Menschen, die täglich zur Arbeit nach Münster pendelten, die Zahl der Ausbildungspendler ist nicht genau bekannt, wird aber auch in die Hunderte gehen.

Durch diese Suburbanisierung kam es in Altenberge zum Ausbau der Wohngebiete und der Infrastruktur, aber es zeigten sich auch einige negative Folgen wie eine erhöhte Umweltbelastung zum Beispiel durch hohes Verkehrsaufkommen. Grün- und Erholungsflächen wurden weniger, und die Mietpreise stiegen. Das rasche Wachstum der Gemeinde führte zu beginnender Anonymität. Aber sinkt dadurch die Lebensqualität in der Gemeinde Altenberge?

Mit der Großstadt Münster und ihrem umfassenden Angebot im wirtschaftlichen, kulturellen und Bildungsbereich kann Altenberge natürlich nicht konkurrieren, aber durchaus mit einem vergleichsweise guten und breiten Angebot aufwarten. Viele Dinge des täglichen Lebens können in Altenberge erledigt werden. Die Gemeinde hat das Ziel formuliert, ein gemäßigtes und moderates Wachstum zu fördern und die Vorteile der Suburbanisierung zu nutzen und weiter zu unterstützen, sodass die Vorteile dieser Entwicklung auch weiterhin die Nachteile überwiegen.

Altenberge besitzt eine Gesamtfläche von 62,96 Quadratkilometern. Davon wurden im Jahr 2016 für Gebäude- und Freiflächen 7,2 Prozent genutzt. 1,1 Prozent wurden von Betriebsflächen eingenommen. Zur Erholungsfläche dienten 0,3 Prozent und für die Verkehrsfläche 5,6 Prozent. Die Landwirtschaftsfläche nahm mit 78,4 Prozent den größten Teil ein.

In der Gemeinde gibt es insgesamt acht Gewerbegebiete. Diese liegen östlich und westlich der Siedlungsränder. Hier haben sich große Firmen angesiedelt. Von diesen Gewerbegebieten hatten im Jahr 2011 nur zwei noch freie Fläche zur Verfügung.

Altenberge verzeichnet seit 1960 ein großes Bevölkerungswachstum, was sich auch in der Zunahme der Siedlungs- und Verkaufsflächen widerspiegelt. 1960 waren 4946 Personen gemeldet. Bis 2000 verdoppelte sich diese Zahl auf 10.127 Einwohner, und im Jahr 2015

Altenberge | Nele Kramer

verzeichnete Altenberge 11.478 Einwohner. Von 1980 bis 2010 bedeutete dies eine Zunahme der Bevölkerung um rund 40 Prozent. Von 2011 bis 2030 wird eine weitere deutliche Zunahme der Bevölkerung prognostiziert.

Dem entspricht, dass der Wanderungssaldo von Altenberge von 2007 bis 2011 mit 2248 Fortzügen und 2656 Zuzügen positiv ist. Die neuen Anwohner stammen meist aus den umliegenden Gemeinden oder aus Münster. So kamen in diesem Zeitraum 123 Menschen aus Steinfurt, 130 aus Nordwalde, 92 aus Greven, 69 aus Laer. Der größte Anteil an Zuwanderern kam aber mit 889 – und damit einem Drittel der Gesamtanzahl an Zuwanderern – aus Münster. Auch im Jahr 2015 war der Wanderungssaldo mit +129 Menschen positiv (796 Zuzüge und 667 Fortzüge).

Im Jahr 2011 wohnten in Altenberge viele Jugendliche im Alter von 11 bis 20 Jahren. Den größten Anteil nahmen allerdings Menschen zwischen 40 und 55 Jahren ein. Die Bevölkerung ab ungefähr 65 Jahren nahm nur einen geringen Anteil ein. Aus einer Prognose für das Jahr 2030 wird klar deutlich, dass sich diese Altersstruktur in Zukunft stark verändern wird. Während der Anteil der Kinder und Jugendlichen bei etwa gleichbleibender Zahl sinken wird, steigt die Anzahl der Menschen ab 60 Jahren hingegen stark an.

In Münster ist aufgrund der Verknappung der Wohnraumfläche ein konstanter Anstieg der Mietpreise zu verzeichnen. 2018 liegen die Preise bereits bei über zwölf Euro pro Quadratmetern. In Altenberge hingegen gibt es bezahlbaren Wohnraum, denn hier kostet eine

Mietwohnung 5,51 Euro pro Quadratmeter. Dennoch steigen auch in Altenberge die Mieten an. Diese bewegen sich allerdings in einem deutlich moderateren Rahmen als in der Großstadt Münster.

Die medizinische Versorgung in Altenberge ist sehr umfangreich. So praktizieren Ärzte für Allgemeinmedizin, innere Medizin und häusliche Versorgung, Frauenheilkunde und Geburtshilfe, Neurologie, Psychiatrie und Chirotherapie. Außerdem gibt es Zahnärzte und Kieferorthopäden, Tierärzte, Kliniken, Heilpädagogen, Logopäden, Ergotherapeuten, Podologen, Psychologen und mehrere Apotheken. Lediglich für Besuche bei bestimmten Fachärzten müssten die Nachbarorte aufgesucht werden.

Auch das Angebot an Supermärkten und Discountern ist sehr gut. Es gibt zwei Vollsortimenter und zwei Discounter, die im Zentrum, aber auch im Norden und Osten Altenberges liegen, sodass lediglich die Anwohner der Randgebiete diese nicht unbedingt zu Fuß erreichen können. Außerdem gibt es einen kostenlosen Einkaufsbus für ältere Menschen im Einkaufsbereich „An der alten Molkerei", der von Ehrenamtlichen geleitet wird. Der Bus fährt jeden Montag. In Altenberge gibt es einige kleinere Gaststätten mit deutscher Küche, aber auch italienische und chinesische Küche gehören zum gastronomischen Angebot.

Ein weiteres Argument für Altenberge ist das umfangreiche Sport-, Freizeit- und Erholungsangebot. Der örtliche Sportverein TuS Altenberge 09 mit seinen rund 2000 Mitgliedern bietet neben Fußball verschiedene andere Sportarten an. Neben einer vereinseigenen Soccerhalle verfügt Altenberge über eine große Mehrzwecksporthalle und eine weitere Sporthalle, so dass viele Sportarten auch wetterunabhängig angeboten werden können. Das Sportgelände des TuS Altenberge hat eine Laufbahn. Hier sind auch ein Beachvolleyballfeld sowie mehrere Kunstrasenplätze zu finden. Um das Sportzentrum herum verläuft eine Finnenbahn. In unmittelbarer Nachbarschaft zum Sportgelände sind zwei große Tennisanlagen mit Tennishalle. Auf der Windhunderennbahn finden regelmäßig Wettkämpfe und Schautage statt. In Altenberge ist ebenfalls ein Reitverein ansässig, der über eine große und moderne Anlage verfügt.

Besonders attraktiv ist Altenberge für Familien mit Kindern, da es ein vielfältiges Angebot an Betreuung, Kindergärten und Spielplätzen gibt. Altenberge hat acht Kindergärten, die den derzeitigen Bedarf abdecken, außerdem zwei Grundschulen nördlich der Ortsmitte.

Altenberge | Nele Kramer

Allerdings müssen Schüler der weiterführenden Schulen in umliegende Orte fahren. In der Gemeinde gibt es 25 Spielplätze sowie noch viele Grünflächen wie den „Grünen Finger". Viele Rad- und Wanderwege laden zu einer kurzen Tour oder einem Spaziergang ein.

Die Ferienbetreuung des Familienbündnisses Altenberge bietet ein umfangreiches Programm für Kinder, das ihnen die Gelegenheit gibt, Kontakte zu knüpfen. Auch für die etwas älteren Jugendlichen gibt es Angebote, um neue Menschen kennenzulernen oder sich mit Freunden zu treffen. So gibt es zum Beispiel einen Multifunktionsplatz, der ein Basketballfeld, Bänke, einen Grillplatz und eine Skateboard-Anlage umfasst. Im Jugendtreff, dem KOT-Heim, finden regelmäßig Veranstaltungen für verschiedene Altersklassen statt.

Die „Arbeitsgruppe Jugend" bietet Kindern und Jugendlichen den Rahmen, sich aktiv an der Politik zu beteiligten, und ermöglicht es ihnen, Wünsche und Anregungen auszusprechen.

Die Vorteile eines Dorfes sind in Altenberge noch immer vorhanden. So gibt es hier zum Beispiel keine Anonymität wie in einer Großstadt. Ganz im Gegenteil, denn hier kennen sich fast alle, unter anderem auch deshalb, weil es in Altenberge einfach ist, Kontakte zu knüpfen oder aufrecht zu erhalten, beispielsweise durch die vielen Vereine oder Veranstaltungen oder beim Einkaufen, wenn man alte Bekannte wiedertrifft. Dies ist in einer Großstadt nicht oder eher weniger gegeben. Außerdem ist es nicht so laut und gehetzt wie in einer Stadt.

Viele Menschen möchten nicht, dass ihre Kinder in einer Großstadt aufwachsen, sondern bevorzugen ein Dorf oder eine Kleinstadt, da es dort viel ruhiger ist und man viel mehr Platz hat, um sich zu entfalten. Wegen der vielen Spiel- und Freiflächen können die Kinder in Altenberge schon im jungen Alter alleine mit Freunden unterwegs sein, ohne dass die Eltern sich Sorgen machen müssen. Dadurch wachsen Kinder freier und auch selbstständiger auf.

Gerade für ältere Einwohner ist es sehr positiv, in einem Ort zu leben, in dem man viele Personen kennt. Die Anonymität in der Großstadt führt oftmals zur Vereinsamung. Auch Jugendliche aus Städten halten sich meistens nur in diesem Umfeld auf. Jugendliche, die in Dörfern oder Kleinstädten wohnen, kennen dagegen andere Jugendliche aus

dem gleichen Wohnort, aus der nächstgelegenen Stadt, da sie dort meist zur Schule gehen, und aus den umliegenden Gemeinden, da diese häufig leicht und in nur wenigen Minuten zu erreichen sind.

Durch den Bevölkerungszuwachs verbesserte sich in Altenberge auch die Infrastruktur. Damit einher geht aber auch ein höheres Verkehrsaufkommen und eine stärkere Umweltbelastung durch Lärm und Abgase. Zudem bringen Maßnahmen zur Verbesserung der Infrastruktur immer hohe Kosten mit sich. Der Bau einer Umgehungsstraße entlastet Altenberge: Wurden vorher 12.000 Fahrzeuge in der Ortsmitte pro Tag verzeichnet, soll mit dem Bau der Umgehungsstraße diese Zahl auf 6.000 Fahrzeuge pro Tag reduziert werden.

Das höhere Verkehrsaufkommen zeigt sich aber nicht nur in der Ortsmitte von Altenberge, sondern auch durch den Pendlerverkehr auf den Straßen nach Münster. Dies führt zu Staus, längeren Fahrzeiten und einer höheren Umweltbelastung. Zudem könnten die öffentlichen Verkehrsmittel bald an ihre Grenzen stoßen. So bräuchte man, um mehr Busse zur Verfügung zu stellen, mehr Busfahrer und Busse, was wiederum mit erhöhten Kosten verbunden wäre. Dies könnte sich dann in den Preisen der Fahrkarten widerspiegeln. Zudem können die Züge nicht in kürzeren Intervallen fahren, da es auf der Strecke lediglich ein Gleis gibt und die Fahrzeiten der Züge sonst kollidieren würden.

Auch birgt ein weiterer Zuwachs ein Risiko für die Grün- und Erholungsflächen. Denn diese könnten bebaut werden und so das Landschaftsbild negativ verändern. Durch den Bevölkerungszuwachs gab es auch Probleme auf dem

Wohnungsmarkt. Denn im aktuellsten Neubaugebiet „Krüsel Blick" war die Nachfrage nach Grundstücken höher als das Angebot. Diese hohe Nachfrage schlägt sich auch auf die Preise nieder. So kostete 2001 baureifes Land 135 Euro pro Quadratmeter, 2010 bereits 150 Euro pro Quadratmeter.

Die niedrigen Preise im Vergleich zu denen in Münster waren die wichtigsten Gründe dafür, dass so viele Menschen nach Altenberge gezogen sind. Durch einen weiteren Zuwachs werden die Preise allerdings auch in Altenberge weiter ansteigen, und viele Menschen werden sich dies nicht mehr leisten können. Die Kindergärten und Grundschulen könnten in der Zukunft nicht mehr ausreichend Plätze haben, und auch das Nahrungsmittelangebot könnte seine Grenzen erreichen. Deshalb bräuchte man zum Beispiel neue Kindergärten, Grundschulen und Supermärkte, was wiederum mit hohen Kosten verbunden ist. Gleichzeitig entstehen dadurch aber auch wieder mehr Arbeitsplätze. Weiterhin könnte sich eine Anonymität in der Gemeinde entwickeln. Aber gerade der Punkt des Gemeinschaftsgefühls war bisher ein Grund, in Altenberge zu leben.

Sollte Altenberge also weiterhin wachsen? Laut Gemeinde heißt es: „In Altenberge sollen die Vorteile eines Dorfes (u. a. gute soziale Netzwerke, Übersichtlichkeit, Ruhe) mit den Qualitäten einer kleinen Stadt erlebbar bleiben (u. a. gutes Infrastrukturangebot, attraktives Zentrum)." Die Gemeinde hat sechs Zukunftsthemen formuliert. Diese lauten: lebendige Ortsmitte, generationengerechte Gemeindeentwicklung, zukunftsfähige Wohnangebote, neue Mobilitätsstruktur, eigenständiges Ortsbild und attraktiver Gewerbe- und Unternehmensstandort. Außerdem soll die „Siedlungsfläche (...) auf (die) vorhandenen baulichen Grenzen und (die) Vorgaben des aktuellen Regionalplanes begrenzt werden".

An dem Leitbild und an den Zielen lässt sich also deutlich erkennen, dass Altenberge die Vorteile der Suburbanisierung nutzen möchte, die Gemeinde jedoch nicht stärker wachsen soll, sich also nicht zu einer Stadt entwickeln, sondern ihren ländlichen Charakter behalten soll.

Quellen

http://altenberge2030.de/downloads/ [Stand: 10.03.2018]

„Kreis Steinfurt in Zahlen" (2017) unter: https://www.kreis-steinfurt.de/kv_steinfurt/Kreisportrait/Zahlen%7CDaten%7CFakten/ [Stand: 10.03.2018]

http://www.altenberge.de [Stand: 10.03.2018]

https://www.wohnungsboerse.net/mietspiegel-Muenster/5389 [Stand: 10.03.2018] http://altenberge2030.de/gemeindeentwicklungskonzept/leitbild-und-ziele/ [Stand: 10.03.2018]

Eigene Recherchen vor Ort

Fotos

Kreis Steinfurt

Dieser Beitrag ist eine gekürzte und leicht veränderte Fassung der Facharbeit im Grundkurs Erdkunde der Stufe Q 1 am Gymnasium Paulinum in Münster. Fachlehrerin war Jutta Bartoschek-Klein.

Ortsgeschichte

Dr. Christof Spannhoff | Westerkappeln

Jahrzehntelanges Rätsel zufällig gelöst
Archivfund belegt die Verleihung der Stadtrechte vor 280 Jahren

Dass Westerkappeln bis 1939 den Titel „Stadt" trug, dürfte wohl vielen Einwohnern der Gemeinde heute noch gut bekannt sein. Daran erinnern bis dato noch die Bezeichnungen „Stadtkirche" für das evangelische Gotteshaus oder „Stadtschule". Allerdings konnte bislang nicht abschließend geklärt werden, wann genau dem Ort die Stadtgerechtigkeit verliehen wurde.[1] Da Westerkappeln im Zuge der preußischen Steuerreform durch die Einführung der Akzise Anfang des 18. Jahrhunderts zur Stadt erhoben wurde, nahm man bisher an, dass dieser Erhebungsakt – wie auch bei den Nachbarorten Ibbenbüren (1721) und Lengerich (1727) – in den 1720er Jahren geschehen sein müsse.[2] Der Heimatforscher Friedrich Ernst Hunsche vermutete 1975 in der Westerkappelner Ortschronik, dass die königliche Verleihung der jura civitatis, also der Stadtrechte, um das Jahr 1723 geschehen sein könnte.[3]

Zu dieser Datierung kam er wahrscheinlich, weil aus den überlieferten Akten ersichtlich wird, dass die preußische Regierung seit diesem Jahr prüfte, ob es in der Grafschaft Tecklenburg Orte gab, die zur Einführung der Akzise-Steuer überhaupt tauglich waren.[4] Bei der Akzise handelte es sich um eine Verbrauchssteuer auf bestimmte Produkte und Dienstleistungen. Damals unterlagen der Handel mit Getreide, alkoholischen Getränken wie Wein, Branntwein und Bier, Vieh, Schlachtvieh, Lebensmitteln, Gebrauchs- und Luxuswaren sowie

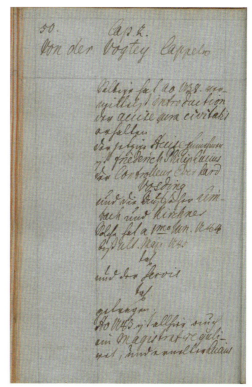

An dieser Stelle ist das Datum der Stadterhebung Westerkappelns in Culemanns „Geographia Tecklenburgensis" erwähnt.
Quelle: Landesarchiv Nordrhein-Westfalen, Abteilung Westfalen, Manuskripte VII, Nr. 2105

Das Titelblatt der „Geographia Tecklenburgensis" von Ernst Albrecht Friedrich Culemann von 1745: Diese Schrift nennt das Jahr 1738 als Datum der Stadterhebung Westerkappelns.
Quelle: Landesarchiv Nordrhein-Westfalen, Abteilung Westfalen, Manuskripte VII, Nr. 2105

Landverkäufe dieser Abgabe. Mit der Einführung der Akzise in den Städten sollte ein neues System regelmäßiger und fester Staatsabgaben eingerichtet werden.[5] Allerdings gab es mit Ausnahme von Tecklenburg in der seit 1707 preußischen Grafschaft keine weiteren Städte. Deshalb wurde seit 1723 untersucht, ob einige tecklenburgische Dörfer für die Einziehung der Akzise und zur Erhebung zur Stadt in Frage kämen. Voraussetzungen dafür waren damals eine gute Verkehrsanbindung und eine überdurchschnittliche wirtschaftliche Infrastruktur. Beides traf allerdings nach Ansicht der preußischen Verwaltungsbeamten auf Westerkappeln gerade nicht zu![6] Deshalb ist es auch mehr als unwahrscheinlich, dass Westerkappeln noch vor dem ökonomisch blühenden Lengerich (1727) Stadtrechte erhielt.

Allerdings hat sich das von Hunsche in die Welt gesetzte Datum bis heute gehalten. Noch in neueren Veröffentlichungen der Gemeinde heißt es daher: „Etwa um 1723 ist das Dorf Cappeln durch König Friedrich Wilhelm I. zur Stadt erhoben worden. Leider steht das genaue Datum der Verleihung der Stadtrechte nicht fest."[7]

Aufgrund der bisherigen unsicheren Quellenlage datiert der Westerkappelner Ortsgeschichtsforscher Heinz Weyer vorsichtiger auf den Zeitraum zwischen 1727 und 1739.[8] Doch kann dieser Unsicherheit nun durch einen Archivfund abgeholfen werden. Der Zeitpunkt – wenn auch nicht das genaue Tagesdatum, aber zumindest das Jahr der Stadtrechtsverleihung – ist nämlich in der 1745 entstandenen „Geographia Tecklenburgensis oder Beschreibung des jetzigen Zustandes der Grafschaft Tecklenburg" vermerkt, die sich in der Manuskripten-Sammlung des nordrhein-westfälischen Landesarchivs, Abteilung Westfalen, in Münster befindet.[9] Ihr Verfasser, der preußische Kriegs- und Domänenrat Ernst Albrecht Friedrich Culemann (1711-1756), war seinerzeit selbst von Amts wegen mit der Einführung der Akzise im Bereich Minden-Ravensberg-Tecklenburg-Lingen gut vertraut, weshalb seiner Angabe größte Glaubwürdigkeit zukommt.[10] Culemann

Dr. Christof Spannhoff | Westerkappeln

schrieb auf Seite 50: „Die Stadt Cappeln […] hat anno 1738 vermittelst introduction der accise jura civitatis erhalten." Westerkappeln erhielt somit im Zuge der Einführung der Akzise 1738, also gut 15 Jahre später als bisher angenommen, seine Stadtrechte. Dieses Ereignis jährt sich in diesem Jahr zum 280. Mal. Zudem ist durch diesen Zufallsfund ein jahrzehntelanges Rätsel der Westerkappelner Ortsgeschichte gelöst.

Quellen

1 Vgl. dazu mit der Aufarbeitung der älteren Literatur und zahlreichen Quellennachweisen: Heinz Weyer, Beginn und Ende der Stadt Cappeln, in: Ders., Beiträge zur Geschichte der Gemeinde Westerkappeln, hrsg. v. Kultur- und Heimatverein Westerkappeln, Westerkappeln 2003, S. 99-114

2 So etwa Albin Gladen, Der Kreis Tecklenburg an der Schwelle des Zeitalters der Industrialisierung, Münster 1970, S. 10, der im Haupttext die Stadtwerdung Westerkappelns zusammen mit Lengerich auf 1727, in der dazugehörigen Fußnote 71 aber zwischen 1735 und 1745 datiert, oder Carl Haase, Die Entstehung der westfälischen Städte, 3. Aufl., Münster 1976, S. 185, der die Stadterhebung Westerkappelns mit 1727 allerdings mit Fragezeichen angibt. Dazu auch Weyer, Beginn, S. 100f

3 Friedrich Ernst Hunsche, Westerkappeln. Chronik einer alten Gemeinde im nördlichen Westfalen. hrsg. v. d. Gemeinde Westerkappeln, Westerkappeln 1975, S. 146-153

4 Vgl. dazu Gert Schumann, Geschichte der Stadt Lengerich, Bd. 1: Von den Anfängen bis zur Stadtwerdung 1727, Lengerich 1981, S. 206-286 (mit zahlreichen Quellenauszügen)

5 Vgl. den Lengericher Akzise-Tarif vom 13. Mai 1727, in: ebd., S. 264-277

6 Ebd., S. 209-246; Weyer, Beginn, S. 106

7 Westerkappeln hat das. Natur, Tradition, Zukunft, hrsg. v. Bürgermeister d. Gemeinde Westerkappeln, Westerkappeln 2009, S. 4

8 Weyer, Beginn, S. 106

9 Landesarchiv Nordrhein-Westfalen, Abteilung Westfalen, Manuskripte VII, Nr. 2105

10 Zu Culemann und seinem Werk siehe: Gustav Engel, Geistiges Leben in Minden, Ravensberg und Herford während des 17. und 18. Jahrhunderts, Teil I: Die Geschichtsschreibung, in: 52. Jahresbericht des Historischen Vereins für die Grafschaft Ravensberg (1938), S. 1-158, hier S. 141-155

Gräben laufen
Ingrid Suhre
(Erinnerungen an Ferien in Metelen)

Ein kurzes Frösteln.
Fließendes, eisiges Wasser
an den Füßen.
Kristallklar gibt es den Blick frei
auf Schätze.
Im Sand Steine, Schneckenhäuser,
gewaschenes Holz.
Blühende Pflanzen an den Böschungen.
Kletten heften sich ins Haar.
Neugierig auf jeden Schritt,
Kilometer um Kilometer,
von Schatz zu Schatz.
Glücklich in den Gräben.

Annäherungen: Ernst Jünger
Siegfried Olms

Als Arbeiter stets
am Abgrund gelassen,
die Linie des Denkens
immer im Blick:
der Malstrom mal links,
der Malstrom mal rechts,
und doch ist die Zukunft
verborgen.
Was bleibt,
ist unendliche Neugier.

Auf jeder Schneide, auf jedem Steg
gewährt ein Fangschirm allein
die Balance und inneres
Gleich-
gewicht:
Systeme und Ordnung als letzter
Halt auf verlorenem
Posten.
Auf der Zunge am Ende
ein Hostienfährgeld
für Charon:
Styx.

Immer noch sehen, und dann:
Vergessen.

Ortsgeschichte

Robert Herkenhoff | Recke

Schönste Karte des Bergbaus
Eine Archivalie von 1564 dokumentiert erstmals die Kohlstätte

Der Bergbau in der Ibbenbürener Bergbauregion wird 2018 auslaufen. Für die gesamte Region bedeutet das Ende der Kohleförderung einen kulturellen Einschnitt und ist eine große Herausforderung. Der rund 500 Jahre alte Kohlenabbau in den Ibbenbürener Grubenfeldern, der sehr eng verbunden ist mit der Bergbaugemeinde Recke, ist in zwei wesentlichen Archivalien dokumentiert: 1564 wird erstmals die „Kohlenstätte" im Protokoll eines Holtings (Holzgericht) auf der Raumühle in Recke-Espel erwähnt. Die Oranische Karte aus der Zeit um 1650 stellt den Bergbau im Buchholzer Forst in Recke dar.

1564 wird in einem Protokoll, das das Holting auf der Raumühle in Recke-Espel dokumentiert, erstmals der Kohlenabbau erwähnt[1]. Recke ist stolz auf diesen besonderen Schatz. In der Niederschrift der Verhandlung, die im Staatsarchiv Osnabrück[2], verwahrt wird, heißt es: „Ebenso dass der Pastor zu Ibbenbüren eine Eiche auf der Kohlenstätte gefällt hat, die ihm die Malmänner angewiesen hatten, jedoch ohne Einwilligung des Holzfesters, wie sie selbst bekennen, als nämlich Gerth auf der Luninge und der verstorbene Hinrich tor Mollen Malmänner waren."[3]

Die Oranische Karte um 1650 stellt die Kohlegrabung im Buchholzer Kohlenrevier dar, links unten ist der Ortskern von Riken (Recke) mit Kirche und Häusergruppe. Das Dokument gilt auch als die schönste Karte des Historischen Bergbaues.
Quelle: Landesarchiv NRW
Abteilung Westfalen Münster A 1347

Für Recke, Ibbenbüren-Bockraden und die Mettinger Westerbauerschaft ist ab dem Jahre 1564 dieses sogenannte Holting dokumentiert. Für die ländliche Bevölkerung regelte die Holtingsinstruktion von 1561 das Miteinander in der freien Mark, deren Obereigentümer der Landesherr war. Übertretungen wurden mit Geld- und Leibesstrafen geahndet.

Das älteste Protokoll eines Holtings auf der Raumühle stammt vom 12. Oktober 1564. Vorsitzender des Holzge-

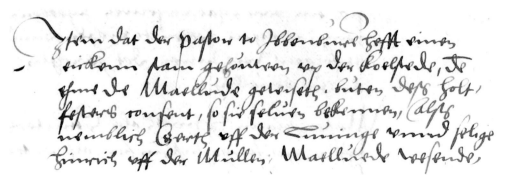

Der Protokollauszug zum Holting auf der Raumühle in Recke-Espel erwähnt 1564 erstmals eine „Kohlenstätte" im Ibbenbürener Kohlenrevier. Quelle: Niedersächsisches Landesarchiv Osnabrück Rep 2 Nr. 321, fol. 50v

richts war damals der Lingener Richter Feye Engelbertz, als Beisitzer fungierten der königliche Rat Gerhart vann Oistendorp, der Drost Wilhelm vann Baier und der Rentmeister Friedrich vonn Limborch. Holzfester war Adolf Beckenbrock „anndersKloppenborich", Diener des Holzfesters „meister Johann Schmeth". Als „Maellude" von Recke, Mettingen und Bockraden werden aufgeführt: Wakemann und de Ricke aus Recke und Gerth uff der Luninge aus Bockraden. Aus der Mettinger Westerbauerschaft werden genannt Overberg und Herman zu Ambergen.

Oberster Verwaltungsbeamter der Grafschaft Lingen war der in der Stadt Lingen residierende Droste. Zusammen mit dem Richter und Gograf sowie dem Rentmeister bildeten diese drei Beamten die Spitze der territorialen Verwaltung. Für die Verwaltung auf dörflicher Ebene wurde für jedes Kirchspiel ein Vogt eingesetzt, dessen Aufgaben, Rechte und Pflichten in der Instruktion für die Vögte aus dem Jahr 1605 erhalten geblieben sind.

Der oberste Aufseher über die Marken war der Holzfester. Dessen Diener sowie der jeweilige Vogt und die vom Holzgericht bestellten und vereidigten Malmänner – aus jeder Bauerschaft wenigstens ein Bauer –, hatten die Pflicht, auf dem Holting alle Vergehen anzuzeigen.[4]

Der Vogt hatte „schmehe und Laster worter", die gegen den König, die Beamten und die katholische Religion gerichtet waren, sofort dem Droste in Lingen zu melden. Sodann war er verpflichtet, sämtliche anderen Vergehen anzuzeigen und keine zu verschweigen. Ferner musste er auf Anforderung des Rentmeisters die Abgaben einziehen und bei Pfändungen dem vereidigten „pander" „behoerlicke assistentie" leisten. Das Holtingericht entschied bei Vergehen auf der Grundlage der gültigen Holtingsinstruktion über die Höhe des Strafmaßes.

Die nachfolgenden, auszugsweisen Passagen der Instruktion aus dem Jahr 1561 sowie die Holtingsprotokolle aus den Jahren 1564 und 1670 machen die Aufgaben des Gerichts auf der Espeler Raumühle deutlich. Holz war für den

Bergbau als auch für den Hausbrand ein unentbehrliches Gut, sodass sie besonders geschützt wurden. Hierzu einige Auszüge:

§ 8 Wer in der gemeinen Mark ohne Anweisung des Holzfesters, des Vogts und der Malleute Holz fällte, zahlte für dieses Vergehen, wenn es bei Tage geschah, 12 Gulden. Der Denunziant erhielt 12 Stüber.

§ 11 Geschah dieses Vergehen nachts, war die doppelte Strafe fällig.

§ 15 Alle Bauern waren verpflichtet, darauf zu achten, dass Durchreisende kein Holz fällten und mussten ein solches Vergehen sofort melden. Unterblieb diese Anzeige, musste der Bauer die entsprechende Strafe selbst bezahlen.

Eine weitere herausragende Dokumentation in der 500-jährigen Geschichte des Bergbaues in Recke ist die Oranische Karte[5]. Sie zeigt den Bergbau im Buchholzer Forst und skizziert auch den Ort Recke mit Kirche und einer Häusergruppe im Ortskern. Ibbenbüren, Recke, Hopsten und Mettingen wurden zu dieser Zeit durch die Oranier von Zwolle aus verwaltet.

Die spätmittelalterlichen Anfänge des Bergbaues im Tecklenburger Land werden mit dieser Karte wirklichkeitsnah dokumentiert. Noch vor vielen Jahren hatte man die Vorstellung, dass der Steinkohlenbergbau erst mit der Industrialisierung wirklich begonnen hätte.[6] Gemäß diesen Vorstellungen nennt eine „Kleine Chronik" des Ruhrbergbaus als erstes Datum: „17. Jahrhundert: Anfänge der bergmännischen Kohlengewinnung im Stollenbau". Das nächste ist „um 1790:

Übergang zum Tiefbau und Ablösung der Haspelförderung durch den Einsatz von Pferdegöpeln im Ruhrbergbau" und als drittes „um 1800: Abteufen des ersten Seigerschachtes auf der Zeche Vollmond bei Bochum-Langendreer".[7] In der Wendung, im 17. Jahrhundert seien die Anfänge einer bergmännischen Kohlengewinnung zu suchen, verbirgt sich die andernorts geäußerte Vorstellung, alle zuvor auf die Steinkohle gerichteten Aktivitäten könnten mit dem Begriff „Kohlengräberei" bezeichnet werden.[8] Wo, wie im Buchholzer Kohlenrevier, die Flöze zu Tage traten, habe man sie in offenen Gruben abgegraben, bis eindringendes Wasser dies nicht mehr zuließ, um dann an anderer Stelle neu zu be-

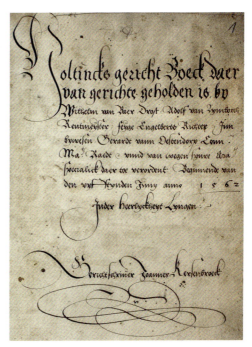

Das Holting-Gerichtsbuch der Herrlichkeit Lingen stammt aus dem Jahr 1562.
Quelle: Niedersächsisches Landesarchiv Osnabrück Rep 2 Nr. 321

ginnen. Erst im 17. Jahrhundert sei man zum Stollenbau – und damit zu einer als Bergbau zu bezeichnenden Gewinnungsform – übergegangen. Andere Autoren verlegen diesen Übergang ins 16. Jahrhundert.[9]

Für die bergbaulichen Planungen im Buchholzer Kohlenrevier haben die Oranier offenbar die Erfahrungen aus dem Lütticher Bergbau einbringen können. Seit dem Ende des 13. Jahrhunderts wurden dort die Entwässerungsstollen (Areines) des Steinkohlenbergbaus zu verzweigten Systemen ausgebaut und sogar mit der Wasserversorgung der Stadt Lüttich gekoppelt.[10] Der Bergbau in der belgischen Wallonie wurde Anfang 1980 stillgelegt, mehrere Bergwerke wurden zu Besucherzentren ausgebaut. 2012 wurden einige Zechen als UNESCO-Weltkulturerbe anerkannt, unter anderem die „Blegny-Mine" nahe Lüttich als eine der vier wichtigsten Zechen der Wallonie.[11]

Der Plan der Oranier für die Kohlegewinnung im Buchholzer Forst zeigt eindrucksvoll den damaligen Landschaftszustand und die historische bergbauliche Situation. Die Beschreibung in niederländischer Sprache schlägt die Projektierung eines Wasserlösungsstollens vor mit dem Ziel, Kosten für die bisherige Wasserhaltung einzusparen.

Zu sehen sind zwei Haspelschächte, die mit 160 bis 170 Fuß Tiefe angegeben werden, also etwa 50 bis 53 Meter. Zwei hackenschwingende Bergleute bauen Kohle ab. Im rechten Förderschacht wird durch Haspelförderung mit Ketten die Kohle in sogenannten Tonnen zutage gehoben, während im danebenliegenden Schacht das Grubenwasser nach oben gelangt.

Die bergbaukundigen Planer empfehlen, die Wasserzieher einzusparen und einen Stollen zum Abfluss des Wassers anzulegen. Gebaut wurde der Stollen um 1750. Der Schlussstein dieses sogenannten Buchholzer Stollens trägt die Jahreszahl 1752, das Stollenmundloch ist noch erhalten.[12] Es handelt sich um das älteste noch erhaltene im Ibbenbürener Kohlenrevier. Der Stollen selbst wurde als Winterquartier für Fledermäuse hergerichtet.

Das Kartenwerk bezeichnet Professor Dr. Wilfried Reininghaus als die schönste

Der Buchholzer Förderturm erinnert als Symbol an den rund 500 Jahre alten Bergbau im Buchholzer Kohlenrevier.　　　　Foto: privat/Matthias Mausolf

1564 wurde im Holting-Gericht auf der Raumühle in Recke-Espel erstmals, soweit bis heute bekannt, eine „Kohlenstätte" erwähnt. Eine 2018 aufgestellte Informationstafel erinnert an dieses Ereignis.
Foto: privat/Heinrich Weßling

Karte des Historischen Bergbaues. Der Historiker und Archivar war langjähriger Leiter des Landesarchivs NRW und verfügt über ein fundiertes Wissen über die hiesige Bergbaugeschichte.

Der Heimatverein Recke mit seiner bergbaulichen Traditionsgruppe hat sich zum Ziel gesetzt, den Bergbau im Buchholzer Kohlenrevier als Kulturgut Bergbau zu bewahren. Geschichte lebt von Symbolen. Außer dem Stollenmundloch des in den Berg getriebenen Buchholzer Stollens von 1752, der heute noch zu ebener Erde betreten werden kann, sind keine weiteren bergbaulichen Gebäude im Buchholzer Kohlenrevier mehr vorhanden. Der Bergbauhistorische Verein Buchholzer Forst hat deshalb an einem Wanderpunkt im Buchholzer Forst mehrere Symbole erstellt, die an die Jahrhunderte alte Bergbaugeschichte in diesem Kohlenrevier erinnern: den Buchholzer Förderturm als Aussichtsturm[13], das Buchholzer Schachtgebäude als Wanderhütte, die Skulptur eines einfahrenden Bergmannes und einen Gedenkstein zur Erinnerung an verunglückte Bergleute. Auf dem Bergbaurundweg mit Text- und Bildtafeln erfahren die Besucher, wo und wie die Bergleute gearbeitet haben.[14]

Anmerkungen

1 Josef Bröker, Zur Sozialgeschichte der Recker Bevölkerung im 16. und 17. Jahrhundert, in: Beiträge zur Geschichte der Gemeinde Recke 1990, S. 47 ff

2 Niedersächsisches Landesarchiv Osnabrück Rep 2 Nr. 321, fol. 50v

3 Aus dem Altniederländischen transkribiert von Josef Bröker, Ibbenbüren

Recke | Robert Herkenhoff

4 Siehe auch Rentmeisterrechnungen, Stadtmuseum Ibbenbüren, Heft 3, 2017

5 Original im Landesarchiv NRW Abteilung Westfalen Münster A 1347

6 Christoph Bartels, Montanhistoriker am Deutschen Bergbau-Museum Bochum: Zur Geschichte des Steinkohlenbergbaus. Manuskript zum Vortrag im Bergbaumuseum

7 Gabriele Unverfehrt/Evelyn Kroker, Der Arbeitsplatz des Bergmanns in historischen Bildern und Dokumenten, 3. überarb. Aufl., Bochum 1990, S. 12-13

8 Karl-Heinz Bader/Karl Röttger, 250 Jahre märkischer Steinkohlenbergbau. Ein Beitrag zur Geschichte des Bergbaus, Bochum 1987, S. 22f

9 Joachim Huske, Die Steinkohlenzechen im Ruhrrevier von den Anfängen bis 1997, Bochum 1998, S. 11; Kurt Pfläging, Die Wiege des Ruhrkohlenbergbaus, Essen 1978, S. 30

10 Kranz, Lütticher Steinkohlenbergbau (wie Anm. 8), Kap. III

11 Eine der vier wichtigsten Zechen der Wallonie in der Liste des UNESCO-Welterbes www.blegnymine.be

12 Stollenmundloch Steinbecker oder auch Buchholzer Stollen mit Abschlussstein von 1752

13 Buchholzer Förderturm als Aussichtsturm errichtet 2003

14 Heimatverein Recke www.heimatverein-recke.de/historischer-bergbau.html

Schmetterlingswinter

Und ist es wahr
dass der Schmetterling
im Wiesengras versteckt
den Winter überlebt?
fragt das Mädchen
barfuß
auf dem nackten Boden
sieht heimatlos
die ersten Flocken fallen
schaut zitternd
das graue Meer über sich
wartet einsam
auf Sonnenstrahlen
die blutrot
den Horizont wecken
auf Blättergrün
das die Leere erstickt
wartet
bis ihm Flügel wachsen

Nina Koch

Kultur

Jan Schlieper | Nordwalde

Deutschlandweit einzigartiges Projekt
Gesellschaft für biografische Kommunikation erhält den Kulturpreis

Matthias Grenda selbst hatte schon früh ein bewegtes Leben: Als Sohn eines Berufsoffiziers wechselte er als Kind acht Mal den Wohnort. Nach dem Wehrdienst absolvierte der heute 54-Jährige zunächst eine Ausbildung zum Hotelkaufmann und arbeitete zwei Jahre in diesem Beruf. Im Anschluss nahm er an einer Fortbildung für arbeitslose Akademiker im Medien- und Kommunikationsbereich teil – obwohl er weder arbeitslos noch Akademiker war. Über die Film- und Fernsehproduktion fand er schließlich seinen Weg ins Mediengeschäft, der ihn von 1990 bis 1997 in die USA nach Atlanta führte. Dort war er unter anderem als Produzent für die ARD und das ZDF rund um die Olympischen Sommerspiele 1996 im Einsatz.

Es folgten verschiedene Stationen im Marketing, unter anderem in Amsterdam für den Cirque du Soleil und in Hamburg bei der Agentur UFA Sports für den Hamburger Sportverein. Um die Jahrtausendwende betreute er außerdem die ehemaligen US-Spitzensportler Edwin Moses und Mark Spitz als Kommunikations- und Marketingberater. Nach diesen Erfahrungen zog es den Weltenbummler nach Berlin – wo er nicht an seine erfolgreichen Jahre anknüpfen konnte. Grendas Familie lebte zu dieser Zeit in Münster. „Im Münsterland sind wir gesund und glücklich", habe sein Vater damals zu ihm gesagt, erzählt Grenda. Daraufhin zog er von Berlin zu seinem Bruder nach Nordwalde. Bis hier hin also eine durchaus interessante und bewegte Biografie.

„Auch wenn man aus der Branche raus ist, hört das Denken ja nicht auf. Ich hatte das Gefühl, ich müsste mich jetzt erst einmal selbst beraten", beschreibt Matthias Grenda heute seinen damaligen Gemütszustand. Als er dann anfing, ein Buch über einen längeren Italienaufenthalt zu schreiben, um sich mit seinem eigenen Leben auseinanderzuset-

Landrat Dr. Klaus Effing (stehend) würdigt in seiner Rede in der Nordwalder Museumskneipe Kalhoff die Leistung von Matthias Grenda.
Foto: Dorothea Böing

zen, gab ihm eine Verlegerin eine klare Einschätzung mit auf den Weg. „Sie sagte mir damals, mein Buch sei eine Biografie, und ich fing an, mich mit diesem Thema zu beschäftigen." Wenn man so will, war das der Anfang der Nordwalder Biografietage.

„Bei meiner Recherche habe ich festgestellt, dass die Biografien von Politikern oder anderen prominenten Persönlichkeiten oft nur aus der Aneinanderreihung von Höchstleistungen bestehen und die Tiefpunkte ausklammern. Gleichzeitig bin ich im Internet auf spannende, aber unbekannte Biografien gestoßen, die das nicht taten und von vielen Verlagen nicht veröffentlicht wurden", erklärt der Kommunikationsexperte. Um diesen Geschichten eine Bühne zu bieten, entschied sich Grenda, mit einer Veranstaltung zum Thema Biografie ein neues Format ins Leben zu rufen. Und weil er in Berlin oder Hamburg nicht mit seinen früheren Projekten verglichen werden wollte, wählte er seinen damaligen Wohnort Nordwalde als Schauplatz aus: Die Nordwalder Biografietage waren geboren.

2007 gründete Grenda zunächst die Gesellschaft für biografische Kommunikation, die die Veranstaltung seit der Premiere 2008 einmal jährlich ausrichtet. Am Grundkonzept hat sich seitdem nicht viel verändert: Das Format lädt sowohl prominente als auch „alltägliche" Menschen mit besonderen und spannenden Biografien nach Nordwalde ein, um in den verschiedenen Formen davon zu berichten und mit den Besucherinnen und Besuchern in Dialog zu treten. In jedem Jahr gibt es dazu ein spezifisches Motto, um die Gäste gezielter anzusprechen. Die Art der Präsentation reicht dabei von Lesungen über Tanz, Theater, Filme und Ausstellungen bis hin zu Musikdarbietungen – die einzigen beiden Bedingungen: Das Angebot muss biografisch sein und zum Jahresthema passen. Wichtig ist dem Gründer der Nordwalder Biografietage dabei vor allem eines: „Wir machen keinen Unterschied zwischen einem Prominenten und einem ‚Normalo' und auch nicht zwischen unseren Akteuren und den Besucherinnen und Besuchern. Wir möchten einen Dialog auf Augenhöhe zwischen allen Beteiligten erzeugen. Unser Hauptziel ist es, dass die Menschen die Lebensgeschichten, die sie bei uns kennenlernen, mit ihrer eigenen reflektieren und so ein Austausch in Gang kommt."

Bei allen Veranstaltungen im Rahmen der Biografietage sind daher offene Gesprächsrunden, in denen das Publikum gefordert ist, sich zu beteiligen, ein Hauptbestandteil. Auch darin liegt das Potenzial dieser Reihe. Viele Prominente leben ein für die Medien inszeniertes Leben. Das Bedürfnis nach ernsthaftem Interesse an ihnen als Persönlichkeit bleibt oftmals unerfüllt. Doch genau das erfahren sie auf den Biografietagen: ernsthaftes Interesse. „So kommt echte Kommunikation in Gang, und die Menschen merken schnell, dass wir uns alle die Freuden und Probleme des Lebens teilen und dass wir gemeinsame Hürden bewältigen müssen. Egal, ob prominent oder nicht – man muss nur mal drüber reden." In den vergangenen zehn Jahren behandelten die Biografietage dabei unter anderem Themen wie Nahsicht und Fernweh, 20 Jahre Mauerfall, 90 Minuten Hass – Fußball, Tod als Teil des Lebens, Liebe und Exil. „Wir wählen immer ein Thema aus, das sich auf die zentralen Fragen des Lebens beziehen lässt", erklärt Grenda. Im September 2018 fand die elfte Auflage des Formates unter dem Motto „Das Erbe" statt. Die Besucherinnen und Besucher kommen mittlerweile zur Hälfte aus der Region, die andere Hälfte aus ganz Deutschland. Die teilnehmenden Akteure, die von ihren Lebensgeschichten berichten, reisen sogar aus ganz Europa an. Aus Frankreich, Österreich, der Schweiz, den Niederlanden und England – und auch Teilnehmer aus den USA gab es schon. Die Resonanz in der Öffentlichkeit ist dementsprechend groß: Von der ARD über die Frankfurter Allgemeine und die Süddeutsche Zeitung bis hin zum Spiegel hat die deutsche Medienlandschaft dem Projekt bereits ihre Aufmerksamkeit geschenkt. Grenda führt das vor allem darauf zurück, dass die Biografietage mindestens deutschlandweit einmalig sind – wahrscheinlich sogar europaweit. „Das ist ein echtes Highlight. Wir haben nicht einfach ein Literatur- oder Filmfestival gemacht, das es vielleicht schon in der Nachbarstadt gibt, sondern etwas Einzigartiges und möchten damit auch überhaupt nicht in Konkurrenz zu bestehenden Angeboten treten", erklärt er und setzt nach: „Es gibt überall dieselben kulturellen Angebote – und von allem zuviel. Da wollen wir gegensteuern." Der Erfolg scheint ihm Recht zu geben, denn über 500 Menschen kamen breits zur ersten zweitägigen Auflage der Nordwalder Biografietage 2008. Der große Zuspruch überraschte Grenda damals selbst, wie er zugibt. Das Interesse der Menschen an dem außergewöhnlichen Konzept der Veranstaltungsreihe war von Beginn an da. Mittlerweile sind jeweils über

Landrat Dr. Klaus Effing (l.) überreicht die Urkunde zum Kulturpreis des Kreises Steinfurt 2017 an Matthias Grenda, den Vorsitzenden der Gesellschaft für biografische Kommunikation.
Foto: Dorothea Böing

1000 Interessierte an vier Tagen in der 9000-Einwohner-Gemeinde Nordwalde zu Gast. Dabei ist Grenda eines besonders wichtig: Das gesamte Konzept funktioniere nur in einem kleinen Rahmen, wenn eine eher intime Atmosphäre herrsche, und nicht in einem Stadion. An den unterschiedlichen Veranstaltungen der Biografietage nehmen daher maximal 100 bis 200 Gäste teil. „Unsere Leistung ist es, Zeit und Raum für Menschen zu schaffen, die über ihre eigenen Lebensgeschichten sprechen möchten und sich gleichzeitig für die der Anderen interessieren. Das tut keiner vor einem Massenpublikum."

Deutlich wird an dieser Aussage auch, dass der 54-Jährige seine Gäste nicht mit prominenten Namen locken möchte – sondern über das jeweilige Jahresthema. Bestes Beispiel dafür war der Besuch von Schauspieler Mario Adorf bei den Biografietagen. „Ich hätte innerhalb einer Stunde 1500 Karten für die Veranstaltung mit ihm verkaufen können. Wir haben aber wie immer nur 200 ausgegeben."

Seit 2008 bereitet der Begründer des Projektes die Biografietage Jahr für Jahr mit einem kleinen und eingeschworenen Team und mit Unterstützung der Gemeinde sowie der Bürgerstiftung Bispinghof vor. „Das ist harte Arbeit. Und da ich das ehrenamtlich mache, bin ich damit auch ein ganzes Jahr beschäftigt."

Für die Zukunft hat Grenda ganz klare Vorstellungen. Er möchte die Reihe erweitern und auf solidere Füße stellen – im Idealfall mit einem Sponsor, der ihn über einen längeren Zeitraum unterstützt. „Ich will aber weiterhin kein Geld mit den Biografietagen verdienen. Es geht mir nur darum, über ein verlässliches Budget zu verfügen. Dafür wären weitere Kooperationspartner sehr wichtig", betont er. Grendas Wunsch ist es, dass sich die Veranstaltungsreihe langfristig zu einem Biografiefestival entwickelt, indem sie beispielsweise um ein biografisches Filmfestival ergänzt wird.

Im Dezember 2017 zeichnete Landrat Dr. Klaus Effing die Gesellschaft für biografische Kommunikation und ihre Biografietage mit dem 28. Kulturpreis des Kreises Steinfurt aus. Bei der Übergabe der mit 2500 Euro dotierten Auszeichnung an Matthias Grenda in der Nordwalder Museumskneipe Kalhoff machte der Landrat deutlich, warum die Wahl auf genau dieses Projekt gefallen war: „Die Biografietage sind eine Verknüpfung von lokalen, regionalen, nationalen und internationalen Akteuren, wie man sie selten erlebt. Sie sind ein Glücksfall für unseren Kreis. Matthias Grenda bereichert mit diesem außergewöhnlichen persönlichen Engagement das öffentliche kulturelle Leben im Kreis Steinfurt."

Und genau dort scheint Matthias Grenda sich pudelwohl zu fühlen. „Es stimmt mich stolz, dass die wichtige Arbeit, die wir über die Ausrichtung der Nordwalder Biografietage über die letzten zehn Jahre geleistet haben, mit diesem Kulturpreis in Nordwalde und im Kreis Steinfurt eine feste Heimat gefunden hat", lässt er keine Zweifel daran, dass die Biografietage weiterhin in Nordwalde stattfinden werden. Vielleicht ja in nicht allzu ferner Zukunft als groß angelegtes Biografiefestival.

Kultur

Sebastian Kreyenschulte | Neuenkirchen

Christlich gelebt, vorbildlich verschieden

Sterbezettel sollten im 19. Jahrhundert das Ansehen des Toten heben

Totenzettel, auch Sterbebildchen oder Totenbilder genannt, sind Erinnerungen an teure Vorfahren, liebe Mitmenschen, für manche auch begehrte Sammelobjekte. Früher noch mehr als heute waren sie ein wesentlicher Teil des katholischen Totenbrauchtums und sinngebend für die Deutung des Todes eines Angehörigen.[1] Anhand alter Neuenkirchener Totenzettel lassen sich Funktionen von Totenzetteln für die Gesellschaft veranschaulichen.

Totenbilder gehen in ihrem Ursprung auf schon im Mittelalter verbreitete Andachtsbilder zurück und sind als eigenständige Form des katholischen Totengedenkens seit Beginn des 17. Jahrhunderts in den nordholländischen Handelsstädten Haarlem und Alkmaar nachzuweisen. Ihre Entstehung führt zurück zu geistlichen Frauengemeinschaften während der katholischen Gegenreformation. Durch Mission und Bekehrung wurde zu dieser Zeit in weiten Teilen Europas versucht, den an Einfluss gewinnenden Protestantismus zurückzudrängen. Die wesentliche Ausgangsbedingung für die erfolgreiche Verbreitung der Totenbilder-Praxis war die Vorstellung vom Fegefeuer, in das nach katholischem Verständnis die Seele eines jeden Verstorbenen einging, um dann gereinigt in den Himmel aufzusteigen. Während die protestantischen Glaubenslehren diese Ansicht ablehnten, waren für die Katholiken die Hoffnung auf das Seelenheil ihrer

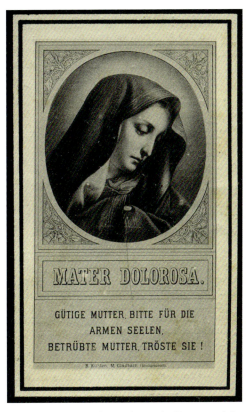

Ein häufiges Motiv der Rückseite der Totenzettel des späten 19. und frühen 20. Jahrhunderts ist die „mater dolorosa", die schmerzensreiche Gottesmutter Maria.

183

Eine umseitige Mariendarstellung mit einem dem heiligen Bernhard von Clairvaux zugeschriebenen Marienspruch in französischer und englischer Sprache stammt aus dem Jahr 1859.
　　　　　　　　　　　　　Druck: Coppenrath, Münster

Verstorbenen und der Aufstieg in den Himmel nach der Zeit im Fegefeuer von zentraler Bedeutung. Der Totenzettel, der die Aufforderung zum Seelenheilgebet enthielt, nahm daher eine wichtige Funktion innerhalb des Totenbrauchtums des 17. Jahrhunderts und auch darüber hinaus ein.[2]

Von den Niederlanden ausgehend erreichte die Verbreitung der Sterbebildchen seit Mitte des 18. Jahrhunderts das Rheinland und Westfalen, doch erst ab Mitte des 19. Jahrhunderts breitete sich der Brauch der Totenzettel in alle katholischen Teile Europas aus.[3] In Westfalen und im Münsterland gehörten die Bilder wohl etwa seit den 1820er Jahren als fester Bestandteil zum Totenbrauchtum. Es erscheint möglich, dass der enge Austausch handelnder Kaufleute des Münsterlandes mit den Bewohnern der niederländischen Provinzen für eine recht frühe Einführung der Bildchen in Westfalen verantwortlich sein könnte. Damit einhergehend entwickelte sich der Totenzettel zu einem wichtigen Ausdrucksmittel des Selbstverständnisses und der Selbstdarstellung des noch jungen städtischen und ländlichen Bürgertums. Auch aus Neuenkirchen haben sich in privaten Sammlungen Totenbilder, vielfach der dörflichen Oberschicht, vor allem der mit Leinwand- und Textilien handelnden Kaufleute, seit Mitte des 19. Jahrhunderts erhalten – schon deshalb, weil keine Druckerei im Ort existierte und die Andachtsgraphien in Münster gefertigt werden mussten, was sich nur wenige leisten konnten.

Die zwei- oder vierseitigen Totenbilder des 19. Jahrhunderts folgten einem klar gegliederten Aufbau, der zunächst die Anrufung, meist an Jesus, Maria und die heilige Familie enthielt. Danach folgte ein Zitat aus dem Alten oder Neuen Testament, ein Symbol, meist das Kreuz, der Name des Toten und seine Lebensbeschreibung sowie anschließend ein Ablassgebet.[4] Der Umfang dieser biografischen Nachrichten über die Verstorbenen war bis zum Ende des 19. Jahrhunderts meist relativ groß. Betont wurden schlaglichtartig bestimmte Wesenszüge des Hingeschiedenen, in der Regel hauptsächlich die christliche Lebensführung. Anschließend an die biografische Beschreibung folgte durch den Abdruck eines Seelenheils- und Stoßgebets noch eine Gebetsempfehlung.

Zum Tode der 26-jährigen Euphemie Rohling geb. Kösters, Ehefrau des Kaufmanns und Leinwand-Verlegers Bernhard Rohling aus Neuenkirchen im Jahr 1849 lautet der beschreibende Text auf dem Totenzettel: „Kaum hatte sie – in wahrhaft christlicher Weise – die vierte Jahresfeier ihrer Vermählung begangen, als sie eines Töchterchens genesen, an den Folgen unerwartet ihr Leben beschloß." Ihrem Ehemann sei dadurch „die treuste Gattin, die beste Mutter den beiden Kindern entrissen" worden. Die Verstorbene habe sich vor allem durch „innige Religiosität und zarte Frömmigkeit" ausgezeichnet und

durch die letzten Worte vor ihrem Tod „eine echt christliche Gottergebenheit zu Tage"[5] gelegt.

Auf dem Sterbezettel des Leinwand-Verlegers und Kaufmanns Ludwig Rohling werden seine christlichen Lebensführung ebenso hervorgehoben wie seine daraus erwachsenen karitativen Engagements und öffentlichen Ämter: „Mit einem warmen Eifer für das Rechtliche, und alles Edle und Gute verband der Verschiedene in seinem Leben eine sehr mildthätige Gesinnung, die er als vieljähriges Mitglied des Armen=Vorstandes und durch seine immer reichlichen Spenden zur Unterstützung der Dürftigen in der Gemeinde bethätigte."[6] Die auf den Totenzetteln abgedruckten Lebensbeschreibungen wurden damit zu einem Mittel positiver Erinnerungsstiftung für den Toten durch die Hinterbliebenen. Die Familie, der der Kaufmann Rohling entstammte, versuchte damit schließlich nicht nur die Erinnerung an den Toten zu befördern, sondern auch das eigene Ansehen zu heben. Die Totenzettel waren damit ein Medium für das öffentliche Totenlob.[7]

Zum Erzählmuster der Lebensbeschreibungen auf den Totenzetteln gehörte darüber hinaus eine ausführliche Schilderung der auf dem Weg zum Tode erlittenen Leiden, im Fall Rohlings das Brustleiden und die Wassersucht. Besonders schwere Pein sollte mithilfe der Sterbebildchen in unmittelbaren Zusammenhang mit dem christlichen Leiden, dem Martyrium, gestellt werden.

Bei Elisabeth Schräer geb. Bruning, die 1848 in Neuenkirchen im Alter von 66 Jahren starb, findet sich eine solche beispielhafte Leidensbeschreibung: „In Folge eines Blutsturzes verfiel sie bereits, ein halbes Jahr vor ihrem Tode in eine heftige Krankheit; kaum fing sie an, sich in etwa zu erholen, als eine Lähmung sie antrat, welche mehr und mehr zunahm und von fieberhaften Zuständen begleitet, ihr unsägliche Schmerzen verursachte, bis selbe ihr Ende herbeiführte". Schon vorher sei die Verstorbene „durch manche schwere Heimsuchung ihres Lebens im christlichen Dulden geübt" gewesen, die sie „mit klagenloser, schweigender Geduld" ertragen habe.[8] Auf den Totenzetteln wurde damit von der trauernden Familie öffentlich bekannt gemacht, dass der oder die Verstorbene nicht nur ein gutes, gottesfürchtiges und gerechtes Leben gelebt hatte, sondern auch im Tod – durch das willige Ertragen des Leidens – der Norm des idealen Sterbens entsprochen hatte.[9] Für die Angehörigen bedeutete dies mitunter einen wesentlichen Beitrag zur Bewältigung des Todes.

Freilich erzeugten die auf den Totenzetteln gegebenen Lebensbeschreibungen ein bestimmtes, wohl nur in wenigen Fällen wirklich zutreffendes Bild der Toten – keine authentische Wiedergabe ihres Charakters oder ihrer Person. Sowohl in den Niederlanden als auch in Köln kannte man daher die Redensart „Leejen we nen Duudezeddel" – „Lügen wie ein Totenzettel".[10] Die biografischen Texte müssen vielmehr als von den Hinterbliebenen gewollte Erinnerungsstiftung betrachtet werden: Sie sind Teil der Andacht und dienten auch der Außendarstellung der Familie. Schließlich erhielt jeder, der das Begräbnis besuchte, anschließend einen Totenzettel, durch den er sich, sozusagen angeleitet, an den Verstorbenen erinnern konnte.

Mit dem Wandel der Gesellschaft im 19. und 20. Jahrhundert und der sich verändernden Stellung der katholischen Glaubenslehre unterlagen auch die Totenzettel gestalterisch wie inhaltlich im Laufe der Jahrzehnte Änderungen. Die schwarze Trauerumrandung entfiel in der Regel seit den 1930er Jahren, kunstgeschichtlich bedeutende Darstellung der Kreuzigung, Guido Renis „Ecce Homo" und Carlo Dolcis „Mater Dolorosa", hielten Einzug auf den Rückseiten der Totenbildchen, bis sie schließlich in den 1960er Jahren von Kunstwerken wie Michelangelos „Pietà" oder Albrecht Dürers „Betenden Händen" abgelöst wurden.[11] Nach den Beschlüssen des 2. Vatikanischen Konzils (1962-1965) wurde auf die Verstorbenengebete und auch die Ablassgebete verzichtet. Die Biografien der Verstorbenen verkürzten sich auf standardisierte Floskeln und entfielen spätestens seit den 1980/90er Jahren schließlich vollkommen, so dass nur noch Geburts- und Sterbedaten Erwähnung fanden.[12]

Die Sterbezettel sind damit ohne Andachtsgebet, ohne Kreuzsymbolik und religiöse Darstellungen in gewisser Weise verweltlicht worden und haben heute ihre Verbindlichkeit als Gedenk- und Andachtsmittel längst verloren. Dem Trend der modernen Gesellschaft, in der das Individuum während seines Lebens stark betont, aber im Sterben und im Tod anonymisiert und dem Vergessen überantwortet wird, entsprechen – als Zeichen ihrer Zeit – auch die heutigen Totenzettel.

Die rückseitige Darstellung der heiligen Maria Magdalena von Pazzi findet sich auf einem sehr alten Totenzettel des Jahres 1834.

Quellen

1 Christine Aka, Tot und Vergessen? Sterbebilder als Zeugnis katholischen Totengedenkens, Detmold 1993, S. 8

2 Burkhard Schwering, Totenzettel. Zur Geschichte eines sepulkralkulturellen Brauchrequisits, in: Rheinisches Jahrbuch für Volkskunde 34 (2001/2002), S. 49-66, hier S. 50f

3 Helmut Fischer, Zum frommen Andenken. Biographisches Erzählen auf Totenzetteln, in: Rheinisches Jahrbuch für Volkskunde 34 (2001/2002), S. 67-104, hier S. 69

4 Fischer, Andenken, S. 69

5 Totenzettel Maria Elisabeth Josefine Euphemie Rohling geb. Kösters, Original im Besitz von Hildegard Schraeder, Neuenkirchen

6 Totenzettel Ludwig Rohling, Original im Besitz von Hildegard Schraeder, Neuenkirchen

7 Aka, Sterbebilder, S. 151f

8 Totenzettel Elisabeth Schräer geb. Bruning, Original im Besitz von Hildegard Schraeder, Neuenkirchen

9 Aka, Sterbebilder, S. 150

10 Fischer, Andenken, S. 100

11 Fischer, Andenken, S. 69

12 Fischer, Andenken, S. 73

Et göng mi an't Hiärt

Georg Reinermann

Et was Sunndag, dän 19. November 2017. Ick leip düör'n Gaoren von't Josefstift. Met eens kamm Trumpettenmussik an mien Aohr. Ick bleew staohn un lusterde un haorde „Ick harr eenen Kameraoden, eenen biätteren finns du nich."
Dat was de Füerwehrkapell, well to'n Volkstruerdag an't Ährenmaol spiëlde. Et gong mi an't Hiärt. Un et foll mi eene Begiëwenheit in, well ick 1943 beliäwt häff. Ick was daomaols acht Jaohre olt. Et schellere an de Huusdüör, un mien Vetter Arrow Stapper stonn för de Düör. He hadde siene Kriegs-Uniform an. He kamm harin. 19 Jaohr was he olt. Mien Vader, Arrow Stapper un ick setten us in'n Wuenstuomen an'n Disk, un et göng an't Vötellen. Arrow was för twee Wiärken up Heimaoturlaub un moss nu wiër an 'ne Front in Russland. He was harre bedröwt. He vötellde von de Front, wao he met siene Kameraoden Griäwens trecken moss un wu dann de russken Panzers üöwer de Griäwens föherden un sick dreiheden, dat aals todrückt wuor – auk de dütsken Suldaoten. Et gaff kienen Utwägg mähr, nich vüör, no trüggut. De dütsken Suldaoten droffen de Stellung nich upgiëwen. Jeden Dag gaff't iälke Daude. De konnen nich äs bisätt't wäern.
„Ick kumm nich wiër", sagg Adolf, „dao kümp kineene mähr drut."
Veer Wiärk later kreeg de Familge eenen Breew: „Ihr Sohn Adolf ist im Kampf für das Vaterland gefallen."
De Kapelle an't Ährenmaol spiële dat Leed to Enne: „He göng an miene Siete in glieken Schritt und Tritt."
Et göng mi an't Hiärt.

Kultur

Annette Bucken | Ibbenbüren

Der Schwan aus der Grotte

Das Stadtmuseum besitzt einen geheimnisvollen Stuhl

Er sieht sonderbar aus, der dunkle Schwanenstuhl im Herrenzimmer. Mit seinem langen Schwanenhals und den ausgebreiteten Flügeln zieht der eigenartige Stuhl alle Blicke auf sich. Besucher im Stadtmuseum wundern sich über das Gebilde und fragen: Was ist das für ein seltsamer Stuhl? Soll das ein Tier sein? Wozu hat er gedient? War das eine Toilette? Wie alt ist er überhaupt?

Lange haben die Mitarbeiter im Stadtmuseum geforscht, den Stuhl gedreht und gewendet, um nach einem Stempel, einer Signatur oder einer Jahreszahl zu suchen… Nichts… Bis vor einiger Zeit …

Im Sommer 2017 kam ein „kleiner runder Kratzer" zum Vorschein, ziemlich unauffällig, aber mit einer Lupe konnte man ein kleines Siegel mit einer Blume erkennen. Aber auch das half nicht weiter.

Die Zeit verging. Der sonderbare Stuhl stand da, wo er immer stand: im Herrenzimmer.

Es war Anfang September. Bei einer Museumbesichtigung mit Bürgermeister Dr. Marc Schrameyer und Gästen

Der „Schwan" ist ein sogenannter Grottenstuhl und entstand um 1880. Andere Grottenmöbel, darunter auch verschiedene Schwanenstühle in unterschiedlichen Farben und Dekorationen, sind noch im Handel.
Foto: Annette Bucken, Stadtmuseum Ibbenbüren

Ibbenbüren | Annette Bucken

Klein, nur gut einen Zentimeter hoch, ist der Abdruck oben auf der Lehne.
Foto: Annette Bucken, Stadtmuseum Ibbenbüren

der Partnerstädte fiel auch das komische Gebilde wieder auf. Nach kurzem Rätseln über die Herkunft des Schwanenstuhls hielt der Bürgermeister sein Mobiltelefon in die Höhe und zeigte das Foto eines antiken Schwanenstuhls, gefunden in einer Bildergalerie im Internet. „Ich hab´s, ich habe mal den englischen Begriff für Schwanenstuhl – swan chair – eingegeben", rief er. Darauf muss man erst mal kommen …

Und tatsächlich, nach ausgiebiger Forschung und Recherche kam nun folgendes ans Tageslicht: Es ist ein „Grottenstuhl".

Die Geschichte dieser extravaganten Grottenmöbel war lange vergessen. Sie wurden etwa 1880 speziell zur Ausstattung künstlich angelegter Grotten hergestellt. Aufgrund der „barocken Freude am Übersteigerten und Grotesken" datierte man sie in den 1930er Jahren auf die Barockzeit (etwa 1570-1770). Der deutsche Kunsthistoriker Georg Himmelheber widerlegt diese These aber und ordnet die Entstehung dieser sonderbaren Grottenmöbel auf die Jahre zwischen 1850 bis 1900 ein. Hier begann die Zeit der industriellen Fertigung von Möbeln aller Art.

Diese mystischen Stücke zeichnen sich durch seltsame Formen und Schnitzereien aus. Es gibt Tiere aus der Wasserwelt, Muscheln, Seepferdchen, Schlangen, Drachen und anderes Meeresgetier. Die Stühle, Bänke, Tischchen und Hocker wurden maschinell aus einem Holzblock hergestellt, mit aufwändigen Armlehnen, Sitzpolstern und Rückenlehnen ausgestattet, manchmal auch vergoldet, versilbert oder mit irisierender Farbe angestrichen.

Höhlen und Grotten wurden schon immer mit der Götterwelt, mit Nymphen oder Erdwesen in Verbindung gebracht. Kunst im Garten, unbehauener Naturstein, Nischen und mit Muscheln ausgekleidete kühle, feuchte Grotten gehörten zur Gartenkunst. In geheimnisvollem Dämmerlicht sollten Wasserspiele, phantastische Figuren oder Raritäten zur Belustigung der Hofgesellschaft dienen.

Gern wurden künstliche Grotten in die Untergeschosse von Schlössern oder Villen integriert. Auch ein Gartenpavillon konnte als Grotte mit entsprechender Ausstattung hergerichtet sein. Es gab sogar die „Grottierer" – Spezialhandwerker, die eine Grotte anlegen und mit Spezialmöbeln ausschmücken konnten.

Annette Bucken | Ibbenbüren

Ob der Grottenstuhl im Stadtmuseum jemals in einer Grotte stand? Das ist nicht überliefert. Er stammt aus dem Besitz von Rolf Stichling, der dem Stadtmuseum – unter anderem – diesen Stuhl schenkte. Über die Herkunft konnte er nichts erzählen. Seine Großeltern waren Vorbesitzer, der Stuhl war immer da, stand einfach in einer Ecke.

Die Sitzpolster der Grottenmöbel lassen sich übrigens abnehmen, unter manchen ist ein „Versteck" in runder Form, andere haben eine eckige Ablage unter der Sitzfläche. Was wohl dort verborgen war? Im Ibbenbürener Grottenstuhl fand sich dort – nichts. Aber was könnte vor langer Zeit darin gewesen sein? Was legt man denn in ein Fach unter dem Sitz, wenn man sich in der Grotte aufhält? Ein Besucher sagte neulich: „Da passt ja nicht einmal eine Flasche rein!"

Während einer Führung schauen sich die Besucher natürlich auch diesen komischen Stuhl an. Vor allem Kinder unter ihnen dürfen dann raten, was wohl ganz früher hier versteckt war: Gold? Schmuck? Perlen? Dukaten? Dann erklärt die Museumsführerin, dass die Mitarbeiter im Stadtmuseum dieses tolle Versteck nutzen – es kennt ja keiner – und auch einen Schatz haben. Als Beweis wird die Abdeckung angehoben, zum Vorschein kommt eine Schatulle. Wenn jemand den Schatz sehen will, muss er etwas nähertreten, und dann kommen ganz viele blanke Bonbons zum Vorschein.

Daher kommt wohl das Sprichwort „Der sitzt auf seinem Geld".

Im Versteck unterhalb des Sitzpolsters des Grottenstuhls befindet sich eine Kiste. Für die Museumsbesucher kommt dabei ein besonderer Schatz zum Vorschein. Foto: Annette Bucken, Stadtmuseum Ibbenbüren

Winterwiehnachtsduft
Otto Pötter

Sitt he dao immer noch, de aolle Mann? Tatsächlick.
Dat is jä siet Stunnen wuohl all! Kopp up de Hande stüött', de middig tüsken de Beene sienen Krückstock haollet, geiht et hellsk[1] üm em her: Quengelnde Kinner, elegante Kauplüe, klüngelige Strubbenickel[2], wehrige Driewnacken[3], Hinkebeene, lück pluusterige Gaffeltangen, aapige Hippenköster, Pröffkes[4] un Slakse[5], Büerkes, Hahnemännkes, Slawiner[6], gecke Gentler, üöwerbüörstige Damens un an Herrn un Frau Dokters sicher auk so wecke. Üöwerhaupt, van all's so wat un van dat noch mehr, dat pättket, trödelt un schüff sick nao hier un dao, Upzug rup un Rulltreppen daale, egaol so üm em rüm.
Ineens daobi wabert ne Bruuse van Stimmen, Singsang un Melledien van Gott weet woher, maol met nen Viggelinenschwall, dann gar wat uut 'n Dudelsack[7] samt Gejamke un Geplärr, Gesabbel un noch mehr. Kannitverstann döt winken.
Buoben flittert in LED-Löchten bunte Belder un grell in XXL: Unsere exklusiven Weihnachtsangebote, Wünsche werden wahr, Weihnachtszauber, Laternenglanz, Sternenstaub, Winterweihnachtsduft ...
Wenn ick em up de Bank so bekieke, fraog ick mi: Krigg den aollen Mann dat dao eenlicks alle wuohl so mit? Et schinnt, he kick – un he kick doch nich. Bloß aff un an weiget he sick met sienen Krückstock so iäben hen un her, wenn et wier geiht: Jingle Bells, Winter in Canada, Alle Jahre wieder, Fröhöliche Weihnacht überall...
De Mann kick up. Fröhlicke Wiehnacht all? He kick, as woll he fraogen: „Wat för ne Wiehnacht is dat hier üöwerhaupt? Et is män doch noch Advent."
As he Kind wör, daien se fasten in' Advent! Fasten up Wiehnachen hento. Höchstens maol gaff et nen Braotappel. Hmm. In Tweedüüstern still üm de mollige Kuokmaschin sitten un met Mama up de gloinige Herdplatte kieken, wo nen rauden Boskopp zischen un wat blubbern dai. Hmm. Wu dat röök! Jüst nu blitzt et dao buoben an de Reklametaofel wier grell up: Winterweihnachtsduft...
Braotappels in' Advent, dat harren se, tesammen met de Kinner, auk bi sick in Huuse bibehaoll'n.
Män hier? Van Braotappels nix to ruuken. Daofür nen Ruukgemengsel uut Pizza, Pommes, Peking-Ente un Parfüm. He snüüterde sick in nen heel kruus Taskendook. Nu nahm he es deep Aom. Et schinnt, as röök he dör den Mischmaschruuk backheete Boskopps, lecker met Kaneel, weeke Krinten un... Et gaff kienen schöner'n Winterwiehnachtsduft.
He reckt sienen Puckel piel dör - un stüött' sick glieks wier up sienen Stock. Un so sitt he dao – un sitt; alleene, dao, wo „Wünsche wahr werden"...
Wo könn he bi dat Wiär auk hen met sien Rheuma? Frau daut. Kinner uut 'n Huuse. De Rente män minn. Hier aower göng et, bi all dat. Eenmaol alle Prööbkes dör, sparde dat all ne guede Maohltiet. Kloo wör auk sauber samt Seepe un warm Waater. Wat mehr? 'n billig Sitten wör dat. Un dat Fasten nu üm düsse Tiet, dat wör em jä auk nich nie. Üöwerhaupt, he woll sick jä nich beklagen. Wenn bloß de lecker'n Braotappels nich wören.
Ach, ach, ach, Winterwiehnachtsduft... Oh je, nu sind em up maol de Aogen fuchte. Ick gleiw, ick gaoh de es hen...

Anmerkungen
1 arg
2 ungepflegte Tagediebe
3 Antreiber
4 gedrungene Menschen
5 Slakedarius, großer Mann
6 Herumtreiber
7 Akkordeon

Kultur

Dr. Wieland Wienkämper | Westerkappeln

Effektives Werkzeug mit Wellenschliff

Ausgrabung legte einen mittelsteinzeitlichen Mikrolithen frei

Im Jahr 2012 wurden in Westerkappeln-Westerbeck ein paar kleine Werkzeuge aus Feuerstein gefunden, die aus der Mittelsteinzeit stammen. Nachdem die Gegenstände viele Jahrtausende im Erdreich verborgen waren, hatte sie nun eine kleine Arbeitsgruppe des örtlichen Kultur- und Heimatvereins im Zusammenhang mit einer Ausgrabung der LWL-Archäologie für Westfalen entdeckt.

Als Mittelsteinzeit oder Mesolithikum wird die vorgeschichtliche Epoche bezeichnet, die zwischen der Altsteinzeit und der Jungsteinzeit liegt. Die Wissenschaft hat ihren Beginn mit dem Ende der Eiszeit und dem daraus folgenden Anfang des erdgeschichtlichen Holozän um 9650 vor Christus gleichgesetzt. Zu dem Zeitpunkt ereignete sich ein schneller Temperaturanstieg, der zu einem umfassenden Klimawandel führte, der bis heute anhält. Die natürliche Tier- und Pflanzenwelt veränderte sich dadurch über die Jahrtausende stark, und der Mensch musste sich in der Lebensführung daran anpassen.

Die Menschen der mittleren Steinzeit lebten von der Jagd, vom Fischfang und vom Sammeln pflanzlicher und tierischer Nahrung. Sie waren nicht sesshaft

Die Lage der Fundstelle in Westerkappeln-Westerbeck ist mit einem roten Punkt gekennzeichnet. Kartengrundlage: Bereitgestellt durch das Topographische Informationsmanagement Land NRW (2018) unter www.tim-online.nrw.de

und betrieben weder Ackerbau noch Viehzucht. Man lebte in kleinen Gruppen zusammen, die aus mehreren Kleinfamilien bestanden. Sobald das örtliche Nahrungsangebot erschöpft war, erforderte dies einen Ortswechsel. Dabei folgte die Gruppe wahrscheinlich einer bewährten Route innerhalb eines bestimmten Territoriums, weshalb günstige Plätze offenbar mehrmals aufgesucht wurden.

Der Lebensraum des mittelsteinzeitlichen Menschen war noch eine reine Naturlandschaft. Die menschlichen Eingriffe in die Natur, etwa durch

Westerkappeln | Dr. Wieland Wienkämper

Die archäologischen Arbeiten fanden im abgerutschten Erdreich statt, links im Bild ist die Tongrube, rechts oben die Ausgrabungsfläche der LWL-Archäologie. Foto: Ralf Baalmann

das Entnehmen von Holz und anderen Pflanzenteilen, dürften von so geringem Umfang gewesen sein, dass sie noch keine nachhaltige Wirkung haben konnten. Das änderte sich erst, als die wildbeuterische Lebensweise der Mittelsteinzeit durch eine auf Ackerbau und Viehzucht basierende Kultur ersetzt wurde. Dieser Übergang zur Jungsteinzeit und der damit verbundene Impuls zur Entstehung einer Kulturlandschaft ereigneten sich im nördlichen Westfalen in der ersten Hälfte des 5. Jahrtausends, demnach vor 4500 vor Christus. Somit dauerte die Mittelsteinzeit in diesem Raum fast 5000 Jahre.

Der Grund für die archäologische Ausgrabung in Westerbeck waren umfangreiche Siedlungsspuren der Eisenzeit von rund 800 vor Christus bis in die Zeit um Christi Geburt und einer mittelalterlichen Siedlungsphase vom 9. bis 11. Jahrhundert, die beim Abbau von Ton unter dem Eschboden zum Vorschein gekommen waren.

Die Fundumstände der mittelsteinzeitlichen Werkzeuge waren außergewöhnlich. Kurz bevor die archäologische Grabungsfläche erweitert werden sollte, war an der Steilkante zur angrenzenden Tongrube das Bruchstück einer kleinen Feuersteinklinge entdeckt worden. Das Artefakt ließ auf weitere Funde hoffen. Als darauf an der Stelle Baggerarbeiten stattfanden, um sich den archäologischen Spuren anzunähern, rutschte allerdings ein größerer Bereich der Steilkante ab. Diese große Erdscholle durfte nun mit Erlaubnis der LWL-Archäologie von der Arbeitsgruppe des Heimatvereins untersucht werden.

Das Erdreich wurde dazu mit archäo-

Dr. Wieland Wienkämper | Westerkappeln

logischem Werkzeug in dünnen Lagen abgetragen. Die Sorgfalt bei dieser Arbeit führte tatsächlich zum Erfolg. Die Entdeckung eines für die Mittelsteinzeit typischen Mikrolithen war eine große Überraschung. Besonders deswegen, weil das Fundstück mit nur 5 Millimetern Breite, 22 Millimetern Länge und 2 Millimetern Dicke sehr klein war. Dieses Artefakt, das aus einer schmalen Feuersteinklinge hergestellt wurde, hat die Form eines unregelmäßigen stumpfwinkligen Dreiecks. Seine Bearbeitungsspuren machen deutlich, dass die Gestalt beabsichtigt war. Ehemals diente der Mikrolith als Einsatz zur Bewehrung eines hölzernen Jagdpfeils. Zur Befestigung benutzte man dabei Birkenteer. Das eingesetzte Artefakt übernahm die Funktion einer Spitze und/oder einer Schneide und diente teilweise als Widerhaken. In der Regel wurde ein Pfeil mit mehr als einem Mikrolithen bestückt. Mit den scharfkantigen Einsätzen konnte der mit dem Bogen abgeschossene Pfeil leichter in einen Tierkörper eindringen, weil sie einen Schnittkanal erzeugten. In der richtigen Trefferzone, speziell der Bereich seitlich und unterhalb des Schulterblattes eines Tieres, führte ein Pfeilschuss in den Brustraum schnell zum Tode. Hier durchtrennten die Schneiden der Mikrolithen das Lungengewebe, große Blutgefäße oder das Herz.

Während der Mittelsteinzeit wurden verschiedene Formen von Mikrolithen verwendet. Ein gewisses Formenspektrum war zeitgleich in Benutzung. Das lässt unter anderem darauf schließen, dass unterschiedlich bewehrte Pfeile zum damaligen Jagdwerkzeug gehörten. Spezielle Formen von Mikrolithen traten zu bestimmten Zeiten auf, weshalb sie für die Zeitbestimmung von Fundplätzen dienen können. Das trifft auch für das Fundstück aus Westerbeck zu. Dieses schmale, langgestreckte Dreieck ist typisch für die späte Mittelsteinzeit, die um 7000 vor Christus begann. Allerdings fällt bei dem Fundstück auf, dass der lange Schenkel nur am äußeren Ende eine formgebende Bearbeitung aufweist. Diese spezielle Art der Formgebung ist schon für vergleichbare Mikrolithen der Übergangszeit von der frühen zur späten Mittelsteinzeit kennzeichnend, die Jahrhunderte um 7000 vor Christus und darüber hinaus bis etwa 6600 vor Christus. Daher dürfte dieser Zeitraum auch den Rahmen für die zeitliche Einordnung des Mikrolithen aus Westerbeck darstellen.

Die feine Bearbeitung des dritten Schenkels des Fundstückes, der Schneide des Mikrolithen, ist in seiner Funktion mit dem Wellenschliff eines modernen

So sah der Mikrolith der Mittelsteinzeit unmittelbar nach seiner Entdeckung aus. Foto: Ralf Baalmann

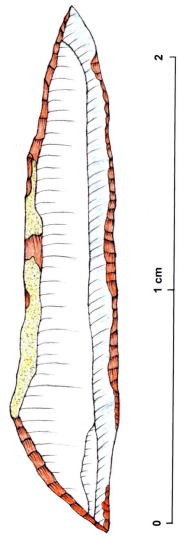

Der Mikrolith zeigt feine Spuren von Bearbeitung, die hier rot eingefärbt sind.
Zeichnung: Wieland Wienkämper

Messers vergleichbar. Sie erhöhte die Schnittwirkung der Schneide.

Außer dem Mikrolithen kamen nur noch zwei Feuersteinklingen in der Erdscholle zum Vorschein. Sie wurden zu jener Zeit durch das gezielte Zerlegen von Feuersteinknollen hergestellt. Bei Klingen handelt es sich um Artefakte, die mindestens doppelt so lang wie breit und dabei auch relativ dünn sind. Mit ihren scharfen Kanten waren sie gut als Schneidwerkzeug zu benutzen. Kleine Klingen dienten aber auch als Grundform für die Herstellung der Mikrolithen.

Es ist davon auszugehen, dass die auf engem Raum entdeckten Artefakte zeitlich zusammengehören. Sie wurden hier während eines Aufenthaltes von mittelsteinzeitlichen Menschen verwendet und anschließend zurückgelassen. Die Jäger und Sammler verfügten aber nicht nur über die unvergänglichen steinernen Werkzeuge. Außerdem besaßen sie eine umfangreiche Ausrüstung mit Gegenständen aus Holz, Knochen, Geweih und Pflanzenfasern, und sie fertigten sogar Behältnisse aus Baumrinde an. Das zeigen seltene Fundstellen, wo organische Reste erhalten sind.

Warum haben die mittelsteinzeitlichen Jäger und Sammler den Platz in Westerbeck, der am Rande einer seichten Anhöhe und unmittelbar an einer angrenzenden Niederung liegt, für einen Aufenthalt ausgewählt? Die genauen Gründe dafür erschließen sich für uns nicht. Aber wir können grundsätzlich davon ausgehen, dass dort Grundbedürfnisse der Menschen wie Essen und Trinken und das Errichten eines Wetterschutzes, soweit ein solcher erforderlich war, befriedigt werden konnten.

Der ausgewählte Platz hatte durch den vorhandenen Sandboden, der leicht abtrocknet und sich bei Sonnenschein schnell erwärmt, günstige Eigenschaften. Allerdings kannten die Menschen auch die Möglichkeit,

Bodenfeuchtigkeit durch Lagen von Baumrinde zurückzuhalten. Die Nähe zu der Niederung sicherte die Versorgung mit Trinkwasser. Sicherlich gab es dort kleine Wasserläufe. Aber schon durch das Anlegen einer flachen Grube war es leicht möglich, das Grundwasser abzuschöpfen. Das Vorkommen von Raseneisenerz zeigt nämlich, dass der schwankende Grundwasserspiegel in der Niederung sehr hoch lag.

In der näheren Umgebung der Fundstelle bestehen zwischen der feuchten Niederung und den trockenen Anhöhen Höhenunterschiede von bis zu 25 Metern. Die landschaftlichen Gegebenheiten sprechen dafür, dass hier ursprünglich zwei sehr unterschiedliche Lebensräume nebeneinander bestanden. Dazu gehörte jeweils eine charakteristische Tier- und Pflanzenwelt. Zum Zeitpunkt des Aufenthaltes der mittelsteinzeitlichen Menschen wird in der Niederung ein verhältnismäßig offener Bruchwald gestanden haben. In dem lückenhaften Baumbestand dominierte vermutlich die Schwarzerle, und zum Unterwuchs werden vor allem Sauergräser gehört haben. Für die Erhebungen im Gelände ist ein Bewuchs mit Eichenmischwald anzunehmen. Darin wird es reichlich Linden und Ulmen, das Bogenholz der Mittelsteinzeit, aber noch keine Buchen gegeben haben. Die Pflanzengesellschaften beider Biotope werden in einem Grenzbereich fließend ineinander übergegangen sein. Eine vereinfachte Rekonstruktion der Vegetationszonen, die sich an den Höhenunterschieden orientiert, verdeutlicht die ursprüngliche Situation.

Für die Jäger und Sammler der Mittelsteinzeit hatte der Grenzbereich zwischen verschiedenen Biotopen besondere Anziehungskraft. Die Anzahl der Tierarten ist dort grundsätzlich höher, weil viele Tiere zwischen den unterschiedlichen Lebensräumen hin und her wechseln. Auch die Pflanzendecke hat in dem Übergangsbereich eine andere Zusammensetzung, weil sich dort Sträucher besonders gut entfalten. Sie stellen zusammen mit der Krautschicht und deren Gräsern und Blütenpflanzen für viele Tiere ein reichhaltiges Nahrungsangebot dar. Auch den Menschen boten sich hier gute Möglichkeiten, Essbares zu sammeln, wie etwa durch das Ernten von Haselnüssen. In der Mittelsteinzeit spielten die Nüsse bei der Ernährung eine wichtige Rolle und die Menschen verstanden es sogar, sie durch Rösten länger haltbar zu machen.

Ansonsten war das Angebot an essbaren Pflanzen, Früchten oder Pilzen insbesondere von der Jahreszeit abhän-

Eine Feuersteinklinge wird im Erdreich freigelegt. Ein Teil einer ihrer Schneiden ist schon sichtbar.
Foto: Ralf Baalmann

Westerkappeln | Dr. Wieland Wienkämper

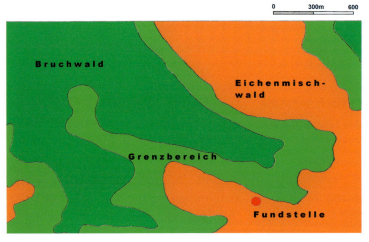

Die schematische Rekonstruktion der mittelsteinzeitlichen Umwelt zeigt die Lage der Fundstelle. Karte: Wieland Wienkämper

gig. Dagegen spielte die Jagd das ganze Jahr über eine wichtige Rolle. Neben der Bogenjagd werden auch andere Methoden angewandt worden sein, wie etwa das Fallenstellen.

Da viele Jagdtiere deutlich besser riechen als sehen können, war es für den Jäger notwendig, sich entgegen der Windrichtung dem Wild zu nähern. Er musste möglichst mindestens etwa 30 Meter nah an das Wild herankommen, um mit Pfeil und Bogen eine große Chance auf einen tödlichen Treffer zu haben. Von dem ausgewählten Platz in Westerbeck konnten sich die mittelsteinzeitlichen Jäger auf einer Strecke von etwa anderthalb Kilometer am Rande der Niederung und gegen die vorherrschende Windrichtung nach Westen bewegen. Erst dort senkte sich das Gelände wieder ab. Daher lag der Platz jagdstrategisch günstig.

Zu dem vom Jäger der mittleren Steinzeit häufig gejagten Wild gehörten Reh, Hirsch und Wildschwein. Die Artenvielfalt war damals noch wesentlich größer als heute. Vermutlich wird es in Westerbeck beispielsweise auch Wildrinder gegeben haben, das größte mögliche Jagdwild. Es ist gut vorstellbar, dass im dortigen Bruchwald kleine Herden des Auerochsen anzutreffen waren, eine Tierart, die erst im 17. Jahrhundert ausgestorben ist.

Die Menschen, die während der Mittelsteinzeit im heutigen Westerbeck lebten, werden nur eine gewisse Zeit des Tages mit dem Nahrungserwerb beschäftigt gewesen sein. Das Leben erforderte die Erledigung vieler anderer Aufgaben. Sicherlich gab es auch ausreichend Zeit für Ruhepausen in einer Umwelt mit sauberer Luft, reinem Wasser, vielfältigen Nahrungsmitteln, natürlichen Arzneimitteln und einer für sie unerschöpflichen Menge notwendiger Rohstoffe.

Literatur

Michael Baales, Hans-Otto Pollmann und Bernhard Stapel 2013: Westfalen in der Alt- und Mittelsteinzeit. Münster 2013

Klaus Gerken 2004: Oldendorf 52, Ldkr. Rotenburg (Wümme). Eine Fundstelle der beginnenden spätmesolithischen Phase im nordniedersächsischen Tiefland. Archäologie, Land, Niedersachsen. 400 000 Jahre Geschichte. Oldenburg 2004, S. 362-365

Kultur

Prof. Dr. Anton Janßen | Horstmar

Zwei Mühlen vor dem Verfall gerettet

Franz Ahmann sen. erhält Preis für Brauchtums- und Heimatpflege

„Es klappert die Mühle am rauschenden Bach …" Dies kann man in Horstmar-Leer wieder singen! Gleich zwei Mühlen klappern hier am Leerbach seit vielen Jahrhunderten, klapperten musste man vor Jahrzehnten leider sagen. Erst seit knapp 20 Jahren klappern sie wieder und sind ein besonderer, viel beachteter Anziehungspunkt am Fuß des Schöppinger Berges. Und das ist in ganz besonderer Weise das Verdienst von Franz Ahmann sen. Unter anderem dafür erhielt er den Preis für Brauchtums- und Heimatpflege des Kreises Steinfurt 2017, den Landrat Dr. Klaus Effing ihm am 17. April 2018 in einer kleinen Feierstunde überreichte.

Franz Ahmann kontrolliert das Lager der Wasserrad-Achse. Foto: Anton Janßen

Als ab Anfang der 1980er Jahre die Denkmäler im ländlichen Raum und speziell die Mühlen als alte Technische Denkmäler in den Fokus gerückt wurden, engagierte sich auch Franz Ahmann vom Vorstand des Ortskulturringes Leer für diesen lange vernachlässigten Bereich und musste erkennen, dass die bedeutendsten dieser Bauwerke in Leer in einem zum Teil bedauernswerten Zustand waren. Als sich dann Aktivitäten zum Erhalt von Schmeddings Doppelmühlenanlage und zur Rettung der Wassermühle und des Müllerkottens am Hofe Wenning abzeichneten, engagierte er sich im März 1989 bei der Gründung eines Fördervereins Technischer Denkmäler und übernahm die Aufgaben des Zweiten Vorsitzenden. Im Rahmen der Arbeitsteilung im Vorstand war er für den praktischen Teil der Arbeiten an den beiden Mühlen-Standorten verantwortlich: Zu den umfangreichen Restaurierungsmaßnahmen gehörte das Aquirieren von ehrenamtlichen Mühlenhelfern, das Einbinden der örtlichen Handwerker als kostenlose Hilfe, Materialbeschaffung aller Art, von Bruchsteinen für zu

Franz Ahmann erklärt Kindern die Funktion der Mühle an Hand einer Handdrehmühle aus Weißrussland.
Foto: Anton Janßen

ersetzendes Mauerwerk über Bauholz bis zu gebrauchten Dachpfannen.

Doch er organisierte nicht nur Helfer für die Arbeiten, er war auch immer an vorderster Front selbst aktiv dabei. So wurden die nur rund 500 Meter voneinander entfernt liegenden beiden Mühlen mit ihren Besonderheiten zu einer Sehenswürdigkeit im Horstmarer Ortsteil Leer und sind heute bedeutende Objekte in der münsterländischen Mühlenlandschaft. Und dafür kann Franz Ahmann viele begeistern. Gerne lassen sich Gruppen von ihm durch die Anlagen führen, gerade auch Schulklassen.

Als sich nach mehr als einem Jahrzehnt intensiven Engagements für die Mühlen abzeichnete, dass die Arbeit des Vereins auf eine breitere Basis gestellt werden müsste, wurde durch die Initiative von Franz Ahmann der Vereinszweck um die Pflege der Heimatkunde und Heimatpflege erweitert und der Verein 2004 in „Mühlen- und Heimatverein Leer" umbenannt. Er übernahm das Amt des Vorsitzenden und füllte diese Funktion bis 2013 mit großem Einsatz aus. So organisierte er jeden Sommer drei bis vier Fahrradtouren zum Kennenlernen der näheren Heimat und im Winterhalbjahr heimatgeschichtliche Vorträge und Kürabende in Plattdeutsch am Herdfeuer, die sich insbesondere bei den älteren Dorfbewohnern großer Beliebtheit erfreuen.

Das große Engagement von Franz Ahmann für die beiden Mühlen, ohne das die beiden Bauwerke bestimmt dem Verfall preisgegeben worden wären, war ihm vor allem deshalb möglich, weil er in der Dorfgemeinschaft außerordentlich gut vernetzt war, ohne ein echter

Poahlbürger zu sein. Er wurde am 15. November 1938 in Havixbeck geboren und hat, wie Vater und Großvater, das Schneiderhandwerk gelernt. Mit der Meisterprüfung 1961 zog er nach Horstmar-Leer, wechselte aber 1967 zur Post und bekam als Postbote Kontakt zu vielen Menschen im Dorf.

Schon bald danach wurde er aktiver Sänger im Kirchenchor in Leer und gehört auch dem Schützenverein Leer-Dorf an, war mit großem Engagement von 1973 bis 1991 dessen Vorsitzender und hat in dieser Zeit maßgebliche Aufbauarbeit und wichtige Anpassungen an die Erfordernisse der Zeit im größten Schützenverein in Leer bewirkt, so unter anderem eine stärkere Einbindung der Kinder und Frauen in das Vereinsleben.

Parallel dazu war Franz Ahmann ab 1975 stellvertretender Vorsitzender des Ortskulturringes Leer und ab 1991 neun Jahre dessen Vorsitzender. In dieser Zeit hat er sehr erfolgreich das Zusammenspiel der örtlichen Vereine koordiniert und maßgeblich dafür gesorgt, dass Kulturarbeit in Leer auf eine breitere Basis gestellt wurde.

Der Erhalt von Kulturdenkmälern, die für die Geschichte von Leer von großer Bedeutung sind, war und ist auch weiterhin ein ganz wichtiges Anliegen von Franz Ahmann. Mit großem persönlichen Einsatz hat er sich dafür eingesetzt und viele Mitbürgerinnen und Mitbürger zum Mitmachen motivieren können. Dafür gebühren ihm Dank und Anerkennung, was mit der Verleihung des Preises für Brauchtums- und Heimatpflege umgesetzt ist.

Landrat Dr. Klaus Effing gratuliert dem Preisträger Franz Ahmann. *Foto: Dorothea Böing*

Otto Pötter

Menschen, die ihr wart verloren

De Hilligaobend is ganz still;
dimstrig all, doch noch nich düüster.
De aolle Vaa putzt siene Brill,
för sick alleen so, met Geflister...

Alleene sitt he niä'm de Dör'n.
Et is nich mehr es fröher so.
As se noch all' bineene wör'n,
dao göng et fierlicker nu to.

Buuten üöwer Koppsteen rumpelt
up maol nen Wagen. Well könnt' sien?
Nä, nix för em, auk wenn he humpelt
gau ant Fenster – met lück Pien.

Daoför de Klock nu beiert an,
met satten Klang; erhaben, stimmig.
He kick nao buuten dao, de Mann –
un dann in' Speigel, fraogend, sinnig...

Ne Träöne rullt em daobi ruut.
Sall glieks alleen he in de Kerke?
Met Mumm sägg he sick wohlgemut:
Jüst dat giff mi nu Kraft un Stärke.

De Glocken lüdet fierlick all.
De Mann föhlt sick es nie geboren...
Glieks will he singen, klaor un hall:
Menschen, die ihr wart verloren...

Liäwet up! Nix, wat mehr piert.
Singen will he froh, met Schalle,
auk för de, de ohn' em fiert -
in' Hiärt bi em, dao sind se alle!

Vökläörung:
de Klock nu beiert an = die Glocke beginnt zu läute

Kultur

Felizitas Plettendorf | Altenberge

Verkehrsknotenpunkt und Dorfmitte

Bronzemodell macht den „Schild" wieder zu einem Treffpunkt

Der alte Dorfmittelpunkt von Altenberge hat wieder seinen Platz im Bewusstsein der Einwohner. Mit Hilfe eines Dorfmodells, das im Juni 2017 als Bronzeguss am „Schild" aufgestellt wurde, kann jetzt jeder sehen und fühlen, wie dieser Platz in den 50er Jahren des letzten Jahrhunderts ausgesehen hat.

Der „Schild" ist gemäß des Deutschen Wörterbuchs der Gebrüder Grimm eine mittelniederdeutsche Bezeichnung für einen befestigten Platz. Solche „Schilde" gibt es auch heute noch in mehreren Orten. Eine Gemeinsamkeit all dieser „Schilde" ist, dass dort früher und zum Teil auch noch heute Hauptverkehrsstraßen aufeinander trafen und treffen. Diese Plätze befanden sich in kleineren Orten in der Nähe der Kirche und bildeten mit der Kirche zusammen das Ortszentrum.

Auf den Altenberger „Schild" mündeten ursprünglich sechs und nach dem Bau der großen Chaussee von Münster nach Enschede, die auch Provinzialstraße genannt wurde, später B 54 hieß und jetzt die Bezeichnung L 510 trägt, sieben Straßen ein. Umgeben war der Platz von Wohn- und Geschäftshäusern, Handwerksbetrieben sowie mehreren Gaststätten. Dieses Ortsbild bestand bis

Das Dorfmodell aus Holz von Josef Köster war die Vorlage für den Bronzeguss.   Foto: Werner Witte

1967 etwa 100 Jahre fast unverändert. Dann wurden viele der Gebäude Opfer der Abrissbirne, damit die vier Hauptverkehrsstraßen der Gemeinde erweitert werden konnten. Der Verlauf der Kirchstraße und der Billerbecker Straße wurden leicht geändert, so dass sie gar nicht mehr auf diesen Verkehrsknotenpunkt einmündeten. Der Platz „Schild" bekam ein völlig anderes Aussehen und änderte dieses nochmals, als der große Kreisverkehr gebaut wurde. Die Bergstraße mündet seitdem ebenfalls nicht mehr auf dem Schild. Nur die Boakenstiege, die Münsterstraße, die Laerstraße und die Borghorster Straße führen noch unmittelbar zum Schild.

Die Bronzeplastik wurde im Juni 2017 am Schild aufgestellt. Modellbauer Josef Köster (2.v.l.) erklärt das Dorfmodell den Mitgliedern des Heimatbundes und des Projektteams. Foto: Werner Witte

Früher war dieser Platz Treffpunkt der Dorfjugend. Hier gab es immer etwas zu sehen und Gleichgesinnte, mit denen man darüber diskutieren konnte. Auch fanden hier früher die Aufmärsche zu Kaisers Geburtstag, sonstigen Vereinsjubiläen oder Schützenfesten statt. Das Antreten des Schützenvereins St. Johannes und die Königsproklamation gingen bis in jüngster Vergangenheit auf dem Parkplatz am Schild über die Bühne. Einmal im Jahr gab es hier das bunte Kirmestreiben.

Die Wichtigkeit des „Schildes" wird auch durch den Straßennamen „Boakenstiege" bekräftigt. Der Sprachforscher Dr. Timothy Sodmann übersetzt den Begriff „Baoken"[1] in einem Artikel im Landwirtschaftlichen Wochenblatt 14/2015 mit Wegweiser. An einem Verkehrsknotenpunkt wie dem Altenberger „Schild" könnte durchaus ein Wegweiser gestanden haben, der an der Stiege, die parallel zur Kirchstraße ins „Oberdorf" führte, seinen Platz hatte.

Heute hat der Schild seine Bedeutung als Treffpunkt und Veranstaltungsort verloren. Der Name „Schild" drohte in Vergessenheit zu geraten und damit auch die Tatsache, dass hier früher das Zentrum des Dorfes war. Eine Arbeitsgruppe des Heimatvereins, die sich zunächst mit der Erfassung alter Flurnamen in den Altenberger Bauerschaften befasste, nahm sich auch dieses Problems an.

Schon bald kam sie auf die Idee, den Schild und die Gebäude der Umgebung als Modell zu erstellen, so wie es etwa 1950 hier ausgesehen hat. Anhand al-

Felizitas Plettendorf | Altenberge

ter Katasterkarten wurden der genaue Standort der Häuser und der Verlauf der Straßen ermittelt. Von noch bestehenden Gebäuden wurde das Aufmaß vor Ort genommen, die Maße und das Aussehen der abgerissenen Häuser mit Hilfe vieler alter Fotos aus verschiedenen Perspektiven festgestellt. Eine topographische Karte stellte die Gemeindeverwaltung Altenberge zur Verfügung. Mit all diesen Informationen fertigte der Tischlermeister Joseph Köster ein Holzmodell, das später von der Kunstgießerei Schwab in Bronze gegossen wurde.

Alle Beteiligten waren sich einig, dass der richtige Standort für die Bronzeplastik der Schild, unmittelbar am großen Kreisverkehr als Kontrapunkt zum pulsierenden Straßenverkehr, ist. Dort wurde vom Gemeindebauhof ein kleiner Platz mit drei Ruhebänken und entsprechenden Parkmöglichkeiten für Fahrräder, ergänzt um eine kleine grüne Insel, angelegt. Heute ist der Schild wieder ein Treffpunkt für Wanderer und Radwanderer, die dort einen Moment der Ruhe und Entspannung finden.

Anmerkungen

1 „Boaken" ist mit „Baoken" gleichzusetzen.

Erkundungstour der Heimatvereine führte durchs Steinfurter Land

„Es gibt so viele schöne Orte im Kreis Steinfurt!" – Bei wunderbarem Sommerwetter machten sich auch in diesem Jahr wieder rund 70 Heimatfreundinnen und -freunde auf zur Erkundungstour durch den Kreis Steinfurt. Die Ziele der Busfahrt, zu der Landrat Dr. Klaus Effing und die Vorsitzende des Kreisheimatbundes, Reinhild Finke, nun schon zum fünften Mal einluden, lagen diesmal im Steinfurter Land. „Wir möchten den Vertreterinnen und Vertretern der 47 Heimatvereine im Kreis Steinfurt mit dieser Veranstaltung die Gelegenheit geben, sich gegenseitig sowie Heimathäuser und -initiativen im jeweils anderen Kreisgebiet näher kennenzulernen", so Dr. Effing. Nach einem Frühstück auf dem Denkmalpflege-Werkhof steuerte der Bus das Dorfmuseum St. Arnold in Neuenkirchen an, wo die Teilnehmerinnen und Teilnehmer eine historische Schulstunde erleben durften. Eine ausführliche Besichtigung des Stiftes Langenhorst in Ochtrup schloss sich an, bevor im Kreislehrgarten Steinfurt gemütlich Kaffee getrunken wurde. **Text: Kirsten Weßling**

Die Erkundungstour startete vor dem Kreishaus in Steinfurt. Foto: Dorothea Böing

Hans Lüttmann

Das Leben der anderen – in vier Sekunden

Oh nein, ich bin kein Spanner und auch kein Held. Aber ich kann die Taxifahrer verstehen, die davon träumen, einmal im Leben von einem abgehetzten Fahrgast diesen atemlosen Satz zu hören: „Schnell, folgen Sie dem schwarzen Wagen da …!" Einmal, eines Tages, irgendwann möchte ich hören, wie sich hinter der Hecke – in meiner Munkelei – zwei Schurken zum Bankraub verabreden, ein Pärchen eine Entführung plant oder eine Freundin der anderen den Giftmord an ihrem Gatten gesteht.

Hinten im Garteneck liegt meine Munkelei: ein Kieselbett, Tisch und Stühle, ein Plätscherstein und eine Buchenhecke, hinter der sich ein viel befahrener Radweg durch die Ems-Auen schlängelt. Auch ohne Radler, Gassigeher und Spaziergänger ist das der schönste Platz im Garten.

Was ihm aber noch einen Goldrand malt, sind jene zwanzig, fünfundzwanzig Meter jenseits der Hecke: Vier Sekunden etwa brauchen Radfahrer dafür, ein Wimpernschlag, in dem ich – ganz ungewollt – das Leben der anderen teile. Weil sie natürlich reden: über Bernhards Demenz und den Ehestreit neulich bei Schröders, dass die Adoption von Ach-wie-hieß-der-noch doch wohl ein Fehler war, wann sie diesen Maulhelden endlich vor die Tür setzt, und ob sich der Johannes auf Partys tatsächlich für Geld nackig macht.

Oft höre ich auch nur Bruchstücke der Belanglosigkeit, unverständliche Gesprächsfetzen ohne tieferen Sinn. Und noch viel öfter höre ich gar nicht hin oder übertöne die vier Sekunden mit Rasenmäherlärm und Buchsbaumscherenklapperei.

Nein, nein, ein Spanner bin ich nicht, aber von Heldentaten tagträume ich dann schon: Wenn's hinter der Hecke wieder quasselt, schwatzt und munkelt und meine spitzen Ohren begierig darauf warten, dass Tunichtgute, Strolche und Halunken sich just in jenen vier Sekunden verplappern. Dann, ja dann würde, könnte, möchte ich – womöglich einfach weiterträumen und aus dem Krimi eine Komödie machen. Dann setzte ich mich ins Kieselbett und höre lächeln und gelassen lieber dem Stein und seinem Plätschern zu.

Sara Dietrich | Metelen

Großer Wurf mit „Kinkerlitzchen"
Verein Klangkultur erhält Sparkassen Nachwuchspreis Kultur 2017

Ein emsiges Treiben erfüllt die Räumlichkeiten der Sparkassenzentrale in Steinfurt-Burgsteinfurt an einem späten Montagnachmittag. Stühle werden gerückt, meterweise Kabel winden sich über die Böden, ein stimmungsvolles Licht wird eingerichtet und der Empfangsbereich aufgebaut. Vor dem Gebäude markieren Plakate den Weg zum Eingang und künden die Preisverleihung des Sparkassen Nachwuchspreises Kultur im Kreis Steinfurt an.

2012 gemeinsam von der Kreissparkasse und dem Kreis Steinfurt ins Leben gerufen, unterstützt der Preis die Nachwuchsförderung im Kulturbereich und präsentiert junge, künstlerische Talente aus der Region und ihr Engagement der Öffentlichkeit. Bislang lag der Fokus auf den Leistungen von Einzelkünstlern vorrangig aus den Disziplinen Musik, Tanz und Bildende Kunst. Mit dem Beschluss der neuen Förderperiode richtet sich der Preis seit 2017 über Einzelkünstler hinaus an kulturell Wirkende, die mit ihrer Eigeninitiative und kontinuierlichem Engagement das Kunst- und Kulturleben im Kreis maßgeblich

Freuen sich mit den neuen Preisträgern: Heinz-Bernd Buss (Vorstandsmitglied der Kreissparkasse Steinfurt) und Landrat Dr. Klaus Effing überreichen am 9. Oktober 2017 den Sparkassen Nachwuchspreis an den Verein Klangkultur Metelen. *Foto: Dorothea Böing*

Für den musikalischen Rahmen sorgt der Musiker Felix Göttert. Foto: Dorothea Böing

bereichern und beleben.

Traditionell findet die Preisverleihung im Kommunikationszentrum der Sparkasse, eingebettet in ein Rahmenprogramm aus Reden und künstlerischen Präsentationen, statt. In diesem Jahr ist die Aufregung deutlich zu spüren – das Fernsehen hat sich mit einer Liveschaltung der Veranstaltung angekündigt, und es gilt, im organisatorischen wie im technischen Ablauf zu improvisieren: Eingefangen werden soll eben jener Moment der Preisübergabe, exakt passend zum vorgegebenen Sendezeitpunkt. Kameralicht und Raumbeleuchtung müssen aufeinander abgestimmt, die Platzierung für die Live-Interviews festgelegt und der Durchlauf geprobt werden.

Es ist kurz vor 19 Uhr, und der Raum füllt sich zusehends mit Gästen, bestehend aus interessierten Bürgern, Freunden der Preisträger, Mitarbeitern der Sparkasse und des Kreises Steinfurt sowie Vertretern der Politik. Das Zeitkorsett sitzt eng. Landrat Dr. Klaus Effing beginnt punktgenau mit der Begrüßung und verweist auf die Liveschaltung, um Irritationen über das technisch-personelle Aufgebot im hinteren Drittel des Saales vorzubeugen. Mit einem Grußwort von Kreissparkassen-Vorstand Heinz-Bernd Buss und der anschließenden Laudatio von Metelens Bürgermeister Gregor Krabbe wird das Publikum auf die Verleihung eingestimmt. Dann ist der Moment gekommen – die Moderatorin Jessica Merten, dicht gefolgt von einem Pulk aus Kameramann, Licht-, Ton-, Kabel- und Monitorträgern, tritt in die Mitte des Raumes und berichtet dem Fernsehpublikum von der just in diesem Augenblick stattfindenden Preisverleihung. Gleichzeitig stellt Landrat Klaus Effing den Preisträger vor: „In diesem Jahr sind neun Bewerbungen aus unterschiedlichen Bereichen für den Preis bei der Kulturförderung eingegangen. Die

Jury überzeugt hat schließlich das mit Herzblut entwickelte Festival „Kinkerlitzchen". Insbesondere im Hinblick auf die Neuausrichtung des Preises 2017, die es ermöglicht, nun auch kontinuierliches, soziokulturelles Engagement und Projekte der kulturellen Nachwuchsförderung im Kreis Steinfurt zu würdigen, hat die Jury entschieden, den Verein Klangkultur Metelen und sein geschaffenes Gesamtkunstwerk mit dem Sparkassen Nachwuchspreis Kultur im Kreis Steinfurt 2017 auszuzeichnen. Die Festivalmacher der Klangkultur Metelen überzeugten mit ihrer Energie, ihrem klaren künstlerischen Profil und ihrem organisatorischen Talent." Der schallende Applaus überdeckt kurzzeitig die Stimme der Moderatorin und ihres Interviewpartners Jan-Niklas Kippelt, zweiter Vorsitzender der Klangkultur Metelen, dann wird es ruhig, nahezu still.

In kürzester Zeit ist die Technik für die Liveschaltung abgebaut, und das Fernseh-Team verabschiedet sich. Die noch eben im Raum wahrnehmbare Aufregung und unterschwellige Anspannung weichen einer Lockerheit und schaffen eine entspannte Bühne für den Vortrag von Simon Stücker und Marius Brüning. Als Teil des Organisationsteams vermitteln sie den Besuchern anschaulich Eindrücke ihres Herzstücks – des Festivals „Kinkerlitzchen". Mit der Idee, ein lokales Musikfestival in Metelen zu initiieren, starteten sie vor acht Jahren in Form der Veranstaltung „Rock an der Mühle". Nach anfänglicher Unterstützung durch das Blasorchester sowie der Kulturinitiative Metelen gründeten die Initiatoren des Festivals 2014 den Verein Klangkultur Metelen, der mit seinen mittlerweile mehr als 100 Mitgliedern das Festival organisiert. Dem Anspruch, sowohl nationale und internationale Künstler und Künstlerinnen nach Metelen zu locken als auch jungen regionalen Musikern und Musikerinnen eine Plattform zu geben, bleiben sie bis heute treu. Mit überaus großem Enthusiasmus und kontinuierlichem ehrenamtlichen Engagement entwickelten die Festivalmacher die Initiative über die Jahre weiter und sind heute mit dem in „Kinkerlitzchen" umbenannten popkulturellen Event auch überregional bekannt und aus der hiesigen Kulturlandschaft nicht mehr wegzudenken. Die stetige Weiterentwicklung des künstlerischen Programms – seit 2016 werden dem Publikum zusätzlich Kurzfilme junger Regisseure und Regisseurinnen von Filmhochschulen vorgestellt – und das Präsentieren unterschiedlicher Musikrichtungen im Ambiente rund um „Plagemanns Mühle" machen das Festival einzigartig.

Als Ausdruck eben jener ganz besonderen Stimmung illustriert der anschließende musikalische Auftritt des Gitarristen und Sängers Felix Göttert die im Vortrag angesprochene friedlichgesellige Atmosphäre und macht Lust auf einen Besuch des nächsten Festivals. Eingeladen zum gemeinsamen Ausklang bei Häppchen und Getränken kommen die Gäste und Preisträger ins Gespräch: Es wird gelacht, geredet, und einmal mehr wird auf authentische Weise spürbar, dass das „Kinkerlitzchen" ein „Festival von Freunden für Freunde ist".

DAS FEST

Joachim Lucas

Daß ich lebe, ist ein Fest,
betroffen bin ich, angetan;
frei atmen,
sehen, greifen, essen,
denken, sprechen,
lieben gar.

Und in allem
sich erfahren,
du wirst beschenkt,
es wächst heran,
noch eh der Junge
denken kann;
dir ist licht,
die Worte klingen,
was begegnet,
ist beredt,
Sinn ist wahrzunehmen.

Hochgemut ist dieses Fest,
da es aus dem Schauen lebt.

Ich erleb',
erfahr mit Staunen,
„daß etwas ist,
nicht vielmehr nichts".

Und diese wunderliche Wirklichkeit,
dieses Dasein,
ist mein Haus,
mein Garten,
ist mir Wiese, Wald und Feld,
Natur, Leben, Nähe,
Bruder, Schwester, Freund und Nachbar,

Wohlsein, sich behaglich fühlen,
ist mir Haut und Haar,
mein Kreislauf spielt in ihm,
ist ein Ton,
diese leise Stimme
leise, leis', im Chor der Freude,
ist mein Ich,
mein Ich, erhellt,
und selber lichtend.

Es stellt mir vor,
was nicht zu fassen,
versucht zu öffnen,
was begegnet,
berührt, erahnt, erkennt,
was mich befremdet,
geht jede Grenze an;
es befreit
von der absoluten Herrschaft
des Maßes und der Zeit –
das Ich ist wirklich,
es ist wunderlich.

Ich finde mich stündlich,
wo ich geh' und stehe,
in allen Spuren des Lebens,
ich bin gemeint, gewollt,
gewünscht für alle Ewigkeit.

Und jede Spur
verspricht ihr Ziel;
das letzte Wort –
durchlichtend,
daß die Finsternis nicht blendet –
es ist ein Zuspruch
aus dem Unbegreiflichen,
– mein Ich ist wunderlich,
ein jedes Ich ist wunderlich –.

Und mir zur Seite,
im fröhlichen Kreis,
die Schwestern, die Brüder, die Kinder,
alle stimmen zu;
jede Kommunikation
mündet in der Einheit,
im Verbund,
bezeugt die göttliche Einfalt,
die Vielfalt des Lebens
als Einheit zu lieben.

Wem solches geschenkt,
der lebe seinen Dank.

Mein Einvernehmen, Einverweilen,
bekleidet mich mit Würde,
gibt meinem Alter
doppeldeutig seinen Charme:
heiter der Tag,
heiter der Abend,
die Erwartung
gelassen.

Gefahr wird nicht verschwiegen,
nichts wird hier schöngeredet,
Hunger, Tod und Teufel
Aug in Aug begegnet.

Das macht:
So ist das Leben,
Vitalität der Wirklichkeit,
die sich im Zeichen kundtut:
Das Kreuz ist gerichtet
in uns, für alle Zeit:

Du bist ein Mensch –
aufstrebend: fröhlich und frei;
und quer: verletzbar, sterblich,
das Leid sucht jeden heim;

im rechten Winkel, gegeneinander,
in der Form des Kreuzes:
Dir ist gegeben,
durchzustehen,
auf ein Ziel zu,
und nichts aufzugeben.

So spielt Natur
und alles Seiende
im Urvertrauen
gegen den Verfall.

Das gilt,
aller Erkenntnis voraus,
und steht zugleich in Frage –
das Paradox
verfremdet,
es nimmt die Sicherheit,
die mir nicht zusteht.

So rätselt nur der Tod –
das Größte
ist das Leben.

Ich spiele mit,
zum Schluß
liegt meine Rechnung vor:
Ich will das Zeitliche segnen –
und erwarte mehr,
nicht Chaos, Nichts –

Wandel nur.

Daß ich lebe,
ist ein Fest,
geschenkt,
zu bestaunen, zu bedenken.

Ist nicht ganz einfach
mit den letzten Dingen:
Das Leben ist auch aufgegeben,
zu bestehen.

Sollte das anders sein,
wäre das Denken phantastischer Unsinn.
Ich stimme zu,
und alles bleibt in Andacht rätselhaft.

Ich fühle mich geborgen,
wohlwollend behütet
von guten Mächten.

Das ist mein Fest.

Menschen

Hans Lüttmann | Lengerich und Lienen

Die 100-Jährige, die einfach weiterarbeitet
Hanna Schmedt ließ sich von ihrem Mann für Plattdeutsch begeistern

Ja, in Jonas Jonassons drolligem Roman, da haben wir es mit einer gehobenen Augenbraue gerne hingenommen, dass ein Hundertjähriger mal eben aus dem Fenster steigt und verschwindet, um allerlei Abenteuer zu bestehen. Im wahren Leben ist Hanna Schmedt bei meinem Besuch nur noch wenige Wochen 99 Jahre, also fast schon 100. Mit dem Fenster würde das nichts, schon wegen des Rollators, aber unternehmungslustig zwinkert sie mir zu: „Mein alter BMW steht fahrbereit in der Garage – fahren darf ich nicht mehr, aber wenn Sie mich jetzt einladen, ich komme sofort mit."

Als Hanna Schmedt am 22. Oktober 1918 in Lengerich geboren wurde, wütete der Erste Weltkrieg noch fast drei Wochen lang, aber Hanna Schmedt setzt ihr Ausrufezeichen hinter einen anderen Aspekt: „Jaja, ich stamme noch aus der Kaiserzeit!" Die mit dem Krieg zu Ende ging. 20 Jahre später machte sie in Osnabrück ihr Abitur, aber den Wunsch, Lehrerin zu werden, versagte ihr wieder ein Krieg, mit dem Nazi-Deutschland die Welt in Brand setzte. Die Wirren des Krieges erlebte sie als Berufsberaterin in Dortmund, wegen der dortigen Rüstungsindustrie ein Hauptziel alliierter Luftangriffe. 1945 heiratete sie Friedrich Schmedt und wurde damit Lehrer-Ehefrau, aber bis sie selbst endlich vor einer Klasse stehen durfte, sollten noch einmal fast zwanzig Jahre ins Land gehen. Bis dahin ließ Hanna Schmedt sich von dem jungen Lehrer und späteren Kreisheimatpfleger für Heimat- und Volkskunde entbrennen, gründete nach dem Umzug nach Lienen einen Musikverein, einen Volkstanzkreis und tauchte vollends in die Brauchtumspflege ein; so tief, so leidenschaftlich und ansteckend, dass sie dafür unter anderem 2006 mit dem Wanderpreis des Landrats belohnt wurde.

Stichwort Wandern oder richtiger Auswandern: Über das besondere Interesse ihres Mannes an der Auswanderung aus dem Kreis Tecklenburg (dessen Arbeit Hanna Schmedt nach seinem Tod 1984 fortsetzte) öffneten sich ihr die Tore zur weiten Welt und führten sie viele Male über den Atlantik in die USA, nach Afrika und Brasilien. Wo sie auch Tango tanzte: so feurig mitunter, dass ihr ein Tänzer dabei einmal den Arm brach.

Ach ja und apropos – die Anekdoten, von denen sie offenbar mehr in petto hat als Buchen im Teuto stehen: von den Kleistersäcken, die Plünderer für

Mehl hielten und palettenweise mitnahmen. Von Elfriede und ihren Pillekes, den Löckskes up'n Kopp, einem Model im Schaufenster, Gaffeltangen, Schabbelünters und Kläffkenstiärts – womit wir bei Gustchen wären. Auch das ist Hanna Schmedt: eine sympathische, plattdeutsche Geschichtenerzählerin, die Plattdüütsk (wen wundert das jetzt noch?) erst mal wie eine Fremdsprache lernen musste, und das so gut, dass sie später die Plattdeutschkurse ihres Mannes nach dessen Tod 1984 weiter anbot. Gustchen und wie sie die Welt sieht, gibt es übrigens nicht nur als Zeitungskolumne und im Kreisjahrbuch, sondern auch im Buch.

Und ja, sie sammelt, erzählt und schreibt noch immer, schiebt Teewagen voller Akten ins Wohnzimmer, wo sich schon Leitz-Ordner auf Tischen, Sesseln und dem Sofa stapeln, stellt ein Sektchen zum Anstoßen dazu, kündigt selbst gekochte Suppe an und fragt, ob sie noch mehr auf Papier festgehaltenes Leben holen soll. „Nicht, was wir gelebt haben, ist das Leben", sagte der große Schriftsteller Gabriel Garcia Márquez, „sondern das, was wir erinnern und wie wir es erinnern, um davon zu erzählen."

Hanna Schmedts Leben kann man nicht auf diesen wenigen Seiten erzählen, andeuten vielleicht, Schnipselchen ins Heute holen, staunen und demütig werden über diese Frau, die Lebenslust und Menschlichkeit, Humor und Zuversicht, Heimatliebe und Weltoffenheit so bewundernswert vorlebt, dass dem Besucher ein Freudenträchen ins Auge schleicht, als diese beinahe 100-Jährige nicht aus dem Fenster steigt, sondern sich zum Abschied ans Klavier setzt und Franz Grothes Schlager „Einen Walzer für dich und mich" aus der beschwingten Liebeskomödie „Frauen sind doch die besseren Diplomaten" aus dem Jahr 1941 anstimmt, die als erster deutscher Farbfilm im Kino in die Geschichte einging. Ach ja, die Musik, die hat sie immer schon begeistert und tut es noch. Vor etlichen Jahren gründete Hanna Schmedt ein Schulorchester mit Orffschen Instrumenten und rief die Lengericher Musikschule ins Leben. Und übrigens: „Mit dem Saxofon, das ich mit 80 zu spielen angefangen habe, blase ich mir zum 100-Jährigen ein Ständchen." Ja, manchmal ist das Leben viel wunderbarer als ein Roman.

Hanna Schmedt im Jahr 2010. Wegen ihrer stets positiven und optimistischen Lebenseinstellung wird sie von Freunden und Bekannten geschätzt und geliebt.
Foto: privat

Menschen

Hanna Schmedt | Lienen

Der Spezialist für Betriebsfeiern
Saal und Garten der Gaststätte Wittmann in Höste waren sehr beliebt

„Wenn auch die Jahre enteilen, bleibt die Erinnerung noch ..." So der Beginn eines Liedes von Paul Lincke aus der Operette „Im Reiche des Indra".

Dieses Lied hörte ich als Kind häufig, wenn die Verwandtschaft besuchsweise zusammenkam und nach dem Genuss von Kaffee und Kuchen in fröhlicher Runde gesungen wurde. Die Geselligkeit stand an erster Stelle! Heutzutage im Zeitalter der Digitalisierung geradezu unvorstellbar, seinerzeit ohne Telefon, Radio, Fernseher und Auto leben zu können. Erinnerungen wurden auch in mir wach, als mich die Einladung meiner langjährigen Freundin Martha Lammert, geborene Wittmann, aus Lienen-Höste zur Feier ihres 100. Geburtstags in der Gaststätte Wittmann in Höste erreichte.

Das Gasthaus Wittmann: der Inbegriff der Freude, des Glückes, des interessanten Spiels für mich als Kind. Geboren 1918 und aufgewachsen im alten Bahnhof Lengerich, lief ich oft zu Wittmann. Dort konnte man herrlich spielen. Anziehungspunkt war der wundervolle große Garten mit den hohen Bäumen, der Kinderspielplatz mit der einzigartigen Schaukel, ähnlich einer Schiffschaukel, auf der sechs Kinder, je drei an jeder Seite, auf einem breiten Brett sitzen und schaukeln konnten. Noch spätere Generationen schwärmen davon.

Diese Speisekarte des Hotel-Restaurants Wittmann stammt aus den Jahren um 1920.
Quelle: E. Wittmann

1910 wurden Gasthaus und Saal neu gebaut.   Quelle: Archiv Schmedt

Interessant die Geschichte des Hauses: „Die alte Gastwirtschaft Wittmann in Lienen-Höste, um 1910. An der Landstraße von Lienen nach Lengerich in der Bauerschaft Höste wurde noch um 1900 an einem Schlagbaum Wegezoll (Chausseegeld) erhoben und zwar an der Gastwirtschaft Ernst Wittmann (Jedden-Kramer) mit Posthilfsstelle und erstem Telefonanschluss. Das 1828 erbaute Fachwerkhaus wurde 1910 durch ein modernes zweistöckiges Gebäude ersetzt."[1]

Der Gasthof Wittmann wurde zum beliebten Ziel für Ausflügler zu Fuß, mit dem Fahrrad oder mit der Bahn, denn in der Nähe der Gaststätte befand sich die Haltestelle der Teutoburger Wald-Eisenbahn (TWE), deren Strecke von Ibbenbüren bis Gütersloh am Südhang des Teutoburger Waldes verlief. Der Besitzer Ernst Wittmann, ein geschickter Kaufmann, baute 1924 noch einen zweiten großen Saal für 500 Personen. Eine großzügige, elegante Einladung ließ er den Vereinen und Geschäftsleuten zukommen.

Dass ein Saal oder gar eine Wohnung Parkett, Zentralheizung, elektrisches Licht oder eine Wasserleitung hatte, war zu der Zeit im ländlichen Raum nicht üblich. Ernst Wittmann, 1875 geboren, starb im Jahre 1927. Sein Sohn Otto und seine Frau Hilde, aus der Nähe von Gütersloh stammend, besaßen die Fähigkeit, ihre Gäste frohe und festliche Stunden in ihrem Haus und in den großzügigen

Um 1900 posiert die Familie vor der 1828 erbauten alten Gastwirtschaft Wittmann.
Quelle: Archiv Schmedt

Lienen | Hanna Schmedt

Gartenanlagen erleben zu lassen. Der Tecklenburger Landbote berichtet am 9. September 1959 unter der Überschrift: „Der Spezialist für Betriebsfeste: Bei Otto geht es wieder rund. Bei Otto ist der gesellschaftliche Mittelpunkt dieser kleinen Bauerschaft". So erzählt Ottos Sohn von den unvergesslichen Höhepunkten der 50er Jahre des vorigen Jahrhunderts. Das waren die jährlichen Betriebsfeste großer Firmen vor allem aus Ostwestfalen wie ein Verlag und eine Weberei aus Gütersloh mit 400 Personen oder ein Landmaschinenhersteller aus Harsewinkel. Die TWE brachte die Firmenangehörigen bis zur Haltestation Lienen. Von dort wanderten sie über den Kammweg des Teutoburger Waldes nach Höste, um im schönen Garten im Schatten der Bäume den Kaffee und den selbstgebackenen Apfelkuchen der Wirtin zu genießen und am Abend nach flotter Musik der Kapelle im Saal zu tanzen. Noch immer schwärmt Ernst Wittmann, 81 Jahre alt, von dem Besuch der „Bückeburger Jäger" im Jahr 1954.

2000 Besucher genossen bei schönstem Wetter den musikalischen Auftritt. Am Abend war Tanz mit zwei Kapellen auf der großen Bühne. Die Bar, „Hölle" genannt, war unter der Bühne!

Der 100. Geburtstag meiner Freundin Martha ließ die eigenen Erlebnisse in diesem Haus wieder aufleben. Gemeinsam erinnern wir uns all der Jahre und sind dankbar. Zum Abschluss der Geburtstagsfeierlichkeiten durften die fast 100 Gäste nach dem Kaffee in den einmaligen Garten, jetzt ein wenig verwaist, gehen, um einen aufgeblasenen bunten Luftballon in Empfang zu nehmen. Gemeinsam stiegen nun 100 Ballons zwischen den Bäumen hindurch in die Luft. Ein faszinierender Anblick! Jeder Gast schickte sicherlich dabei seine Gedanken, Fragen, Wünsche und Hoffnungen mit in den Himmel.

Anmerkungen

1 Siehe „Lienen in alten Ansichten" von Friedrich Schmedt

2000 Gäste erleben 1954 das Konzert der Bückeburger Jäger.   Quelle: E. Wittmann

Menschen

Dirk Brunsmann | Nordwalde

Mittellos und äußerst charmant

Wie „Holländsk Löttken" zum Dorforiginal wurde

Die Bahnhofstraße führt zum Bahnhof – klar. Auf der Emsdettener Straße geht's Richtung Emsdetten – logisch. Und die Straße An der Wallhecke trägt ihren Namen nach dem nahe gelegenen Grünstreifen – passt.

Straßennamen, fast gleich wo, haben viele Bedeutungen: Sie geben Orientierung, weisen auf Naturgegebenheiten hin oder richten sich nach prominenten Gebäuden. Doch Straßennamen sind nicht selten auch mehr oder minder stumme Zeugen der Ortsgeschichte. Sie sind nach prominenten Bürgern des Ortes, nach Naturdenkmälern und bedeutenden Unternehmen benannt. Und manchmal tragen sie den Namen nicht unbedingt höchst prominenter, aber deswegen historisch nicht minder interessanter Bewohner ihres Ortes.

Auf eben genau so eine Persönlichkeit weist bis heute die Löttkenstraße in Nordwalde hin. Die kleine Querstraße, die die Amtmann-Daniel-Straße – benannt nach Amtmann Daniel, der die Nordwalder Verwaltung von 1887 bis 1927 führte – und die Emsdettener Straße miteinander verbindet, ist nach Anna Maria Elisabeth Holländer, im Nordwalder Volksmund als „Holländsk Löttken" bekannt, benannt. Eine Ehre, die weni-

Bis heute erinnert die Löttkenstraße – hier ein aktuelles Foto, das die Ecke Löttkenstraße/Emsdettener Straße zeigt – an das Leben und Schicksal von „Holländsk Löttken". Foto: Dirk Brunsmann

ger auf den Verdiensten des Dorforiginals für ihren Ort beruht, als vielmehr eine posthume Würdigung einer Frau mit einem im 19. und frühen 20. Jahrhundert zwar nicht ungewöhnlichen, aber dennoch harten Schicksal darstellt. Denn „Holländsk Löttken" war ein klassischer Sozialfall – eine zumindest im Alter

Nordwalde | Dirk Brunsmann

mittellose und auf die Wohltaten anderer Nordwalder angewiesene Frau. Dass sie es mit Charme und Chuzpe schaffte, sich so bis ins hohe Alter durchzuschlagen, lässt sie aus der Reihe der zahlreichen mittellosen Menschen dieser Zeit herausstechen.

Das Kruzifix um den Hals, ihren „Pott" in der Hand: Nur dank der Spenden vieler Nordwalder konnte sich „Holländsk Löttken" im Alter durchschlagen.
Foto: Archiv Heimatverein Nordwalde

Rückblende: 1820 – Nordwalde ist ein verschlafenes Dorf mit etwa 2000 Einwohnern, die ihren Lebensunterhalt zumeist in der Landwirtschaft oder mit Handwerk verdienen. Seit 1816 ist das Amt Nordwalde Teil des Kreises Steinfurt. Das Dorfbild, geprägt von der St.-Dionysius-Pfarrkirche, unterscheidet sich noch stark vom späteren Panorama – anstelle von Fabrikschloten, die sich erst ab dem späten 19. Jahrhundert mit dem Aufstieg der Textilindustrie in den Nordwalder Himmel recken, bildet der alte, im Jahre 1894 durch einen Blitzeinschlag zerstörte Zwiebelturm den markantesten und weithin sichtbaren Orientierungspunkt des kleinen Ortes. In eben jenem Jahr 1820 erblickte am 5. Juni Anna Maria Elisabeth Holländer, genannt Charlotte, das Licht der Welt. Ihr Vater war der Tagelöhner Bernhard Hermann Holländer aus der Nordwalder Bauerschaft Westerode, ihre Mutter Elisabeth Meyers „eigentlich Hundeler"[1]. Der Eintrag im Kirchenbuch beweist, dass es sich bei Charlotte Holländer um ein Nordwalder Original handelte – und nicht, wie aufgrund ihres plattdeutschen Rufnamens „Holländsk Löttken" oft vermutet, um eine aus dem benachbarten Holland Zugezogene. Der inzwischen verstorbene Heimatforscher Karl-Heinz Stening (1932-2018) erklärte den unter den Dorfbewohnern gebräuchlichen Rufnamen ‚Holländsk Löttken' wie folgt: „Zu dem originellen Auftreten kam wie von selbst ein besonderer Name, nämlich Charlotte, in der Verkleinerungsform ‚Löttken'. Nach Nordwalder Sprechweise (Voranstellung des Hausnamens) ergab sich die plattdeutsche Bezeichnung ‚Holländsk Löttken.'"[2]

In ihren jungen Lebensjahren scheint „Holländsk Löttken" ein Leben geführt zu haben, wie es die meisten jungen Mädchen und Frauen auf dem Lande führten – sie verdingte sich auf verschiedenen Bauernhöfen als Dienstmagd und Haushaltshilfe. Offenbar bewies sie bei der Ausbesserung von Kleidungsstücken ein besonderes Talent, was sie schon bald zu einer im Ort nachgefragten Weißnäherin machte.

Zum „Dorforiginal" stieg Charlotte Holländer erst im Alter auf. Denn als sie ihrer Arbeit als Weißnäherin mit schwindender Sehkraft nicht mehr wie gewohnt nachkommen konnte, wurde sie zum Sozialfall – und musste sich ins Armenhaus begeben. Derer gab es zwei in Nordwalde: Zu einem am Kirchhof gelegenen Armenhaus, das im Jahre 1900 an den Holzschuhmacher Bernhard Oberhaus verkauft wurde, kam ein zweites, außerhalb des eigentlichen Dorfes auf dem so genannten „Meer" gelegenes und nach seinem Stifter „Lütke Schmedde" benanntes Gebäude. In diesem Haus, einem baufälligen Fachwerkbau mit nur zwei Zimmern und ohne Feuerstelle, fand Anna Maria Elisabeth Holländer Unterschlupf.

Der Not gehorchend, verdingte sich „Löttken" fortan als Dorfbettlerin. Weil es im Armenhaus keine Feuerstelle gab, auf der sie kochen und sich wärmen konnte, zog die alte Frau Tag für Tag durch das Dorf und kehrte mit ihrem „Henkelmann" in verschiedenen Kosthäusern ein, um sich warmes Essen zu holen. Im Winter brachte sie zudem ihr „Füerstövken" mit, in das mildtätige Nordwalder ihr einige Stücke Holzkohle legten, an denen sich „Löttken" dann – zumindest notdürftig – wärmen konnte. Auch bei Hochzeiten im Ort war die mit-

Ein Dorforiginal, wie es den Nordwaldern um 1900 von jung bis alt bekannt war: Anna Maria Elisabeth Holländer, im Volksmund nur „Holländsk Löttken" gerufen. Das Foto zeigt sie in typischer Kleidung mit Schal und Haube.
Foto: Archiv Heimatverein Nordwalde

tellose Frau stets zugegen – immerhin gab es dort stets reichlich und gutes Essen. Also reihte sich „Löttken" durchweg in die Schar der Gratulanten ein, um so an jedem Festmahl teilhaben zu können.

Bekannt war die Frau den Dorfbewohnern für ihre perlenbestickte Niewelkappe aus Samt und Seide mit bunten Bändern, die sie stets beim sonntäglichen Kirchgang und zu Hochzeiten trug. Auf allen heute noch bekannten Fotos ist „Löttken" stets mit ihrer Kappe zu sehen. In diesem Outfit posierte sie auf einer der ältesten erhaltenen Nordwalder Postkarten. Diese zeigt „Löttken" auf dem historischen Kirchlarweg. Im Hintergrund ist der Pröbstinghof, das heutige St.-Franziskus-Haus, zu sehen, rechts der bis heute in dieser Form erhaltene, mittelalterliche Speicher, links das frühere Herrenhaus des Schulzenhofes. Im oberen Teil ist das damalige Dorfpanorama – bereits mit neuem, nach 1894 errichteten Kirchturm – abgebildet, dazu der Spruch „Gruss aus Nordwalde". So abgelichtet, erlangte „Holländsk Löttken" über Nordwalde hinaus Bekanntheit und festigte endgültig ihren Ruf als „Nordwalder Original".

Ihre letzten Lebensjahre allerdings konnte die inzwischen über 90-Jährige nicht in Nordwalde verbringen – nach dem Abbruch des Armenhauses auf dem Meer im Jahre 1911 und vorübergehender Pflege im Krankenhaus wurde die zunehmend an geister Verwirrung und Altersschwäche leidende Frau am 30. März 1912 in die Heilanstalt Eickelborn eingewiesen. Dort verstarb sie im hohen Alter von 96 Jahren am 6. Juni 1916. Als Reminiszenz an dieses Nordwalder Original ist später die Straße, an der das sie beherbergende Armenhaus stand, mit dem Namen „Löttkenstraße" benannt worden.

1 Eintrag der Geburt im Kirchenbuch Nr. 7 der Pfarrei St. Dionysius vom 6. Juni 1820

2 Karl-Heinz Stening: „Holländsk Löttken" wurde zunächst nicht für voll genommen. Vom „Sozialfall" zum „Dorforiginal", Westfälische Nachrichten vom 17. Mai 1997, Ausgabe Steinfurt, Lokalteil Nordwalde

Diese kolorierte Postkarte mit dem „Gruss aus Nordwalde" zeigt „Holländsk Löttken", wie sie vor dem Pröbstinghof, heute St.-Franziskus-Haus, posiert.   Foto: Archiv Heimatverein Nordwalde:

Menschen

André Schaper | Rheine

Nie zur Rechenschaft gezogen

Dr. Karl Gustav Böhmichen war KZ-Arzt und machte Menschenversuche

Irgendwann zwischen 1910 und 1911 muss der Justizassessor Gustav Böhmichen mit seiner Frau Luisa Klementine Böhmichen, geborene Jäger, von Münster nach Rheine gezogen sein.[1] Hier war er seitdem beim Königlich-Preußischen Amtsgericht als Amtsgerichtssekretär und später als Gerichtsobersekretär tätig. Die Familie wohnte an der Hovestraße 6.[2] Neben dem ältesten Sohn Wilhelm und der Tochter Elisabeth bekam das Paar am 31. Mai 1912 den Sohn Karl Gustav.[3]

Karl besuchte zunächst die Volksschule und ging ab Ostern 1922 auf das Gymnasium Dionysianum in Rheine. Hier genoss er eine klassisch-humanistische Schulbildung, zu der auch Griechisch, Latein und Französisch gehörten.[4] Wohl dem beruflichen Aufstieg des Vaters folgend, der ab 1927 als Justizinspektor im münsterschen Adressbuch verzeichnet war, zog die Familie in die Westfalenmetropole. Der ältere Bruder Wilhelm hatte zuvor noch am Gymnasium sein Abitur bestanden.[5] Im Abmeldebuch der Stadt Rheine ist am 19. August 1926 verzeichnet, dass die Familie Böhmichen mit fünf Personen – Vater Gustav, Mutter Luisa, Bruder Wilhelm, Schwester Elisabeth und Karl-Gustav – nach Münster verzogen war.[6] Hier wohnten sie vorerst in der Loerstraße 33. Ab 1932 war die Familie Böhmichens in der Schleswiger Straße 51 zu finden.[7]

Karl Böhmichen war verheiratet. Seine Frau hieß Gertrude. Quelle: Fotografische Sammlung der KZ-Gedenkstätte Mauthausen

Fand in Rheine die vermutlich stramm national-orientierte Sozialisierung statt, folgte in Münster die Hinwendung zum radikalen Nationalismus und Rassismus: Der sehr frühe Eintritt in die SS mit der Nummer 256.732 im November 1933 lässt auf eine deutliche Verbundenheit

Hier war Böhmichen zwischen 1922 und 1926 Schüler: das Gymnasium Dionysianum in Rheine. Dieses Foto entstand um 1909.
Bildquelle: Stadtarchiv Rheine

zum Nationalsozialismus schließen. Vorher war Vater Gustav Böhmichen bei der Hitlerjugend aktiv, bis er aus Altersgründen austrat.[8] Im Oktober 1935 trat er in die NSDAP ein.[9]

Am Gymnasium Paulinum in Münster machte Böhmichen 1934 sein Abitur und studierte nach seiner Dienstzeit beim Reichsarbeitsdienst in Westerkappeln ab November 1934 an der Universität Münster Humanmedizin.[10] Unter den Professoren an der medizinischen Fakultät gab es namhafte Vertreter, die den Glauben an die Überlegenheit der „arischen Rasse" und die damit verbundene angebliche Notwendigkeit der „Rassenhygiene" an ihre Studenten weitergaben. Zu ihnen gehörte beispielsweise Prof. Dr. Johann Paul Kremer, der ab 1942 in Auschwitz Lagerarzt war.[11] Seit 1936 gab es an der Universität festgelegte Pflichtveranstaltungen, etwa in den Bereichen Rassenkunde, Rassenhygiene und Bevölkerungspolitik, die von jedem Studenten der Humanbiologie belegt werden mussten und dazu beitrugen, dass die nationalsozialistische Ideologie einen zentralen Bestandteil des Studiums bildete.[12] Die so ausgebildeten Ärzte sollten die Speerspitze bei der „Pflege der wertvollen rassischen Bestandteile im Volkskörper" sein. Zeitgleich schuf man damit die Basis dafür, dass all jene Menschen, die nicht als „wertvoll" angesehen wurden, erst ausgeschlossen und später ausgemerzt, das heißt systematisch ermordet wurden.[13] Dies wurde der Grundstein für die Verbrechen der nationalsozialistischen Ärzteschaft, der dann auch Böhmichen angehörte.

Bis 1936 hatte Böhmichen seine Zwischenprüfungen abgelegt und erhielt bei Kriegsausbruch durch das Reichsministerium des Inneren die Notapprobation, da er als Arzt in der Waffen-SS Ver-

Böhmichen erhielt 1926 das Abgangszeugnis des Gymnasiums Dionysianum in Rheine.
Bildquelle: Schularchiv des Gymnasiums Dionysianum

wendung fand. Von November 1939 bis Januar 1940 war er in der Sanitätslehrkompanie des SS-Regiments „Deutschland" in Ostpreußen tätig.¹⁴ Zwar war er noch kein vollwertiger Mediziner, doch reichten seine Fähigkeiten aus, um Lager-Arzt im Konzentrationslager zu werden: Erste Erfahrungen konnte er zwischen Februar und Juli 1940 im Konzentrationslager Sachsenhausen sammeln.¹⁵ Dem schlossen sich Aufenthalte in den Lagern Flossenbürg von Juli 1940 bis August 1941 und Neuengamme ab August 1941 bis zum Frühjahr 1942 an.¹⁶

Im Herbst 1941 erwarb er den Rang eines SS-Hauptsturmführers im KZ Mauthausen.¹⁷ Hier unterstand er mit anderen SS-Ärzten dem Standortarzt SS-Sturmbannführer Dr. Eduard Krebsbach (1894-1947).¹⁸ Mit seiner Tätigkeit als Lagerarzt war Böhmichen unmittelbar an den Verbrechen im Konzentrationslager aktiv beteiligt. SS-Ärzte stellten für die lagereigenen Standesämter fingierte Totenscheine aus. Immer wurden natürliche Ursachen bescheinigt. Die Regel war aber, dass alle Todesfälle mit Gewalt verbunden waren.¹⁹

Zu den Aufgaben der Mediziner gehörte nicht die Heilung von kranken Häftlingen, sondern vielmehr die Kontrolle über die Arbeitsfähigkeit der als Sklaven für die deutsche Kriegswirtschaft eingesetzten Menschen. Kranke oder arbeitsunfähige Häftlinge wurden ausselektiert, und Ärzte wie Böhmichen führten dann das im Lagerjargon sogenannte „Abspritzen" oder „Totspritzen" durch. Häftlinge erhielten dabei eine tödliche Benzin- oder Giftspritze. Der Mauthausener Arztschreiber Ernst Martin beschrieb die Praxis der SS-Ärzte so: „Dies ging meist vor sich, dass der Häft-

Unter dem SS-Führungspersonal im KZ-Mauthausen im Frühjahr 1943: Neben dem Lagerkommandanten, dem Leiter der Lager-Gestapo und weiteren SS-Ärzten ist als Zweiter von rechts auch Böhmichen zu sehen.

Bildquelle: Fotografische Sammlung der KZ-Gedenkstätte Mauthausen

ling auf den Operationstisch gelegt [sic] wurde zwecks Vornahme einer Operation. Er wurde kurz mit Chlorethyl narkotisiert und sodann wurde mit einer Injektionsspritze und langer Nadel in das Herz eine Lösung von Magnesiumchlorat, von Cyan-Rhodan-Verbindungen und andere injiziert. Der Tod trat schockartig ein." ²⁰

Böhmichen gehörte zu jener Gruppe von SS-Medizinern, die losgelöst von jeglichen ethischen oder strafrechtlichen Normen auch Menschenversuche an Häftlingen durchführten. Einige Überlebende berichteten nach dem Krieg, dass Böhmichen außerdem „wahllos kranke und gesunde Häftlinge" operiert hätte, „nur um an diesen Operationen zu lernen"²¹. Zudem soll er in unregelmäßigen Abständen bis zu 60 Häftlinge mit Tuberkulose-Erregern infiziert haben, um den Verlauf der Krankheit studieren zu können.²² Dabei arbeitete er eng mit dem Lagerarzt Dr. Aribert Heim – genannt Dr. Tod – zusammen, der bis zu seinem Tod 1992 zusammen mit dem „Todesengel von Auschwitz" Dr. Josef Mengele einer der meistgesuchten NS-Kriegsverbrecher war.²³ Die genaue Zahl der Opfer, die Böhmichen direkt zu verantworten hat, ist nicht mehr zu rekonstruieren.

Von allem ganz unbehelligt konnte Böhmichen 1955 aus der sowjetischen Kriegsgefangenschaft zurückkehren.²⁴ Vollkommen mittellos erhielt er für die Fortsetzung seines Studiums Fördergelder durch das Kultusministerium des Landes Nordrhein-Westfalen von bis zu 500 Mark monatlich.²⁵ Zeitgleich arbeitete er vom 1. Februar 1956 bis 31. Dezember 1957 als Hilfsarzt an der Universitätsklinik Münster. Laut Schreiben seines Vorgesetzten, Oberarzt Dr. Hegemann, führte er die „ihm übertragenen Arbeiten […] gewissenhaft und zu unserer vollen Zufriedenheit"²⁶ aus.

Die Wirkstätte des Vaters war das Königlich-preußische Amtsgericht in Rheine an der Salzbergener Straße. Das Foto entstand um 1910.
Bildquelle: Stadtarchiv Rheine

Interessant dabei ist ein Vergleich der handgeschriebenen Lebensläufe von 1940 und 1956:²⁷ Der Lebenslauf von 1956 hat große zeitliche Sprünge, insbesondere in der Zeit zwischen 1939 und 1945. So finden seine Zugehörigkeit zur Waffen-SS und seine Tätigkeit als Lagerarzt in diversen Konzentrationslagern keinerlei Erwähnung. Während er im Lebenslauf von 1942 noch jede Einheit der Waffen-SS und die genauen Zeiträume seines Dienstes in den Konzentrationslagern benennt,²⁸ schreibt er 1956, dass er Mitte September 1939 in den Heeresdienst eingezogen und nach achtwöchiger Waffenausbildung an die Front als Truppenarzt versetzt wurde. „Während des Krieges", so schreibt er weiter, „war ich als Arzt an der Ostfront tätig."²⁹

Später praktizierte er als Oberarzt im „Lungen-Kurheim Hillersbach" im Kreis Büdingen in Hessen.³⁰ Schon im Alter von 52 Jahren starb Obermedizinalrat Böhmichen am 14. Juli 1964 nach „langer, schwerer Krankheit"³¹ in Gießen.

Ansichtskarte des Lungen-Kurheims Hillersbach in Hessen. Hier war Böhmichen in den Jahren nach dem Krieg tätig.
Bildquelle: Privatsammlung André Schaper

Für seine Taten als KZ-Arzt musste sich Böhmichen nie verantworten. Mindestens sechs Ermittlungsverfahren, in denen er als Beschuldigter oder Mitschuldiger galt, wurden eingestellt.[32]

Quellen

1 Im Adressbuch der Stadt Münster ist der Gerichtsaktuar Gustav Böhmichen noch 1910 verzeichnet, 1911 nicht mehr. siehe: Adressbuch Kreis Steinfurt 1913, S. 141

2 Adressbücher der Stadt Rheine 1918, S. 63 bzw. 1925, S. 252

3 Geburtsregister Stadt Rheine Nr. 253/1912

4 Abgangszeugnis vom 27. Juli 1926, Schularchiv Gymnasiums Dionysianum Rheine

5 Schülerverzeichnis, Schularchiv Gymnasium Dionysianum Rheine

6 Abmeldebuch der Stadt Rheine 1926-1936, Stadtarchiv Rheine

7 Adressbuch der Stadt Münster 1927, S. 30, und Adressbuch der Stadt Münster 1932, S. 35

8 Handschriftlicher Lebenslauf, Fragebogen des Rasse- und Siedlungshauptamtes von 1942, R 9361-III BDC: Rasse- und Siedlungshauptamt/16863, Bundesarchiv Berlin

9 Personalbogen Böhmichen aus dem KL Sachsenhausen, Gedenkstätte Sachsenhausen

10 siehe Fußnote 8

11 Bastian, Till: Furchtbare Ärzte. Medizinische Verbrechen im Dritten Reich, München 2001, S. 66ff

12 Ferdinand, Ursula: Die Medizinische Fakultät der Westfälischen Wilhelms-Universität Münster von der Gründung bis 1939; in: Thamer, Hans-Ulrich/Droste, Daniel/Happ, Sabine: Die Universität Münster im Nationalsozialismus. Kontinuität und Brüche zwischen 1920 und 1960, Band 1, Münster 2012, S. 504 ff

13 Klee, Ernst: Deutsche Medizin im Dritten Reich. Karrieren vor und nach 1945, Frankfurt am Main 2001, S. 46 ff

14 siehe Fußnote 8; Personalbogen Böhmichen aus dem KL Sachsenhausen, Gedenkstätte Sachsenhausen

15 Personalbogen Böhmichen aus dem KL Sachsenhausen, Gedenkstätte Sachsenhausen

16 siehe Fußnote 8

17 Klee, Ernst: Personenlexikon zum Dritten Reich. Wer war was vor und nach 1945, Frankfurt a. Main 2005, S. 60

18 Holzinger, Gregor (Hg.): Die zweite Reihe. Täterbiografien aus dem Konzentrationslager Mauthausen, Wien 2016, S. 111 ff. An dieser Stelle sei auf einen sehr aktuellen Aufsatz über Karl Böhmichen hingewiesen, den der Historiker und Mitarbeiter der Gedenkstätte Mauthausen, Gregor Holzinger, verfasst hat. Siehe in: Holzinger, Gregor (Hg.): Die zweite Reihe. Täterbiografien aus dem Konzentrationslager Mauthausen, Wien 2016, S. 63-66.

19 so beispielsweise im Konzentrationslager Sachsenhausen: Hrdlicka, Manuela: Alltag im KZ. Das Lager Sachsenhausen bei Berlin, Opladen 1992, S. 107 ff

20 vgl. Ernst Martin: Übersicht über die SS-Führer und SS-Unterführer der K.L.-Bewachung SS-Totenkopf-Sturmbanne im Konzentrationslager Mauthausen und deren Verbrechen seit der Errichtung des Lagers, Mai 1961, AMM H/09/03

21 siehe Fußnote 20

22 Auskunft des Bundesarchivs, Außenstelle Ludwigsburg vom 7. Mai 2015

23 Klee, Ernst: Personenlexikon zum Dritten Reich. Wer war was vor und nach 1945, Frankfurt a. Main 2005, S. 238

24 Handgeschriebener Lebenslauf, Promotionsakte, Bestand 55 Nr. 2408, Universitätsarchiv Münster

25 Förderbescheid des Kultusministeriums NRW vom April 1956, Promotionsakte, Bestand 55 Nr. 2408, Universitätsarchiv Münster

26 Personalakte Böhmichen, Bestand 10 Nr. 994, Universitätsarchiv Münster

27 Handgeschriebener Lebenslauf, Promotionsakte, Bestand 55 Nr. 2408, Universitätsarchiv Münster

28 siehe Fußnote 8

29 Handgeschriebener Lebenslauf, Promotionsakte, Bestand 55 Nr. 2408, Universitätsarchiv Münster

30 Klee, Ernst: Personenlexikon zum Dritten Reich. Wer war was vor und nach 1945, Frankfurt am Main 2005, S. 60

31 Sterbeanzeige, Kreis-Anzeiger Kreis Büdingen vom 15. Juli 1964; Sterberegister Stadt Gießen Nr. 1006/1964

32 Auskunft des Bundesarchivs, Außenstelle Ludwigsburg vom 7. Mai 2015

Menschen

Robert Herkenhoff | Recke

Verdient um die Integration der Schlesier
Brauchtumspreisträger Paul Nößler mit 89 Jahren verstorben

„Paul Nößler hat es sich seit Jahrzehnten zur Aufgabe gemacht, angestammtes Kulturgut seiner östlichen Heimat zu erhalten. Große Verdienste hat er sich um die Förderung ostdeutschen Brauchtums, speziell des schlesischen Kulturgutes in seiner neuen Heimat Westfalen, erworben." Mit diesen Worten würdigte Landrat Martin Stroot 1994 in seiner Laudatio Paul Nößler bei der Verleihung des Wanderpreises für Brauchtums- und Heimatpflege des Kreises Steinfurt. Bereits 1990 wurde Paul Nößler das Bundesverdienstkreuz für sein Engagement in der Vertriebenenarbeit verliehen. Beide Auszeichnungen unterstreichen, dass die Aktivitäten des Geehrten immer Hand in Hand gingen mit einer gelungenen Integration der Vertriebenen in ihre neue westfälische Heimat, auf die Paul Nößler immer großen Wert gelegt hat. Am 6. Mai 2018 ist er im Alter von 89 Jahren verstorben.

Geboren wurde Paul Nößler 1929 in Wünschelburg in der ehemaligen niederschlesischen Grafschaft Glatz. Seine Heimat war stark geprägt von ihren katholischen Bewohnern, die zahlreiche Kapellen, Bildstöcke, Mariensäulen und Kreuzwege errichteten. Nach der Vertreibung 1946 wurde Paul Nößler in Recke-Steinbeck heimisch. Er heiratete 1955 seine aus dem oberschlesischen Altwilmsdorf stammende Frau Luzia. Als Bergmann bei der damaligen Preussag sicherte er das Einkommen für seine große Familie. Seit 1952 arbeitete Paul Nößler in den verschiedenen Organisationen der Ostvertriebenen mit. Besonders aktiv war er im Bund der Vertriebenen, so auch lange Zeit als Vorsitzender des Kreisverbandes. Ehrenamtlich saß er für die CDU viele Jahre im Gemeinderat Recke, war Vorsitzender der Katholischen Arbeiterbewegung und Mitglied im Kirchenvorstand seiner Heimatpfarrei in Steinbeck.

Lang ist die Liste der Aktivitäten des Verstorbenen. Dazu gehört auch die nachhaltige Initiative zur Bündelung der Vertriebenenarbeit in einem Gesprächsforum mit Eröffnung eines Büros in Ibbenbüren. Vielen Menschen hat er beim Aufbau ihrer Existenz geholfen. Gemeinsam mit seiner Frau Luzia setzte sich Paul Nößler auch für den Zusammenhalt der ehemaligen Einwohner von Wünschelburg und Altwilmsdorf ein. So engagierten sich die Eheleute im Vorstand der bundesweiten Heimatgemeinschaft Altwilmsdorf. Seit 1970 treffen sich die ehemaligen Altwilmsdorfer

Robert Herkenhoff | Recke

in Recke und feiern traditionell alle zwei Jahre in Steinbeck ihre „Altwilmsdorfer Kirmes". Diese Begegnungen vertieften das gegenseitige Verständnis zwischen Einheimischen und Vertriebenen.

Der Verstorbene war nicht nur Motor der sozialen, politischen und organisatorischen Vereinigung der Vertriebenen, er war auch aktiver Heimatpfleger, Organisator von Veranstaltungen und Exkursionen nach Schlesien sowie Förderer schlesischer Mundart und Musik. Nie sind die Kontakte von Paul Nößler zu seiner verlorenen Heimat erloschen, zwanzig Mal führte er viele Menschen in das Glatzer Bergland. Viele Beiträge hat der Verstorbene auch für das Jahrbuch des Kreises Steinfurt verfasst.

Als Lebenswerk von Paul Nößler gilt die 1981 übernommene Patenschaft der Gemeinde Recke zur Heimatgemeinschaft Altwilmsdorf, ein Zusammenschluss der verstreut lebenden Vertriebenen dieser Gemeinde. Viele Familienbindungen und Freundschaften konnten gepflegt und kirchliche Traditionen aus dem alten Wallfahrtsort Altwilmsdorf in das Steinbecker Leben eingebunden werden. Auf Initiative von Paul Nößler wurde Recke zum kulturellen und sozialen Mittelpunkt für die Altwilmsdorfer. Dank seiner Anregung wurde auf dem Friedhof des schlesischen Wallfahrtsortes ein eindrucksvolles Lapidarium aus über 200 alten, noch gut lesbaren Gedenksteinen und Grabtafeln der früheren deutschen Bewohner angelegt.

Paul Nößler erhielt 1994 Wanderpreis für Brauchtums- und Heimatpflege des Kreises Steinfurt.
Foto: Bildarchiv Heinrich Weßling

Die von Paul Nößler angelegte umfangreiche Textsammlung zur Vertriebenenarbeit und Heimatpflege hat die Familie des Verstorbenen dem Archiv des Kreises Steinfurt und dem Historischen Archiv der Universitäts- und Landesbibliothek Münster zur Verfügung gestellt.

Menschen

Monika Niesert | Rheine

Würdevoll im kardinalroten Gewand
Dionysius-Gemeinde hat einen ehrenamtlichen Kirchenschweizer

Jeder Pastorenwechsel bringt Veränderungen oder Überraschungen mit sich. Als beispielsweise Pastor Bernhard Lütkemöller seinen gerade angewärmten Platz für Pastor Thomas Lemanski frei machte, bekam die Dionysius-Gemeinde in Rheine einen Pastor, der vergangenen Epochen in einigen Aspekten sehr verbunden ist. Er beförderte aus dem Kirchenkeller „Schätzchen" ans Tageslicht und beschloss, das eine oder andere Teil neu zu beleben und dafür andere „Ausstattungsobjekte" in den Ruhestand zu schicken. So wurde beispielsweise die jahrelange Ruhe der Statue von Johannes dem Täufer beendet. Er bekam einen Platz neben dem Tabernakel zugewiesen. Zu seinen Füßen steht nun das wunderschöne gotische Taufbecken, was ja auch Sinn macht.

Das brachte Gemeindemitglied Christoph Klahn, der bei dieser „Wiederbelebung" behilflich gewesen war, auf die Idee, dem Pastor einen Vorschlag zu machen. Sein Bruder wollte sich von dem Gewand trennen, das erst der Vater und danach der Bruder selbst getragen hatten, als sie auf Norderney das Amt des Kirchenschweizers innehatten. Der Vater ist bereits tot und der Bruder nach Rheine gezogen.

Christoph Klahn präsentierte das gut gepflegte Gewand Pastor Lemanski. Als dieser begeistert reagierte, war es quasi besiegelt, das Amt eines Kirchenschweizers in der Dionysius-Gemeinde auf ehrenamtlicher Basis einzuführen. Die Fronleichnamsprozession 2015 stand bevor und bot sich als Einstieg an.

Rein zufällig bin ich zur rechten Zeit am rechten Ort, auf dem Thieberg, wo sich eine große Menschentraube angesammelt hat. Ich erfahre, dass gleich der Gottesdienst der Fronleichnamsprozession beginnt. Interessiert bleibe ich stehen. Nun sehe ich auch einen Altar und ein Mikrophon und jede Menge Messdiener aus allen Pfarreien, die mit St. Dionysius fusioniert haben. Außerdem

Christoph Klahn ist glücklich mit seinem Ehrenamt.
Foto: Sven Rapreger/MV

Bläser für die musikalische Unterstützung.

Bei herrlichstem Wetter eröffnet Pfarrer Lemanski diesen Freiluftgottesdienst. Kurze Zeit später ruft er Christoph Klahn zu sich und stellt ihn der Gemeinde als neuen Kirchenschweizer vor. Stolz präsentiert sich dieser im kardinalroten Gewand, schwarz abgesetzt, mit einem Birett in gleicher Farbe auf dem Kopf und einem langen Stab in der Hand, der am oberen Ende mit einer glänzenden Messingkugel abschließt.

Neben mir steht eine ältere Dame, an der Hand eine drei- bis vierjährige Enkelin. Laut fragt das Kind: „Oma, ist das der Nikolaus?"

„Pssst, nicht so laut. Nein, das ist nicht der Nikolaus."

„Der Papst?", hakt das Kind nach.

„Nein, auch nicht der Papst."

„Warum ist er so schön angezogen?"

„Gib jetzt Ruhe, ich erklär es dir zu Hause."

Nach einigen Tagen klärt die Zeitung mit einem Artikel auf: Christoph Klahn ist ehrenamtlicher Kirchenschweizer geworden. Seine Aufgaben sind in erster Linie Ordnungsaufgaben in der Kirche. Aber das lehnt Christoph Klahn ab. „Das ist in Zeiten schrumpfender Kirchgängerzahlen nicht mehr nötig, außer wenn es sich um Rollstuhlfahrer oder ältere, gebrechliche Menschen handelt, dann führe ich sie zu einem Platz."

Sein Ziel sieht er darin, Gottesdiensten innerhalb und außerhalb der Kirche einen würdigen Rahmen zu verleihen, zu repräsentieren. Das tut er voller Inbrunst.

Christoph Klahn wird von Pastor Thomas Lemanski der Gemeinde St. Dionysius während des Fronleichnamsgottesdienstes auf dem Thieberg offiziell als ehrenamtlicher Kirchenschweizer vorgestellt.
Foto: privat/Dirk van den Loo

Mich erstaunt das ganze Thema, denn ich war bislang der Meinung, dass es Kirchenschweizer nur in den großen Kathedralen gibt. Im Kölner und Limburger Dom beispielsweise sind sie mir schon begegnet. Aber in Rheine? Und die Frage drängt sich auf, ob es hier überhaupt schon mal ein solches Amt gab? Das ist der Augenblick, in dem die mühsamen Recherchen beginnen. Mühsam deshalb, weil die Archive teilweise ausgelagert sind. Hinzu kommt, dass alles lange zurückliegt. Jeder, den ich fragte, sagt: „Ich habe mal gehört, dass es einen gab, aber wie der hieß und wann das war, kann ich nicht sagen. Besser du fragst Alteingesessene, die wenigstens achtzig sind." Man nennt mir einige Namen, die ich leider ohne Erfolg anrufe. Auch der Gang zum Stadtarchiv ist ergebnislos. Dann erhalte ich die Auskunft, dass es auf jeden Fall einen Kirchenschweizer in Rheine gab. So in den 50er-Jahren etwa. Das ist ein Lichtblick. Nun fällt mir auch Propst em. Heinrich Tietmeyer ein, und er ist ein richtiger Glücksfall. In seinen persönlichen Unterlagen stößt er auf Kirchenvorstandsprotokolle, die mit meinem Thema zu tun haben.

„2. Januar 1891:

Sobald eine passende Persönlichkeit gefunden ist, soll ein Kirchenschweizer zur Aufrechterhaltung der Ordnung beim Gottesdienst angestellt werden. Sein Gehalt ist im Etat auf 100 Mk jährlich festgesetzt.

9. Mai 1917: Den beiden Kirchenschweizern, welche bereits im ersten Kriegsjahr zum Heeresdienst eingezogen wurden, wird das Gehalt bis auf Weiteres nicht mehr gezahlt.

15. Juni 1937: Dem Antrage des Mitgliedes Beckers, die Frage eines Kirchenschweizers als Punkt auf die nächste Tagesordnung zu setzen, soll stattgegeben werden.

21. Oktober 1937: Das Mitglied Beckers gibt seiner Meinung Ausdruck, in der Pfarrkirche durch Kirchenschweizer wieder, wie früher schon, für Ordnung beim sonntäglichen Gottesdienst Sorge zu tragen. Nach lebhaftem Für und Wider beschließt der Vorstand zunächst durch den Vorsitzenden versuchen zu lassen, einen reibungslosen, geordneten Verkehr herbeizuführen. Notfalls soll zu Beginn des nächsten Rechnungsjahres diese Frage nochmals angeschnitten werden.

18. Januar 1951: Der Kirchenvorstand lässt sich durch den Vorsitzenden von der immer dringender werdenden Einstellung eines Kirchenschweizers überzeugen und bewilligt dafür monatlich 25,- DM.

Dieses Amt fand im gleichen Jahr in Herrn Josef Trockel einen würdigen Träger. Wann dieser das Amt abgab, ist nicht bekannt."

Meine Recherchen haben noch einen interessanten Nebeneffekt, denn ich erfahre, dass es auch in der Basilika von etwa 1947 bis 1965 den Kirchenschweizer Güdde gab, und in St. Elisabeth wirkte Johannes Grottendiek in gleicher Weise bis etwa 1960.

Hinterfragt man das Wort Kirchenschweizer, kommt man unweigerlich zur Schweizer Garde. Bevor es sie gab, sorgten Ritter mit ihren Heeren für die Sicherheit des Papstes. Doch als die Blütezeit des Rittertums endete, war sein Schutz nicht mehr gewährleistet. Deshalb schloss Papst Julius II. im Jahr 1505 zu seiner Sicherheit mit den Städten Zürich und Luzern einen Vertrag ab. Das war die Geburtsstunde der Schweizer Garde.

Bei seinem Auftritt zum Kirchweihfest führt Christoph Klahn die liturgischen Dienste nach dem Gottesdienst aus der Kirche. Foto: Sven Rapreger/MV

Menschen

Evelyn Scherer | Emsdetten

Sensibler gegenüber Tod und Leben
Ausbildung zur Hospiz-Begleiterin änderte Sichtweise auf Vieles

Es war einer dieser Tage, an denen man beschließt, dem Leben möglicherweise eine andere Richtung zu geben: Ich hatte mich zur Teilnahme am Kurs „Ehrenamtliche Begleiterin am Lebensende" entschlossen. Ich muss vorausschicken, dass ich zuvor bereits zwei Menschen in ihren letzten Stunden begleitet habe, einen guten Freund und eine Nachbarin. Diese Begegnungen waren nicht vorhersehbar, haben sich aber für mich als schicksalhaft erwiesen. Sie haben mein Leben in einer besonderen Weise bereichert.

Die Begegnungen mit dem Sterben, dem behutsamen Begleiten, dem Loslassen haben mir, die ich durch ein traumatisches Erlebnis in der Vergangenheit große Angst vor dem Tod, vor der Endgültigkeit hatte, Kraft gegeben und mir auch einen großen Teil meiner Ängste genommen.

Der Entschluss, an dem Kurs zur Begleitung am Lebensende teilzunehmen, hat mir dann noch einmal die Möglichkeit gegeben, mich auf etwas einzulassen, was nicht unbedingt zu meinem bisherigen Leben gehörte.

Ich hatte mich auf die Suche begeben, nach Antworten gesucht: Was, wann und warum ist so in meinem Leben geschehen, was habe ich Schönes und Leidvolles erfahren, wo sind meine Lebensbezüge? Ist das, was ich vermeintlich als „Schicksalsschlag" empfunden habe, mit dem ich hadere, nur meine persönliche, eine sehr subjektive, vielleicht auch selbstgefällige Einschätzung? Durch das Kennenlernen Gleichgesinnter, das Erfahren ganz unterschiedlicher, auch sehr schmerzhafter Lebenswege, die mich berührt haben, hat sich meine Selbstwahrnehmung verändert: Ich bin dankbarer und achtsamer geworden.

Es waren anstrengende Wochen, die meine Sichtweise in verschiedenen Bereichen des Lebens entscheidend beeinflusst haben.

Die Reflexion und die Auseinandersetzung mit der eigenen Biografie, dem Leben und der Endlichkeit, auch der durchaus kritische Umgang mit religiösen Aspekten, das Kennenlernen medizinischer Möglichkeiten zur Linderung von Schmerzen am Lebensende, die Kommunikation in der Begleitung von Menschen, der wertschätzende Umgang miteinander, all das hat mich sensibilisiert für den Umgang mit Menschen, für den Umgang mit Sterbenden. Diese Wochen haben mich stärker werden lassen.

Den Menschen am Lebensende sollte mehr Aufmerksamkeit geschenkt werden. Wohl jeder von uns wünscht sich, irgendwann im eigenen Zuhause sein Leben aus der Hand zu geben. Das ist nicht immer möglich, aber es gibt Orte, an denen versucht wird, ein Zuhause zu schaffen. Dazu gehört auch ein Hospiz.

Die Idee der Hospizarbeit beruht auf dem Begriff Herberge und Gastfreundschaft. Es ist ein Ort zum Kommen, Bleiben, Halt geben; ein Ort, um schwerstkranken Menschen in ihrer letzten Lebensphase ein Stück Heimat zu geben, ihnen Geborgenheit, ein Zuhause und durchaus noch Lebensqualität zu vermitteln. Das alles wird in einem Hospiz ermöglicht und gelebt.

Natürlich ist der Tod im Hospiz gegenwärtig, das ist Realität, aber es gibt noch die Zeit davor. Es können Wochen oder Monate sein, in denen miteinander gelebt wird. Es werden Gespräche geführt, auch das Lachen gehört dazu, es wird musiziert und gesungen, und mit den Gästen, die nicht ständig bettlägerig sind, werden die Mahlzeiten gemeinsam eingenommen.

Der vielleicht letzte Wunsch, ein Theaterbesuch, der Besuch eines Fußballspieles, das stille Verweilen an einem See: All das wird mit großem Engagement möglich gemacht.

In einem Hospiz dürfen Menschen sicher sein, sich in einem geschützten Raum zu bewegen und umsorgt zu werden, aber medizinisch nicht überversorgt, denn das ist in der heutigen Zeit, in der Krankenhäuser und andere Einrichtungen immer öfter nur nach betriebswirtschaftlichen Gesichtspunkten geführt werden, nicht unbedingt selbstverständlich.

Ich stelle immer wieder fest, dass Menschen sich zurückziehen, sich mit diesem Thema (noch) nicht beschäftigen wollen, Menschen, die ganz einfach Angst vor dem Wort „Hospiz" haben. Ich verstehe diese Ängste. Es ist die Angst vor der eigenen Endlichkeit – auch ich bin nicht frei von diesen Ängsten – aber ich weiß, wie jeder Andere auch, dass Leben und Sterben untrennbar miteinander verbunden sind.

Es muss eine größere Akzeptanz für diese Lebensform am Ende des

Evelyn Scherer | Emsdetten

Lebens geschaffen werden, denn sie ermöglicht den Menschen ein würdiges Sterben. Die Gesellschaft – und damit wir alle – haben im Laufe der letzten Jahrzehnte dafür gesorgt, den Tod zu tabuisieren, ihn aus dem Leben zu verbannen; ein Leben, das von Schönheit, Leistung, Vergnügen, Jugendwahn, von wahllosem Konsum, ständiger Verfügbarkeit, dem Streben nach Anerkennung und Macht geprägt ist, in dem Sterben und Tod unbequem geworden sind, in dem auch Religiosität immer weniger Raum hat, ein Leben, in dem Werte wie Respekt, Achtung, Wertschätzung, Bescheidenheit an Bedeutung verlieren.

Aber die Gesellschaft braucht Menschen, ein Hospiz braucht Menschen, die offen sind, die den Mut haben, etwas in ihrem Leben verändern zu wollen, die das Leben nicht als Selbstbedienungsladen für die verschiedenen Bedürfnisse verstehen, Menschen, die zuhören können, die sich einbringen in unterschiedlicher Weise, die ein großes Maß an Empathie und Sensibilität mitbringen, die Ideen entwickeln, Menschen, die sich selbst nicht so wichtig nehmen und bereit sind, über den eigenen Tellerrand hinauszusehen. Wir brauchen mehr Menschen, die Sterbenden Halt geben können, die sich für deren Belange einsetzen. Die Menschen am Ende ihres irdischen Weges dürfen nicht ausgegrenzt werden, denn der Tod ist allgegenwärtig, ist mitten in unserem Leben.

Wir werden geboren – wir sterben. Die Zeit dazwischen gilt es, mit Leben zu füllen, einem sinnvollen, von Achtsamkeit und Wertschätzung geprägten Leben, in dem man respektvoll miteinander und mit großem Respekt vor der Schöpfung umgeht, einem Leben, in dem man sich füreinander einsetzt.

Starke Sprüeke
Hans Lüttmann

Wenn de Doktor eenes Dages kien Rezept miähr weet,
wenn kien Wunner helpt, kien Biäden un kien Geld.
Wenn de Doktor eenes Dages kien Rezept miähr weet,
wenn dat lesste Fraogeteeken Fraogen stellt.

Dann will ick nich verbiestert sien,
will nich üm miene Jaohren grien'n,
will dankbar uut de Tiet dann gaohn
un glaiwen an dän Hiëmelsgaorn.
Dann will ick säggen: „Guett is't west!"
Un weet genau, dat ick antlesst
so starke Sprüeke gar nich kann.

Menschen

Werner Witte | Altenberge

Passionierter Forscher, produktiver Autor

Karl-Heinz Stening ist im Alter von 86 Jahren verstorben

Am 8. Januar 2018 starb im Alter von fast 86 Jahren Karl-Heinz Stening. Der ehemalige Rektor wird den Menschen im Kreis Steinfurt in Erinnerung bleiben durch seine zahlreichen und vielfältigen Veröffentlichungen in allen Medien der Region, vor allem in den Tageszeitungen und in den Jahrbüchern des Kreises Steinfurt und Westfalens, die er mit verlässlicher Regelmäßigkeit versorgte. Die Heimatgeschichte hatte immer einen starken Reiz auf ihn ausgeübt, und so sind im Laufe der Jahrzehnte einige Bücher und Schriften entstanden, die die Geschichte seiner Heimat und der Menschen, die dort lebten und noch leben, wiedergeben. Viele Festschriften von Vereinen und Verbänden tragen seine Handschrift.

Karl-Heinz Stening wurde am 7. März 1932 in Altenberge geboren. Seine Kinder- und Jugendjahre verbrachte er im Elternhaus im Dorf, sie fielen in die Zeit zwischen den beiden Weltkriegen und in die entbehrungsreichen Jahre des Zweiten Weltkrieges.

Seine Schulzeit begann 1938, und diese wurde in starkem Maße durch die Kriegswirren beeinträchtigt. Nach seiner Schulzeit am Gymnasium Paulinum in Münster begann nach dem Zweiten

Karl-Heinz Stening
Foto: Kiepker/Burgsteinfurt

Weltkrieg sein akademischer Lebensweg. Das Studium an der Pädagogischen Akademie schloss er erfolgreich ab und war danach viele Jahrzehnte als Lehrer tätig, zuletzt als Rektor der Gangolfschule in der Nachbargemeinde Nordwalde.

Neben seiner beruflichen Tätigkeit als Pädagoge hatte er sich der Heimatgeschichte zugewandt, insbesondere der seines Heimatortes Altenberge und der von Nordwalde, wo er sein ganzes Leben privat und beruflich wirkte. Von 1956 bis

Werner Witte | Altenberge

1981 war er mit einer kurzen Unterbrechung ehrenamtlich im Vorstand des Heimatvereins Altenberge aktiv, davon viele Jahre als Schriftführer.

Im Jahrbuch des Kreises Steinfurt war er von Anfang an bis 2017 fast in jeder Ausgabe mit Beiträgen zu vielen verschiedenen Themen vertreten. Er war einer der eifrigsten Autoren.

Der Heimatverein Altenberge verdankt Stening eine Scheune, die auf dem Gelände des Heimatvereins wieder aufgebaut wurde, jetzt das Regionale Zentrum für Genealogie und Ortsgeschichte beherbergt und auch für Veranstaltungen zur Verfügung steht. Der Heimatverein Altenberge übernimmt auch die Ergebnisse von Stenings jahrzehntelanger Arbeit, Texte, Fotos und andere Dokumente, als Nachlass und sieht das als Auftrag, dieses Lebenswerk nach Kräften fortzuführen.

Luern up't Fröhjaohr
Elisabeth Wulf

Dat Kind luert vewünnert
nao buten in't Wiär.
Wat danzt dao so kriëgel,
so licht äs 'ne Fiär?

Et sind witte Stäänkes,
se krupt dicht bineen
un leggt sick kommodig
up Blömkes un Grön.

De Baim' aohne Bliäder,
de plustert sick up,
se häbbt schwaor to driägen,
viël Snee ligg nu drup.

De Wind fiärget rüsig
düört hauglechte Holt,
de Flöckskes, se danzet,
et is schuddrig kaolt.

De Vuëgel sökt schmachtend
unnern Snee nao en Kaorn,
besökt Vuëgelhüskes
bi us gään in'n Gaorn.

Sneeflöcksken, Wittröcksken,
mäcks mi kaole Been!
Drüm frai 'ck mi al stikum
up Blömkes un Grön.

Menschen

Heinrich Jessing | Steinfurt-Borghorst

Hobbybotaniker und Privatgartenpionier
Bernhard Frahling gestaltete das erste „Alpinum" im Münsterland

Was verbindet Valdivia in Chile, das kasachische Karaganda, Ulan Bator in der Mongolei und Kirstenbosch in Südafrika mit dem münsterländischen Borghorst? – Der Name Bernhard Frahling. Dabei sind die genannten nur vier von 57 Städten in aller Welt, mit deren Botanischen Gärten Frahling korrespondierte, Samen von seltenen Pflanzen austauschte und Zuchtergebnisse begutachtete. Es ist klar: Hier geht es nicht um kleinbürgerliche „Häuschen-mit-Garten-Romantik". Bernhard Frahling dachte und agierte in anderen Dimensionen.

Doch der Reihe nach! Zugang und Liebe zum Hausgarten mit seinen Blumen und Nutzpflanzen fand Klein-Bernhard schon an der Hand seiner Mutter. Später nahm ihn der Vater, Mitglied im Borghorster Gartenbauverein, dorthin mit. Das wirkte nach. Als nämlich der Verein sich auflöste, sorgte Frahling 1985/86 für dessen Neubegründung. Schon früh, genauer gesagt mit 15 Jahren, zeigte sich, dass Frahlings Interessen vielschichtiger waren: Er trat dem Heimatverein Borghorst bei und ist seitdem forschend und schreibend auch für

ihn tätig. Die leichte Handhabung der Feder wiederum war wesentliche Voraussetzung für alle Initiativen und gestalterischen Wegweisungen Frahlings.

Der Zweite Weltkrieg schien die verheißungsvollen Anfänge des jungen Mannes im Keime ersticken zu wollen. Als Soldat und Häftling der Rheinwiesenlager entging er nur knapp dem Tode, war aber tief traumatisiert und gesundheitlich angeschlagen. Doch schon knapp zehn Jahre nach Kriegende und nachdem er sich beruflich etabliert hatte, was mühevoll genug gewesen war, errichtete Bernhard Frahling seinen eigenen Botanischen Garten, sein „Paradies". Dessen Entwicklung, Aus- und Umgestaltung widmete er fast „jede freie Minute". Bald kristallisierte sich heraus, wohin ihn seine gärtnerische Leidenschaft trieb: zum Steingarten, zum „Alpinum". Und das war etwas Neues im Münsterland. Es war eine Art Initialzündung, die vieles Weitere nach sich zog.

Die „Steinfurter Nachrichten" gaben rund 20 Jahre später, am 20. Juni 1986, sichtlich begeistert Einblick in den damaligen Stand des privaten Alpin-Gartens. Er zeige auf etwa 800 Quadratmetern rund 900 verschiedene Pflanzenarten in Blüte. Die Balkenüberschrift hebt eine „Chinesische Schönheit" besonders heraus, eine „rotblau blühende Orchideen-Primel". Von „verschwenderischen Farben und Blütenformen" ist die Rede. Der Artikel verhehlt aber auch nicht, wieviel Schweiß die „Augenweide" gekostet hat. Er habe viel Lehrgeld bezahlt, wird Frahling zitiert. Anpflanzung und Keimung gerade der exotischen Pflanzen bereiteten Schwierigkeiten. Wenn Keimlinge aus Sibirien oder dem Himalaya abstürben, fehle es möglicherweise an den dazugehörigen Pflanzengemeinschaften und angepassten Bodenverhältnissen, die man hier nicht nachahmen könne. Und es brauche Geduld, Geduld, Geduld.

Dennoch ist der Zuchterfolg überwältigend: 4600 Arten, Blumen, Dickblattgewächse, Stauden, Kraut- und unscheinbare Grünpflanzen züchte

Frahling in kleinen Töpfen unter Dach sowie in seinem als Minigebirge gestalteten Alpin-Garten. Man sieht: Frahling probiert nicht nur etwas aus. Ihm liegt – obwohl ganz Autodidakt – an der wissenschaftlichen Begründung und Begleitung seiner züchterischen und gärtnerischen Arbeit.

Steinfurt-Borghorst | Heinrich Jessing

Wer so von seiner Sache begeistert ist, der sucht auch andere zu begeistern und scheut dafür keine Mühen und Wege. Zunächst im Alleingang besuchte Bernhard Frahling die heimischen

Gartenausstellungen sowie Messen im weiteren Umkreis in Osnabrück, Münster, Dortmund und Essen. Dabei galt es zu improvisieren: Einige Steine und Holzstücke, dazu einige Dutzend Pflanzen aus dem eigenen Garten drapiert zu einem Mini-Alpinum, schafften augenscheinlichen Zugang und Anleitung. Das war mühevoll genug. So lag der Gedanke nah, sich mit Gleichgesinnten zusammenzutun. Der Startschuss fiel 1984 auf einem Treffen von fünf Mitgliedern der „Deutschen Staudengesellschaft" in Münster. Frahling entwarf ein Flugblatt, ließ 2500 Exemplare davon drucken und brachte sie unter die Leute. Ein Jahr später, am 1. Februar 1985, wurde unter dem Dach der „Gesellschaft der Staudenfreunde" ein Vorstand gebildet und die „Regionalgruppe Münsterland – Emsland" ins Vereinsregister eingetragen. Frahling nennt dies die „Geburtsstunde vieler neuartiger, schöner Gärten zwischen Sauerland und Nordsee". Denn die Mitgliederzahl stieg in zwei Jahren auf über 200. Das führte zur Gründung weiterer Regionalgruppen, zunächst in Osnabrück, dann in Rastede/Oldenburg. Mindestens 18 000 eingetopfte seltene Alpenpflanzen fanden in der Folge ihren Weg von Frahlings Garten zu den Vereinsmitgliedern als Starthilfe und bestückt mit einer Anleitung. Das alles unentgeltlich. „Kein Kommerz!"

Ebenso strikt bestand Frahling auf der Einhaltung des Internationalen Artenschutzabkommens. Den alle Erwartungen übersteigenden Erfolg empfand der Initiator als großartige Bestätigung. Zugleich betont er, dass es für ihn nichts Schöneres gebe als die Beziehung zu den seltenen, oft überaus sensiblen alpinen Pflanzen, wenn er sie begleiten könne vom Samen und Keimling bis hin zur stolz erblühten Schönheit. Das er-

fülle ihn mit Ehrfurcht vor Gottes Wunderwelt. Für Frahling ist jede Pflanze ein mit eigener Würde ausgestattetes Individuum, ist entsprechend zu ehren und zu achten.

Wo könnte eine solche Überzeugung offenere Ohren finden als bei Kindern? Frahling lud deshalb schon seit 1964 Schulklassen mit ihren Lehrern in seinen Garten ein. Er zeigte ihnen, dass Pflanzen in ihrem Wesen zwar verschieden, aber jede in ihrer unvergleichlichen Schönheit ein Wunder Gottes sei und von Menschen in keiner Weise nachgeahmt werden könne. Anhand verschiedener Aufzuchtkästen demonstrierte er, wie sich aus einem Samenkorn ein junges Pflänzchen entwickelt. Leuchtende Kinderaugen und helle Begeisterung waren der Lohn. Das war natur- und lebensnahe Pflanzenkunde, die für Schulen nutzbar gemacht werden konnte. So entstand die Idee, in der Stadt Steinfurt Schulgärten zu errichten.

Fazit: Ein wirklich Begeisterter findet immer neue Wege, andere dabei mitzunehmen. Bernhard Frahling, inzwischen über 90 Jahre alt, ist stolz auf das Erreichte und dankbar für seine „lebenslange Passion". Den privaten Alpin-Garten in Borghorst allerdings kann er nicht mehr pflegen und vorzeigen. 1999 im Zuge von Stadtplanungsmaßnahmen war er gezwungen, sein „Paradies" aufzugeben.

Fotos Bernhard Frahling

Siegfried Olms

… diversen Personen ins Stammbuch, vielleicht

Juvenals „Gebet",
aus Königsberg ein Imperativ,
auf den später dann ein 1. Artikel
folgt.
Der Ausruf des Kindes
in Andersens Märchen, die Größe
von Franz Hohlers
Zwerg.

Die Sentenz
des Terenz und das „Motto" der ‚Räuber'
zu kennen, zu wissen,
daß Bücher
Äxte sind.

DAS letzte Wort spricht
Herr K.
Ein erster Satz noch, leicht
zu verändern,
ein letzter Satz Wahrheit, sehr schwer
zu ertragen –
von Karl Kraus;
von Ludwig Wittgenstein.

Auf die Frage, wo man denn all das finden könne, um es noch einmal nachzulesen, pflegte Arno Schmidt zu antworten: „Da, wo's steht!"

Gartenzauber | 100 Jahre Kreislehrgarten Steinfurt

Seit 1914 ist in dem einzigartigen Kreislehrgarten in Steinfurt ein wahrer Pflanzenschatz herangewachsen. Er bietet für alle, die Freude an der Arbeit im eigenen Garten haben, auf einer Fläche von 30.000 m² viel Wissenswertes rund um den Zier- und Nutzgarten.

Zum Jubiläumsjahr 2014 widmete der Kreis Steinfurt seinem Kreislehrgarten eine Publikation: Auf 120 Seiten vermitteln faszinierende Fotografien und kundige Texte einen Eindruck von der wunderschönen Vielfältigkeit des Gartens. Zahlreiche Garten- und Pflanzentipps laden neben zauberhaften Bildern zum Lesen ein.

Erhältlich unter www.kreis-steinfurt.de, Kreisarchiv Tel. 02551 69-1041, direkt im Kreislehrgarten und im Buchhandel für 10,- Euro.

ISBN 978-3-926619-95-2

Günter Pfützenreuter | Nordwalde

Das rote Auto

Solange ich mich erinnern kann, machte der ehemals wohl stattliche Hof Nr. 77 am Ende der Straße einen verwahrlosten Eindruck. Es war nie so ganz klar, ob er bewohnt, verlassen, aufgegeben oder einfach nur vermüllt war. Strom und Wasser gab es dort schon lange nicht mehr. Was sich im Inneren abspielte, blieb verborgen, uneinsehbar, rätselhaft, bis dann Kinder- oder Dummejungenspiele in der Neujahrsnacht die Wende brachten: Das Haus brannte lichterloh und stürzte sozusagen unter der Last des überquellenden Unrats im Inneren zusammen. Unmengen von Löschwasser gaben dem Anwesen den Rest. Es war, als ob die jahrelange Gährung im Inneren das Haus hatte explodieren lassen. Aus der Ruine quollen ihre maßlosen Eingeweide geradezu schamlos hervor.

Aus diesem Haufen aus Brandschutt, in dem die Feuerwehrleute noch tagelang argwöhnisch herumstocherten, um die letzten Brandnester zu bekämpfen, stach wie ein Menetekel ein Kinderauto hervor, so wie ich es in meiner Jugend immer vor Augen gehabt hatte: rot, aus Blech, richtig zum Reinsteigen und Vorwärtstrampeln. Fast unbeschädigt in all dem Chaos, ein wenig mit Schnee be-

Foto: Günter Pfützenreuter

deckt. Sollte diese Verwahrlosungsorgie und die folgende sinnlose Brandkatastrophe nur den Zweck gehabt haben, dieses Wunderwerk kindlicher Jugendträume ans Tageslicht zu befördern?

Nach zwei Tagen landete das rote Auto achtlos auf einem weiteren Berg von Schrott, halb von einem ausgedienten Cola-Automaten bedeckt. Versuche, dieses Objekt begehrlicher Träume durch Kauf zu retten, blieben erfolglos. Eine Besichtigung der Brandstätte nach einem Monat zeigte, dass sich an der Ruine fast nichts geändert hatte bis auf die zusätzlichen Schäden, die Friederike dem Garten auch noch zugefügt hatte. Aber das Auto ist weg: geklaut, gerettet, verschrottet, verkauft? Es gibt viele Möglichkeiten …

Menschen

Rudolf Averbeck | Hörstel-Riesenbeck
Ein fast vergessenes Sprachgenie
Professor Dr. Dr. Hermann Grotemeyer war Priester und Gelehrter

Das muss man sich einmal vorstellen: Eine Frau aus Dänemark konvertiert zum katholischen Glauben. Ein Geistlicher will sie in der neuen Konfession unterrichten – und lernt eigens dafür Dänisch. Dieser erstaunliche Geistliche war Hermann Grotemeyer, geboren am 30. Oktober 1824 in Riesenbeck, ein Mann, der heute weitgehend vergessen ist – zu Unrecht, denn zweifellos ist er einer der bedeutenden Riesenbecker und in mehrfacher Hinsicht ein höchst interessanter Priester und Gelehrter.

Seine Eltern waren der Kaufmann Hermann Grotemeier und Elisabeth geborene Brinckhues. Er hatte sechs Geschwister: Heinrich Andreas (1828), Johanna Elisabeth Theresia (1830), Josef Gustav (1833), Bernard Arnold (1836), Johann Ludwig (1840) und Anton Bernhard Eduard (1843). Außer Hermann wurde auch Johann Ludwig Priester. Er ging als Pfarrer nach Lancaster, Pennsylvania (USA), wo er die desolaten Finanzen der St.-Josef-Kirchengemeinde ordnete und eine neue Kirche baute.

Über die Volksschulzeit von Hermann Grotemeyer ist nichts bekannt.[1] Er hatte offensichtlich Privatunterricht bei Nikolaus Püngel (1835-1848 Pastor in Riesenbeck) und Hermann Schwarze, zu dieser

Zeit Kaplan in Riesenbeck. Vermutlich wurde er von den beiden Priestern mit Lateinunterricht auf das Gymnasium vorbereitet, denn er besuchte die Gymnasien in Warendorf und Dorsten. Warum ein Riesenbecker Junge ausgerechnet nach Warendorf zum Gymnasium ging, ist unklar.

1847 wurde Hermann Grotemeyer zum Priester geweiht. Zur weiteren Ausbildung als junger Priester ging er nach Berlin. 1850 wurde er Kuratspriester in Wettringen, wo er 1851 entlassen wurde, um seine philologischen Studien in Berlin fortzusetzen. 1852 promovierte er an der Akademie Münster zum „Dr. phil.".

Das Thema seiner Doktorarbeit lautete „Über Geist, Seele und Verstand bei Homer". Von 1852 bis 1856 war er Stadtmissionar in Warendorf und gleichzeitig Lehrer am Gymnasium in Warendorf. Während dieser Zeit promovierte er 1853 an der Akademie Münster zum „Dr. theol.", verbunden mit dem „Examen pro facultate docendi", der Lehrerlaubnis für Gymnasien.

Von 1855 bis 1858 war er Rektor am Progymnasium in Dorsten, wurde 1860 für kurze Zeit Vikar in Wolbeck und ging 1861 als zweiter Oberlehrer ans Königliche Gymnasium Thomaeum in Kempen am Niederrhein. In einem Schulbericht des Thomaeums aus dem Jahr 1873 ist zu lesen, dass er Griechisch, Hebräisch, Latein und Religion unterrichtete.

Als hochgeachteter und sehr beliebter Erster Oberlehrer mit dem Titel Professor ging er 1890 in den Ruhestand. Über seine Verabschiedung wurde in der „Kölnischen Volkszeitung" vom 12. April 1890 ausführlich berichtet. Anlässlich der Abschiedsfeier hatten seine ehemaligen Schüler, von denen 80 persönlich erschienen waren, ein kleines Liederbüchlein drucken lassen. Darin finden sich neben den altbekannten Klassikern wie „Oh alte Burschenherrlichkeit" zahlreiche Studentenlieder mit griechischen, vor allem aber auch lateinischen Passagen. Die ehemaligen Schüler schenkten ihrem hochverehrten Lehrer ein vergoldetes Stehalbum mit Portraitfotos von sich. Unschwer ist auf diesen Fotos zu erkennen, dass etliche von ihnen Priester geworden waren.[2]

Den Ruhestand verbrachte Hermann Grotemeyer in seiner alten Heimat Riesenbeck als Hausgeistlicher auf der Surenburg. Er starb im Jahr 1903 unter tragischen Umständen: Bei einem Besuch in Bergeshövede wurde er von einem Kettenhund ins Bein gebissen. Nur auf Zureden seines Bruders Arnold, der damals in der Hospitalstraße im heutigen Vereinshaus lebte, ging er ins Krankenhaus, wo er nach drei Tagen am 21. März 1903 an einer schweren Blutvergiftung starb. Seine Todesanzeige stand am 24. März 1903 in der Ibbenbürener Volkszeitung. In der gleichen Ausgabe findet sich auf der Titelseite ein ausführlicher Bericht über den Tod von Clemens August Freiherr von Heereman, den Vizepräsidenten des Abgeordnetenhauses des Reichstages und Großvater von Constantin Freiherr von Heereman.

Eine Woche später berichtete die Ibbenbürener Volkszeitung ausführlich über die sehr große Beerdigung von Hermann Grotemeyer. Er wurde in Riesenbeck in der Familiengruft Grotemeyer-Schencking beigesetzt. Diese Gruft befindet sich bis heute auf dem „alten" Friedhof, der Grabstein von Hermann Grotemeyer wurde allerdings entfernt. Zwei Tage später, am 28. März 1903, wurde Clemens August Freiherr von Heereman am Außenchor der Pfarrkirche St. Kalixtus beigesetzt. Riesenbeck erlebte somit innerhalb von wenigen Tagen zwei sehr große Beerdigungen. Der Tod von Hermann Grotemeyer wurde als immerhin so bedeutsam eingestuft, dass er sogar in den USA veröffentlicht wurde.[3]

Hermann Grotemeyer entstammte

nicht nur einer begüterten Kaufmannsfamilie, die unter anderem der Kirchengemeinde St. Kalixtus die alte, seit 1969 verschollene Kommunionbank geschenkt hatte, sondern war selbst sehr wohlhabend. So gehörten ihm zahlreiche Ländereien, aber auch ein Mitanteil am Haus in der Hospitalstraße 6. Sein Bruder Arnold verkaufte es 1909 an die Kirchengemeinde St. Kalixtus, diese schenkte es Pfarrer Eduard Wegener zu dessen Goldenem Priesterjubiläum, um dort einen Kindergarten unterzubringen.

Während seiner Zeit auf der Surenburg fuhr Hermann Grotemeyer jeden Tag auf der Gräfte eine Viertelstunde Kahn, im Winter lief er dort Schlittschuh. Trotz seines fortgeschrittenen Alters ging er öfter zu Fuß nach Altenberge. Zu Ostern 1958 schrieb die Ibbenbürener Volkszeitung anlässlich des 50. Todestages (?!) von Hermann Grotemeyer: „Als er auf einem Heimweg [Anm.: von Altenberge] einmal von jungen Burschen überfallen, beraubt und verprügelt wurde, bat er bei der Gerichtsverhandlung, die Übeltäter freizusprechen, da sie sicher nicht aus Bosheit gehandelt hätten."

Dieser Zeitungsartikel von 1958 stammt aus einer Zeit, in der sich die ältesten Riesenbecker noch gut an Hermann Grotemeyer erinnern konnten. Wie populär Hermann Grotemeyer damals in Riesenbeck noch war, zeigen die vielen Anekdoten über ihn. Insbesondere seine unglaublichen Sprachkenntnisse waren offensichtlich im Volk lebendig geblieben: Er sprach sieben, nach einer anderen Quelle sogar 13 Sprachen, konnte die Kirchenväter in fünf toten Sprachen lesen und beherrschte sogar Koptisch. So traf ihn angeblich Pfarrer Wegener beim intensiven Studium eines Buches an. Auf Wegeners Frage antwortete er, dass ihm in diesem Buch ein neuer ungarischer Dialekt begegnet sei, den er noch lernen wolle.

Zu seinen Eigenschaften gehörte auch eine gewisse Zerstreutheit. So vergaß er bei seinen Predigten oftmals jegliches Zeitmaß. Er hatte deshalb eine Absprache mit dem Küster: Nach einer Viertelstunde Predigt gab der Küster ein Klingelzeichen. Es soll vorgekommen sein, dass er das Klingelzeichen überhörte – und auch das zweite Klingelzeichen nach einer weiteren Viertelstunde.

Trotz seines Vermögens und seiner hohen laufenden Einkünfte lebte Hermann Grotemeyer sehr anspruchslos. Bekannt und sehr geschätzt war er in der Bevölkerung insbesondere auch wegen seiner Großzügigkeit. So unterstützte er zahlreiche bedürftige Familien. Im Priesterseminar Münster trug er alle Kosten der Riesenbecker Priesterkandidaten.

Auf seinem Totenzettel ist zu lesen: „Der Verstorbene war ein Mann der Wissenschaft und des Gebetes, ein Muster echt priesterlichen Wandels, von seltener Anspruchslosigkeit und Bescheidenheit, der alles Aufsehen Erregende mied und im Verborgenen wirkte; und Gott, der ins Verborgene sieht, wird ihm die unzähligen Wohltaten, die er den Bedürftigen und Notleidenden gespendet, hoffentlich reich belohnen."

Einen großen Teil seiner umfangreichen Privatbibliothek vermachte er den Bischöflichen Erziehungsanstalten. Hermann Grotemeyer war aber nicht nur Priester, sondern auch Wissenschaftler. Er veröffentlichte mehrere wissenschaftliche Bücher, darunter 1871 eine Arbeit „Über die Verwandtschaft der indogermanischen und semitischen Sprachen". In der Vorrede weist Hermann Grotemeyer auf die augenfällige Abstammung der indogermanischen und semitischen Sprachen aus gemeinsamen Wurzeln hin, insbesondere wegen zahlreicher Vokabel- und Grammatikähnlichkeiten. Grotemeyer geht dabei von einer gemeinsamen Ursprache aus, als deren geographische Lage er „nach allen historisch sichern Dokumenten ... das Flußgebiet des Euphrat = Tigris in Vorderasien" ansieht. In der Ursprache, davon geht Grotemeyer aus, müssten bestimmte Bezeichnungen vorhanden gewesen sein, „deren spätere Bezeichnungen auf diese Ursprache verweisen". Er dachte dabei unter anderem „an die gewöhnlichsten Bezeichnungen der Naturkörper und Elemente, des Menschen nach Alter und Geschlecht, seiner Teile und Glieder, die einfachen Verwandtschaftsnamen, ..., die allverbreiteten Pflanzen und Thiere, ..., die einfachsten Ort = und Zeitbestimmungen". Dieser Forschungsansatz scheint bis heute sehr aktuell zu sein, wenn auch der Ort der Ursprache inzwischen allgemein nördlich des Schwarzen Meeres vermutet wird. Inwieweit Grotemeyer seinerzeit mit seinen Forschungen in der Fachwelt akzeptiert war, ist heute kaum noch feststellbar. In Germanistenkreisen der Universität Münster scheint der Name Hermann Grotemeyer heute jedenfalls nicht mehr bekannt zu sein.

1900 erschienen seine „Studien zu den Visionen der Augustinernonne Anna Katharina Emmerick". Darin versuchte er, die Widersprüche in den Veröffentlichungen von Clemens Brentano zu klären, diese spielten eine große Rolle im ersten Seligsprechungsverfahren von Emmerick. Die Ausarbeitung Grotemeyers hatte ganz offensichtlich eine gewisse Nachwirkung, denn in späteren Veröffentlichungen anderer Autoren wurde öfter auf diese Ausarbeitung Bezug genommen.

Professor Dr. Dr. Hermann Grotemeyer war ein wirklich bemerkenswerter Mann aus Riesenbeck – ein hochgeachteter Theologe und Gelehrter mit unglaublichen Sprachkenntnissen. Auch wenn sein Grabstein nicht mehr existiert – er sollte auf keinen Fall vergessen werden.

Anmerkungen

1 Bei den Recherchen half Josef Keller.
2 Das Stehalbum aus vergoldetem Messing befindet sich heute im Besitz der Familie Gustav Grotemeyer in Altenberge.
3 „Indiana Tribune" vom 13. Mai 1903 unter „Europäische Nachrichten – Provinz Westfalen: Riesenbeck"

Fotos/Repro Rudolf Averbeck. Die Fotos zeigen das Stehalbum einmal geöffnet und einmal geschlossen.

Hans Lüttmann

MIEN DOCHTERKIND

Blooß män son Händken vull Liäben,
iärst son paar Wiäken up de Wiält.
Kicks mi an so jüst von iäben,
weeß noch nich, off di't geföllt.
Moss de naigsten Jaohren läern,
fraog mi nich, et dött mi leed,
watt et hett, een Menschk to wäern,
ick weet söwst nich, wat ick weet.

Dao buuten ächter de Paorten,
un is't füör di auk noch so wiet,
laupt de Wiäge, laupt de Straoten,
löpp dat Liäben, diene Tiet.
Wann du kümps un wann du gaohn moss,
daonao wäss auk du nich froggt;
kriggs villicht de rechten Düörn loss,
dat häbb ick to lang versocht.

Giëstern heet un muorn all kaolt,
wat jüst jung wüör, is bol aolt.
Siëker sünt se in't Dock un an'n Haken,
patt daofüör doot se Schippe nich maken.

Natur

Bernhard Brockötter | Greven

Am Ende der Welt

Die Landschaft der Bauerschaft Ächterhook ist noch ursprünglich

„Ihr wohnt hier aber am Ende der Welt!" Diesen Ausspruch mussten wir in meiner Jugend in den 70er Jahren in unserer Familie häufiger hören, wenn wir Besuch aus Greven oder von weiter her empfingen und diesen Besuchern bisher nicht bewusst war, wo wir denn genau wohnen. Ja, hätte der Besucher damals noch daran geglaubt, dass die Erde eine Scheibe ist, so hätte er hinter der nächsten Kurve bestimmt die Kante zum Abgrund vermutet.

Eine Fahrt nach Münster, die heute für uns Tagesroutine ist, war damals noch eine große Reise. Unsere Einschätzung beruhte sicherlich zum Teil darauf, dass wir als Kinder andere Zeit- und Entfernungsvorstellungen hatten. Andererseits war der Gegensatz zwischen unserer heimatlichen Umgebung und einer gefühlten „Großstadt" wie Münster für uns extrem. Doch was ist das Besondere an dieser Umgebung, die seit damals nahezu unverändert geblieben ist?

Ein Teil der Bauerschaft Schmedehausen, nämlich der östlich des Dortmund-Ems-Kanals gelegene sogenannte Ächterhook sowie der ebenfalls östlich des Kanals gelegene Teil der Bauerschaft Bockholt, die beide zu Greven gehören, bilden hier eine große Fläche, die nicht flurbereinigt ist, sondern noch weitgehend in ihrem ursprünglichen Zustand belassen worden und sehr vielfältig ist. Mein Elternhaus liegt mittendrin.

Was zeichnet diese Gegend aus? Hier sind die Grundstücksgrenzen der zahlreichen Wälder, Wiesen und Ackerflächen noch krumm, schief und die Parzellen durch Wallhecken begrenzt. Die einzelnen Grundstücke sind kleiner zugeschnitten und sehr häufig heute noch so strukturiert, wie sie sich aus den Markenteilungen, unter anderem 1829 aus der Aufteilung der „Topphoffschen Privative in der Kroner Heide" sowie 1839 aus der Aufteilung der Schmede-

Ein Labyrinth an Feldwegen schafft die Möglichkeit für naturnahe Wanderungen.
Foto: Bernhard Brockötter

Greven | Bernhard Brockötter

Die alte Eseltränke diente über viele Jahrhunderte den durchziehenden Handelskolonnen als Erfrischung. Foto: Bernhard Brockötter

hausener Mark, ergeben haben. Nur wenige Straßen sind hier geteert. Dafür sind sie aber sehr kurvenreich, da die historischen Wege bereits um die Grundstücke herumgelegt waren und beim Straßenbau so übernommen wurden. Bei der Mehrzahl der Wege handelt es sich um Feldwege oder alte Hohlwege, vielfach noch vollkommen unbefestigt.

Der Ostbeverner Damm, der sich quer durch dieses Gebiet zieht, ist ein uralter Handelsweg, der Telgte und Warendorf an den Postdamm anschließt und schon vor vielen hundert Jahren von den Handelskolonnen mit ihren Lasttieren genutzt wurde. Die heute noch genutzte Flurbezeichnung „Eselsfichten" weist auf den ehemaligen Rastplatz an dieser Handelsroute hin. Auch der Wallfahrts-

weg nach Telgte zieht sich quer durch dieses Gebiet. Hierüber pilgern und radeln bereits seit Jahrhunderten jedes Jahr zahlreiche Wallfahrer aus einigen Städten und Gemeinden des Kreises Steinfurt zur Gottesmutter.

Durchgangsverkehr gibt es hier kaum, weil die Fahrt auf der kurvenreichen Strecke zu viel Zeit kostet und somit keine echte Abkürzung darstellt. Wer hier langfährt, hat ein Anliegen. Entweder handelt es sich um Besucher der Bewohner, um landwirtschaftlichen Verkehr oder um Freizeitverkehr, der hier bewusst vorbeikommt. Letztere genießen als Wanderer, Radfahrer, Rennradfahrer, per Kutsche, auf dem Pferd oder als Sonntagsfahrer auch mit dem PKW die abwechslungsreiche Landschaft. Viele spekulieren darauf, Wildtiere in freier Natur zu sehen. Ein Rudel Damhirsche hat hier sein ständiges Zuhause. Auch Uhus, Waldkäuze und Feldlerchen gibt es hier noch. Ein Wanderer kann hier auch problemlos eine halbe Stunde über uralte Feldwege spazieren, ohne auch nur einer Menschenseele zu begegnen.

Die Gegend bietet wirklichen Erholungswert. Selbst viele Grevener sind noch nie in ihrem Leben hier gewesen, obwohl die Stadt nicht einmal zehn Kilometer entfernt ist.

In meiner Jugend war es für mich damals als Hobbyastronom möglich, bei Neumond und sternenklarem Himmel die Andromeda-Galaxie mit einem gewöhnlichen Fernrohr zu entdecken, da es kaum Lichtverschmutzung gab und gibt. In der Stadt und den stadtnahen Bauerschaften war und ist dies unmöglich.

Die Glane, die sich hier noch im wahrsten Sinne des Wortes durch die Landschaft schlängelt, hat bei Hochwasser reichlich Platz, sich in die angrenzenden Weiden auszudehnen. Dieser Fluss hat noch nahezu den gleichen, natürlichen Verlauf, den er sich über viele Jahrhunderte selbst gesucht hat.

Ebenso wie jeder Mensch hat hier auch jedes Fleckchen Erde einen Namen und eine Menge erlebt – freudige und traurige Ereignisse. Teilweise sind diese Erlebnisse noch vielen Menschen präsent, entweder leibhaftig oder aus Überlieferungen. Vieles ist jedoch in Vergessenheit geraten, und nur noch die Spuren in der Landschaft lassen erahnen, was hier einmal vor vielen Jahrzehnten oder Jahrhunderten passiert ist.

Die Birnbäume des ehemaligen Heidkottens, der um 1880 von seinem letzten Besitzer verkauft und dessen Hofstelle anschließend abgerissen wurde, stehen noch heute, 140 Jahre später, einsam und verlassen mitten in der Wiese und spenden jedes Jahr ihre Früchte nach dem Motto: Wenn ihr uns auch verlasst, wir sind hier verwurzelt und leben weiter!

Die V2-Rakete der Nazis, die am 18. September 1944 auf London oder Antwerpen gerichtet war und versehentlich in Schmedehausen herunterkam, hat reichlich Schäden an den Höfen der Umgebung und der Natur verursacht, aber Gott sei Dank kein Menschenleben gefordert – so gesehen großes Glück, denn einige Opfer hier oder Hunderte von Opfern in den Großstädten, auf die die Waffe eigentlich gerichtet war, wären weitaus tragischer gewesen.

Die Glane schlängelt sich durch den Ächterhook von Schmedehausen. Bei Hochwasser hat sie viel Platz, sich in die angrenzenden Wiesen auszubreiten. *Foto: Bernhard Brockötter*

Der Krater, der durch die Detonation einer versehentlich abgeworfenen Fliegerbombe Ende des Zweiten Weltkrieges am Wegesrand entstand, ist zwar mittlerweile zugewachsen, aber immer noch als Mahnmal erkennbar.

Die alte Eseltränke im Wald, die bereits vor vielen Jahrhunderten von den durchziehenden Handelskolonnen genutzt wurde, könnte auch heute noch die Tiere versorgen.

In der Pottheide – fernab von jeder Besiedlung – findet seit vielen Jahrzehnten jedes Jahr zu Fronleichnam das Vogelschießen der Schmedehausen-Hüttruper Schützenbruderschaft statt. Dort treffen sich Jung und Alt, und nicht nur die Einheimischen genießen die Veranstaltung und interessante Gespräche in einer außergewöhnlichen Atmosphäre.

Ebenso wie bei der Umgestaltung der Innenstädte wurden in den 70er Jahren auch in zahlreichen Bauerschaften Grevens sowie des Kreises Steinfurt große Teile der ursprünglichen Landschaftsstrukturen zerstört. Später wurde versucht, diese gravierenden Umgestaltungen durch den Ausweis von Ausgleichsflächen zu kompensieren. Aber das stellte die Ursprünglichkeit der umgestalteten Gebiete nicht wieder her. Das Dezernat Flurbereinigung der Bezirksregierung Münster wirbt mit dem Slogan: „Fläche ist nicht vermehrbar – Wir machen sie mobil."

Wer heute beispielsweise die Innenstadtbebauung von Greven und Tecklenburg vergleicht, würde kaum auf die Idee kommen, Tecklenburg in Richtung Greven umzugestalten. Diese einfache Überlegung lässt sich auch auf Landschaften übertragen. So sollte der Ächterhook in seinem aktuellen Zustand bewahrt werden.

Ein Kohlekraftwerk, dessen Bau hier vor etwa 40 Jahren geplant war, wäre katastrophal für dieses Gebiet gewesen, ebenso wie Überlegungen aus den letzten Jahren zur Errichtung eines Windparks mit gigantischen Windrädern von einer Höhe, wie es sie bisher in Deutschland noch nicht gab. Nur weil wir uns hier „am Ende der Welt" befinden, darf dies nicht schamlos ausgenutzt werden nach dem Motto: „Hier stören diese Giganten weder Landschaft, noch Mensch, noch Tier". Diese „Riesenräder" wären auch aus jedem letzten Winkel sichtbar und würden mit ihrem Schattenwurf, ihrem Lärm und Infraschall weit über den Ächterhook ausstrahlen. Damit wäre es mit der Ruhe für Mensch und Tier, der Lebensqualität, dem Erholungswert und der Beschaulichkeit an diesem schützenswerten „Ende der Welt" vorbei.

Jeder Erholungssuchende ist eingeladen, die Ruhe und Natur dieses Gebietes kennenzulernen.

Dieser Schnappschuss von einem Damtier aus etwa drei Metern Entfernung gelang 2017.
Foto: Bernhard Brockötter

Natur

Thomas Starkmann und Annika Brinkert | Kreis Steinfurt

Grünes Netz mit bunten Bändern
Blühende Randstreifen sind Rückzugsraum für Tiere und Pflanzen

Vielleicht ängstigt mich ihr Fortgeh'n, denn vielleicht schließ' ich daraus, vielleicht geh'n uns nur die Maikäfer ein kleines Stück voraus.

Das Lied „Es gibt keine Maikäfer mehr", aus dem diese Zeilen stammen, hat Reinhard Mey 1974 geschrieben. Lange ist es her. Und heute? Heute gibt es immer noch Maikäfer. Nicht mehr so viele wie vor 100 Jahren, als die Kinder schulfrei bekamen und mit Kisten unterm Arm loszogen, um die Maikäferplagen einzudämmen. Aber immerhin. Und mancherorts können Maikäfer auch heute noch in Massen auftreten. Also alles in Butter? Hat Reinhard Mey damals zu schwarz gesehen?

Mitnichten. Geht man heute durch die Felder und Wiesen, muss man sich tatsächlich fragen, was mit vielen jener Pflanzen und Tiere passiert ist, die uns früher auf Schritt und Tritt begegneten. Wo ist die Margerite am Wegesrand? Wo die Feldlerche am Himmel? Warum haben Kinder kaum noch die Gelegenheit, mit ihren Händen einen Grashüpfer zu fangen? Bunt blühende Wiesen und Weiden, die vielen Tier- und Pflanzenarten einen Rückzugsraum bieten, gibt es meist nur noch in den Naturschutzgebieten. Diese sind häufig jedoch vergleichsweise klein und liegen wie Inseln in einer aufgeräumten Landschaft. Ein Austausch zwischen den Lebensgemeinschaften, der für den Erhalt der Arten überlebenswichtig ist, findet kaum statt.

Fragt man nach den Gründen, stehen die intensive Landnutzung und der nach wie vor immense Flächenfraß meist an erster Stelle. Und das sicher mit Recht. Aber zu den gesellschaftlichen und politischen Rahmenbedingungen, die beides ermöglichen, tragen wir alle bei. Sie zu ändern scheint kurzfristig nicht realisierbar.

Rückgänge von 80 oder gar 90 Prozent wie bei den Fluginsekten und beim Rebhuhn zeigen aber: Wenn wir viele Arten der Agrarlandschaft nicht verlieren wollen, müssen wir bereits jetzt Maßnahmen zu ihrer Erhaltung ergreifen.

Eine Rarität auf sandigen Wegrändern ist die Heidenelke, die hier Besuch von einem Zitronenfalter hat. Foto: Thomas Starkmann

Rebhühner schätzen die Sämereien, die ihnen kräuterreiche Wegränder bieten.
Foto: privat/Theo Israel

Was muss also getan werden, um einzelne Lebensräume miteinander zu vernetzen? Wie können wir auch in der Agrarlandschaft wieder mehr Blütenreichtum und somit eine Lebensgrundlage für zahlreiche bestäubende Insekten und Vögel schaffen?

Eigentlich wären Säume – meist offene, schmale Streifen zwischen Straßen oder Wegen und Äckern – prädestiniert, diese Aufgabe zumindest teilweise zu erfüllen. Denn diese so genannten „Eh-da-Flächen" gehören meist den Kommunen und sind somit nicht Teil der landwirtschaftlichen Produktionsfläche. Wie ein grünes Netz durchziehen sie die Landschaft und verbinden artenreiche Lebensräume miteinander. Gut ausgebildete Säume sind Lebensraum für eine Fülle von Arten. Margerite und Wiesen-Bocksbart blühen im Frühsommer, Heidenelke und Berg-Sandknöpfchen schmücken magere Wegränder, und Kuckucks-Lichtnelke und Wiesenschaumkraut sind an feuchteren Standorten zu Hause. Ihre Blüten locken Feuerfalter, Pinselkäfer und andere Insekten an, ihre Samen schmecken Rebhühnern und Stieglitzen. Für viele Arten sind Säume ein wichtiges Refugium, weil ihre eigentliche Heimat, die Wiesen und Weiden, durch zu viel Dünger und zu häufige Mahd verarmt sind oder in Ackerland umgewandelt wurden.

Doch der Zustand vieler Säume ist, um es neudeutsch zu formulieren, suboptimal. Manche sind im Lauf der Jahre durch Überackerung immer kleiner geworden oder gar verschwunden. Der Kreis Steinfurt hat aktuelle Luftbilder und Katasterkarten miteinander verglichen, um herauszufinden, wo öffentliche Wegränder unter den Pflug gekommen sind. Die Ergebnisse sind den Kommunen im Kreis zur Verfügung gestellt worden. Es liegt an ihnen, sich um diese Flächen zu kümmern und sie wieder so zu gestalten, dass sie ihre ökologischen Funktionen erfüllen können.

Doch auch die verbliebenen Wegränder haben vielfach nicht mehr das zu bieten, was vor allem Insekten suchen. Denn sie sind zwar grün, aber nicht bunt. Moment mal! Kann Natur überhaupt zu grün sein? Ja, sie kann, leider. Denn viele Säume bestehen aus wüchsigen und konkurrenzkräftigen Gräsern, gegen die Kräuter mit ihren hübschen Blüten kaum eine Chance haben. Nichts gegen Gräser. Auch sie sind wichtige Nahrungspflanzen für viele Tiere, schaffen Deckung und schützen den Boden vor Erosion. Andererseits bieten ihre Blüten nicht das, was in der Agrarlandschaft mittlerweile überall Mangelware ist: Pollen und Nektar, auf den viele Insektenarten als Proviant für den Nachwuchs und für den Eigenbedarf dringend angewiesen sind. Gerade in den Hochsommermonaten herrscht in vielen Landschaften ein eklatanter Blütenmangel. Margerite, Schafgarbe, Rainfarn oder Johanniskraut können weder auf Maisäckern noch auf intensiv bewirtschafteten Wiesen und Weiden überleben.

Aber warum sind die Wegränder nicht mehr bunt und vielfältig? Das hat mehrere Ursachen. Die Mulchmahd als heute am häufigsten praktizierte Pflegemaßnahme ist ein Grund. Dabei bleibt das abgeschnittene und klein gehäckselte Material auf dem Wegrand liegen – und die konkurrenzschwachen Kräuter auf der Strecke, weil sie von der Mulchschicht erstickt werden. Nährstoffeinträge aus der Luft und von angrenzenden Äckern tun ihr Übriges, um das Gräserwachstum zu fördern. Ein schleichender Prozess, der viele ehemals bunte Wegränder in eintöniges Grün verwandelt hat.

Mittlerweile gibt es viele Projekte und Initiativen, die etwas gegen die Blütenarmut in unserer Landschaft tun wollen. Die Anlage von Blühstreifen ist seit 2014 ein wichtiger Baustein des Hotspot-Projektes „Wege zur Vielfalt – Lebensadern auf Sand", das bereits im Kreisjahrbuch 2016 vorgestellt wurde. „Hotspot goes LEADER – blühende Säume im Tecklenburger Land" ist der Name eines Projektes, das die Idee des Hotspot-Projektes seit Anfang 2018 auf das gesamte Tecklenburger Land überträgt. Durch das europäische Förderprogramm LEADER

Der Wegrand in Recke präsentiert sich bereits im ersten Jahr nach der Aussaat bunt und vielfältig.
Foto: Thomas Starkmann

und die Naturschutzstiftung des Kreises Steinfurt finanziert, sollen in den nächsten zwei Jahren blüten- und artenreiche Säume durch die Biologische Station Kreis Steinfurt angelegt und aufgewertet werden. In beiden Projekten sichern die Aussaat von regionalem Saatgut heimischer Wildpflanzen und die Übertragung von Mahdgut von artenreichen Spenderflächen aus der Region, dass die genetische Anpassung der Pflanzen an die typischen Boden- und Klimaverhältnisse im Tecklenburger Land erhalten bleibt.

Aber nicht nur Naturschützer schlagen Alarm. Imker beklagen, dass ihre Bienen immer weniger Pollen in den Stock bringen, und Jäger bangen um ihre Fasanenbestände. Auch aus ihren Reihen wachsen Initiativen, die sich um mehr

Ein Hingucker in Säumen ist der Wiesenbocksbart. Foto: Annika Brinkert

Nachahmenswert: Mitten in Welbergen hat die Landjugend einen Blühstreifen angelegt.
Foto: privat/Esther Susewind

Blütenreichtum in der Landschaft kümmern. Und nicht zuletzt die Landwirtschaft tut etwas. Manches gezwungenermaßen wie beim verpflichtenden Greening, anderes freiwillig. Meist gegen Ausgleichszahlungen für den Ernteausfall, manchmal aber auch „einfach so", weil auch vielen Landwirten die Natur am Herzen liegt.

Artenreiche Säume anzulegen ist das Eine, sie dauerhaft in einem guten ökologischen Zustand zu erhalten das Andere. Damit die bunten Säume langfristig ihre Farbvielfalt behalten und sich viele Pflanzen und Tiere in ihnen wohlfühlen, müssen sie entsprechend gepflegt werden. Das ist nicht immer ganz einfach, weil die Bedingungen nicht überall gleich sind. Generell fördert aber eine ein- bis zweimalige, nicht zu frühe jährliche Mahd den Blütenreichtum. Wichtig: Das Mahdgut darf nicht auf der Fläche liegen bleiben. Nur so bekommen buntblühende Kräuter wie Margerite oder Wiesen-Bocksbart ausreichend Licht. Hier sind nicht zuletzt die Bauhöfe gefordert, die für die Pflege vieler Weg- und Straßenränder verantwortlich sind. Aber auch wer im Außenbereich wohnt, sollte den Aufsitzmäher öfter stehen und den Wegeseitenstreifen vor der Haustür ruhig ein wenig wachsen lassen.

Wie kann jeder helfen? Jeder kann einen Beitrag leisten, das Netz der Blühflächen weiterzuknüpfen. Denn auch im Kleinen lässt sich viel für die Artenvielfalt tun. Wer heimische Pflanzen im Garten aussät, Teile des Rasens länger stehen lässt und Pflanzenschutzmittel konsequent vermeidet, hilft nicht nur zahlreichen Pflanzen, sondern auch ihren tierischen Bewohnern und Besuchern. Und selbst der Balkonkasten kann zu einer grünen Oase im städtischen Grau werden. Es müssen nicht immer Geranien sein, deren gefüllte Blüten für Insekten wertlos sind. So bereichern beispielsweise Küchenkräuter wie Thymian, Bergbohnenkraut, Oregano und Schnittlauch nicht nur den eigenen Speisezettel, sondern machen als wertvolle Nektar- und Pollenspender auch Insekten satt. Das eigene Wohnumfeld wird so gleichzeitig ein bunter Lebensraum für eine Vielzahl an Wildbienen und Schmetterlingen.

Ein heute seltener Anblick ist eine Wiese mit blühenden Margeriten.
Foto: Annika Brinkert

Natur

Horst Michaelis | Mettingen

Was wild wächst, darf bleiben

Vermeintliche Unkräuter sind die Nahrungsgrundlage für viele Tiere

„Es ist paradox: Im Urlaub erbaut sich der Mitteleuropäer an verträumten Dörfchen in Griechenland oder auf Korsika, schwärmt vom unverfälschten Wildwuchs des Wegrandes, fotografiert begeistert zerfallenes, überwuchertes Gemäuer, Eidechsen und ungeordnete Blütenpracht. Zu Hause aber, im eigenen Garten, rückt er mit Richtschnur und Schneckengift der Natur zu Leibe. Hier kratzt er jedes Kräutlein aus den Fugen der Wegplatten. Was der eigenen Vorstellung nicht gemäß ist, wird mit Hacke, Unkrautvernichtungsmitteln und Insektiziden vernichtet ... So bauen wir uns mit hochgezüchteten Blumen und exotischem Gesträuch aus dem Gartenbaukatalog eine Scheinnatur auf und halten sie mit knechtischer Schufterei sauber. Dabei nützt die ganze säuberliche Anlage niemandem, sie stellt nur unseren Hang zum Perfektionismus zufrieden." So schrieb 1980 der bekannte Buchautor Horst Stern im Vorwort zum Buch „Der Naturgarten" von Urs Schwarz.

Hat sich seitdem etwas geändert? Werden jetzt in unseren Gärten Wildkräuter geduldet? Offensichtlich nicht, denn immer noch lautet die Devise: Was wild wächst, muss weg. Obwohl die Fachleute immer häufiger und lauter klagen: Die Anzahl der Fluginsekten hat um 75 Prozent abgenommen. Kiebitz, Feldlerche, Star, Feldsperling und andere Vogelarten finden nicht mehr genug Insekten für ihre Jungen, so dass die Roten Listen immer länger werden. Botaniker und Ornithologen sind sich sicher, dass der Insektenschwund durch die Vernichtung von Wildkräutern auf Wiesen und Feldern, an Wegrändern und Gewässern verursacht wird.

Ein solcher blütenreicher Vorgarten ist ein Paradies für Insekten.   Foto: Horst Michaelis

Nur dort? In unseren Siedlungen sieht es nicht besser aus. Sterile Rasenflächen, Bodenabdeckungen mit Kunststoff-Folien, Kies in allen Farben und Formen sowie dichter Rinden- und Holzmulch lassen keine heimische Wildpflanze zur

Schwebfliegen sind die häufigsten Blütenbesucher. Foto: privat/Birgit Müller

Entwicklung kommen. Und wenn das vielleicht doch einmal gelingt, wird sie als Unkraut sofort beseitigt, weil sie den anerzogenen Ordnungssinn stört. Aber bei gutem Willen und mit ein wenig Mut kann jeder Gartenbesitzer etwas zur Erhaltung und Vergrößerung der Artenvielfalt von Pflanzen und Tieren tun, indem er seinen Vorgarten umgestaltet: Zuerst wird der Rasen umgegraben, überflüssige Pflasterplatten und Krüppelkiefern werden entfernt. In die Gartenerde mischt man normalen Bausand ein, damit der Boden nährstoffärmer wird. Viele vom Wind eingewehte oder von Tieren mitgebrachte Samen von Wildkräutern gedeihen nämlich am besten auf magerem Boden.

Nach getaner Arbeit heißt es, geduldig darauf zu warten, welche Wildkräuter als Pioniere im noch recht öde aussehenden neuen Vorgarten Fuß fassen.

Meist sind Löwenzahn, Gräser, Giersch und Huflattich die ersten Neusiedler. Aber bald danach füllen sich die Lücken mit Frühlings-Hungerblümchen, Vogelknöterich, Bauernsenf, Hirtentäschel und Gundermann.

Nun ist es an der Zeit, dass dem frischgebackenen und neugierigen Wildkräutergärtner ein farbiges Pflanzen-Bestimmungsbuch geschenkt wird, denn noch haben etliche Wildkräuter mit bunten Blüten nicht Fuß gefasst. Welche Arten das sein werden, hängt ab vom Boden und der Umgebung. Der Vorgarten-Naturschützer kann mit folgenden Farben rechnen: blau (Glockenblume, Günsel, Braunelle, Veilchen, Gundermann, Ehrenpreis), gelb (Fingerkraut, Pfennigkraut, Pippau, Habichtskraut, Fetthenne, Hahnenfuß, Huflattich, Mauerlattich, Königskerze, Nachtkerze), rot (Rote Taubnessel, Weidenröschen, Rote Nachtnelke, Fingerhut, Kratzdistel), weiß (Margerite, Kamille, Mutterkraut-Wucherblume, Weiße Taubnessel, Wilde Möhre, Gänseblümchen) und rosa (Wegmalve, Ruprechtskraut).

Und sobald die ersten Wildkräuter in ihren Blüten Nektar und Pollen produzieren, – sie blühen natürlich nicht alle gleichzeitig – tauchen auch die ersten Insekten auf: einzeln lebende Wildbienen, Hummeln, Schwebfliegen, Zitronenfalter. Um außerdem auch einige attraktive Bockkäferarten in das Vorgarten-Biotop zu locken, legt man ein paar schon etwas morsche Holzstücke zu den Wildkräutern, damit Bockkäfer dort ihre Eier ablegen. Auch einige Sandsteine, unter denen sich Laufkäfer gern verstecken, sollten im kleinen Naturschutzgebiet nicht fehlen. Wenn es

Der seltene Pinselkäfer hat sich gemeinsam mit einer Hummel auf einer Distelblüte niedergelassen.
Foto: Horst Michaelis

zur Freude von Imkern, Obstbauern und Naturschützern gelingt, viele Gartenbesitzer davon zu überzeugen, dass die Umwandlung in Wildkräuter-Vorgärten die bedrohte Artenvielfalt retten kann, wird die Gesamtfläche solcher Vorgärten wohl eines der größten Naturschutzgebiete Deutschlands sein.

Natur

Dieter Schmitz | Emsdetten

Immer wieder entbirken und entkusseln
Vienndüwel und Vennfüchse pflegen einzigartige Moorlandschaft

Das Emsdettener Venn ist eine einzigartige Landschaft. Sie zu pflegen und zu erhalten liegt den Vienndüweln und den Vennfüchsen sehr am Herzen. Diesen besonderen Lebensraum auch für die Nachwelt zu bewahren, haben sich die beiden Gruppen auf die Fahnen geschrieben. Vom Herbst bis zum Frühjahr sind sie hier zu finden, befreien das Venn von den immer wieder ausschlagenden Birken und Faulbäumen. Mit Beginn der Brutzeit im Frühjahr wird das Venn dann wieder den Tieren überlassen.

Das Emsdettener Venn ist ein etwa 5000 Jahre altes, klassisches Hochmoor mit einem ph-Wert von 3,0 bis 4,8. „Venn" ist dabei ein Sammelbegriff für Moore oder sumpfig-morastige Bereiche. Hochmoore sind vergleichbar mit vollgesogenen Schwämmen, zeichnen sich durch einen fast ständigen Wasserüberschuss aus und sind fast ausschließlich aus Torfmoosen aufgebaut. Sie leben allein vom nährstoffarmen Regenwasser, liegen meist in Form einer uhrglasförmig in die Höhe gerichteten Wölbung über der Landschaft. Dieser Form verdankt das Hochmoor seinen Namen – im Gegensatz zu den Flach- und Niedermooren. Die Torfschicht wächst jährlich etwa einen Millimeter in die Höhe. So sind seit der letzten Eiszeit Torflager bis zu einer Höhe von zehn Metern Mächtigkeit entstanden. Nur wenige niedrige Sträucher und Riedgräser können hier wachsen. Größere Gehölze kommen erst in gestörten Bereichen vor.

Das Emsdettener Venn wurde am 16. April 1941 als erstes Gebiet im Kreis Steinfurt unter Schutz gestellt. Zwei bis drei Meter dick ist die Torfschicht im Kerngebiet, das etwa 100 Hektar umfasst. Weitere 340 Hektar durch den umliegenden Bruchwald und die Feuchtwiesen kommen hinzu. Dieser Bereich ist seit 2000 Europäisches Naturschutz-

Blühende Besenheide (Caluna vulgaris) im Emsdettener Venn. Auch im Hochmoor kommt sie häufig vor, dort aber nur auf den trockenen Torfbänken.
Foto: privat/Ludwig Klasing

Dieter Schmitz | Emsdetten

Die Uferschnepfe (Limosa Limosa) steht sowohl in Deutschland als auch international auf der Roten Liste der bedrohten Tiere.
Foto: privat/Ludwig Klasing

gebiet „Natura 2000". Im Jahr 2004 wurde es durch die EU als FFH-Gebiet (Flora, Fauna, Habitat) eingestuft und aufgewertet. Eigentümer ist der Kreis Steinfurt, die Leitung unterliegt der „Unteren Landschaftsbehörde".

Zahlreichen Tierarten bietet das Moor eine Heimat. Vögel wie Blaukehlchen, Pirol, Schwarzkehlchen, Ziegenmelker, Bekassine, Krick- und Stockente, Uferschnepfe, Zwergtaucher und Rohrweihe sind hier zuhause. Für viele europaweit bedrohte Vogelarten sind der Moor- und Heidebereich sowie das umliegende Feuchtgrünland Brut- und Rastgebiet. Von November bis April halten sich streng geschützte Arten wie Kornweihe, Raubwürger und Sumpfohreule als Gäste im Venn auf. Zahlreiche Insekten wie auch seltene, vom Aussterben bedrohte Pflanzen finden hier einen Lebensraum, ebenso Eidechsen, Blindschleichen und verschiedene Froscharten.

Im Jahr 1794 wurde bei Ahlintel eine mit angezogenen Beinen auf der linken Seite liegende Moorleiche gefunden. Wegen des fehlenden wissenschaftlichen Interesses wurde die Mumie jedoch von einem Apotheker in Münster zermahlen und das Mumienpulver als Medikament verkauft.

Ein Lehrpfad, ein kleines Stück einer offenen Moorlandschaft mit einem alten Torfstich, lädt zu einem interessanten Spaziergang ein. Der Besucher steht hier auf einer etwa drei Meter dicken, unter den Füßen federnden Torfschicht und kann so diesen einmaligen Lebensraum Hochmoor hautnah und lebendig erfahren. Vom nahen, sieben Meter hohen Aussichtsturm bietet sich ein herrlicher Blick über das gesamte Moor bis hin zum Buchenberg.

Über Jahrhunderte wurde das Moor durch den Menschen genutzt, der Torf bis in die Mitte des 20. Jahrhunderts in Deutschland noch als Heizmaterial verwendet. Heute hat der Schutz der zahlreichen gefährdeten moortypischen Pflanzen- und Tierarten Priorität. Schon seit Jahren engagieren sich die Vienndüwel und die Vennfüchse für den Erhalt des Moores.

Die Vienndüwel wurden als Natur- und Umweltschutzgruppe des Heimat-

Der Lehrpfad, ein kleines Stück einer offenen Moorlandschaft mit einem alten Torfstich, lädt zu einem interessanten Spaziergang ein.
Foto: privat/Ludwig Klasing

bundes am 21. April 1980 von Heinrich Iking, Clemens Ilser, Alois Helmers und Ludger Sahlmann gegründet. Die Männer gaben sich in Anlehnung an Sagen und Legenden wie das Viennmöerken und das Hoho-Männeken, die sich um das Emsdettener Venn ranken, den Namen „de Vienndüwel". Schon einige Jahre zuvor hatten einige Männer in einem losen Bündnis gemeinsam in der Natur gearbeitet. In der Anfangszeit kümmerten sich die Mitglieder der Gruppe vorwiegend um Tümpel und Teiche und bewahrten durch deren Pflege wichtigen Lebensraum für eine reiche Tier- und Pflanzenwelt. In den frühen 80er Jahren wurde der Verantwortungsbereich dann um das Beschneiden der Kopfweiden, das sogenannte „Schneiteln", wesentlich erweitert.

Nur wenige Jahre nach der Gründung wandten sich die Naturschützer bereits der Arbeit zu, die bis heute im Mittelpunkt ihrer Herbst- und Winterarbeit steht: dem Entbirken und Nachentbirken im Emsdettener Venn, dem als klassischem Hochmoor sonst die Verbuschung und Austrocknung durch die wassergierigen Birken sowie die sich schnell ausbreitenden Faulbäume droht. Diese entziehen dem Boden reichlich Wasser und trocknen ihn aus: Das Moor wird allmählich zerstört. Eine große Birke kann an einem Sommertag 600 Liter Wasser aus dem Boden ziehen. Will man das vermeiden, bedarf es langfristiger Anstrengungen, um die immer wieder nachwachsenden Birken und Faulbäume zu entfernen. Erst wenn die Flora eine genügende Dichte erreicht hat, können diese dem Moor nicht mehr gefährlich werden.

Diese Arbeiten werden ehrenamtlich im Auftrag der Unteren Landschaftsbehörde des Kreises Steinfurt durchgeführt. Auch das Beschneiden der Kopfweiden gehört mit zu den Arbeiten. Außerdem werden auch die vom Heimatbund rund um Emsdetten aufgestellten Tischgruppen und Bänke im Frühjahr auf ihre Sicherheit und Standfestigkeit überprüft und in Ordnung gebracht. Auch für die auf Initiative des Hegerings erstellten Regenschutzhütten hat die Umweltschutzgruppe des Heimatbundes die Betreuung übernommen. Die Viennddüwel-Gruppe erhielt 1989, 1991 und 1992 den Umweltpreis der Stadt Emsdetten, 2007 wurden sie mit der Ehrenurkunde der Stadt ausgezeichnet.

Auch die Vennfüchse sind im Moor aktiv. Angefangen hat es vor 15 Jahren, als der im vergangenen Jahr verstorbene Heinz Rinsche und Ludwig Klasing die

Die Viennddüwel sind auch bei schlechtem Wetter im Venn zu finden: Heinz Eilers, Horst Kies, Karl Kümper, Hubert Kellers, Norbert Lüke, Herbert Möllers, Gerhard Helmers, Ludger Lehmkuhl und Norbert Kramer (von links). Foto: Dieter Schmitz

Idee hatten, für ein Plangebiet im Zentrum des Hochmoores eine Patenschaft zu übernehmen und durch intensive Entkusselungsmaßnahmen in den Wintermonaten dem damaligen Restmoor zu neuer Vitalität zu verhelfen. Dieses war dicht mit Birken und Faulbäumen bewachsen – den natürlichen Feinden des Venns. Entkusseln nennt man in Fachkreisen die Tätigkeit, diese und andere Gewächse aus dem Hochmoorbereich zu entfernen, um einer drohenden Verwaldung des Moorgebietes entgegenzuwirken.

2005 beschlossen beide in Zusammenarbeit mit der Unteren Landschaftsbehörde Kreis Steinfurt und der Biologischen Station Kreis Steinfurt eine Erweiterung des Lehrpfades im Emsdettener Venn über das Moor. Zunächst wurde ein Lehrpfaddamm errichtet, die Fertigstellung des Lehrpfades war im Januar 2007. Gleichzeitig erschien eine neue Lehrpfadbroschüre.

Ab 2013 fanden sich weitere Helfer. Die Vennfüchse pflegen die vier bis fünf Hektar umfassende Fläche stets und selbstverständlich nur außerhalb der Brutzeiten der Vögel von Ende September bis Anfang März. Jedes Jahr wird sie vergrößert. Das bedeutet, dass in den Herbst- und Wintermonaten ein ständiger Einsatz für die Vennpflege angesagt ist.

Und die Vennfüchse haben auch eine Botschaft: In den Gartenmärkten der Umgebung wird immer noch Blumenerde verkauft, die auch Torf enthält. „Torf gehört ins Moor und nicht in den Garten", so die einhellige Meinung der Naturschützer. „In der Nachkriegszeit haben wir hier in Emsdetten unseren Torf als Brennstoff genutzt und dabei den größten Teil des damaligen Emsdettener Venns vernichtet", bedauern sie. Denn man darf nicht vergessen, dass gesunde Moore wichtige Regulatoren für das Klima sind und darüber hinaus einer enormen Artenvielfalt einen einzigartigen Lebensraum bieten.

Das Vennfüchse-Team auf dem sieben Meter hohen Aussichtsturm (von links): Dave Riseborough, Karl Achterkamp, Johannes Schilling, Ludwig Klasing, Willi Winter, Klaus Pleimann, Hermann Reinermann, Frank Müller, Tobias Müller.
Foto: privat/A. Hölscher

Quellen

Flyer „Emsdettener Venn", BUND und NABU, April 2017

Reichholf, Josef, Feuchtgebiete, Mosaik-Verlag München, 1988

www.uni-oldenburg.de, Zikaden der Hochmoore im Weser-Ems Gebiet

www.niedersachsen.de, Was sind Hochmoore?

www.aktion-moorschutz.de, Torfabbau in Niedersachsen

www. heimatbund-emsdetten.de

www.emsdettener-venn.de/vennfuechse

Natur

Reinhard Lömker | Hopsten-Schale
Naturräume von europäischem Rang
Einzigartige Landschaften blieben von Flurbereinigung verschont

Weit oben im Norden des Kreises Steinfurt an der Grenze zu Niedersachsen, dem Emsland und dem Osnabrücker Land schlängelt sich die Wiechholzer Aa durch einzigartige Landschaften. Der kleine Bach fließt noch teilweise im ursprünglichen Flussbett und ist von Begradigungs- und Ausbaumaßnahmen teils verschont geblieben. Kleinräumig und kleinparzelliert wechseln sich hier noch Äcker und Wiesen ab. Eine klassische Flurbereinigung hat es hier nicht gegeben.

Inmitten dieser einzigartigen Kulturlandschaft befinden sich ganz besondere Naturschutzgebiete, in denen Landschaft und Naturraum mit ihrer besonderen Geologie, Pflanzen- und Tierwelt unter Schutz stehen. Die Schönheit, Vielfalt und Besonderheit der Landschaft in Schale führte zur Ausweisung von insgesamt sechs Naturschutzgebieten: den Feuchtwiesenschutzgebieten Fledder, Finkenfeld und der Halverder und Schaler Aa-Niederung, die naturnah erhaltene Kulturlandschaften sind. Das Hochmoor Koffituten und das Wiechholz mit seinem alten Baumbestand sind hingegen ursprüngliche Naturlandschaften. Diese beiden und das Finkenfeld haben europäische Bedeutung und sind als FFH-Gebiete ausgewiesen.[1]

Beachtenswert ist die Gesamtgröße aller Naturschutzgebiete in Schale, die sich auf 718 Hektar beläuft und damit 21 Prozent der Gesamtfläche des Ortes Schale[2] umfasst. Das Gebiet Koffituten ist der einzige, noch lebende Hochmoorrest im Kreis Steinfurt, nur gut einen Hektar groß, aber ein ganz besonderer Lebensraum. Es ist rund 5000 Jahre alt und bietet gute Existenzbedingungen für das Insekten vertilgende Sonnentau, das Wollgras, die Moosbeere und die Große Moosjungfer, eine Hochmoorlibelle.

Die Wiechholzer Aa schlängelt sich durch kleinparzellige Grundstücke. Im oberen Bereich des Bildes sind unzählige Blänken an den dunklen Flecken zu erkennen. Foto: Reinhard Lömker

Das rund 74 Hektar große Wiechholz, ein nasser, anmooriger Eichen-Birkenwald, ist wegen des hohen Alters und dem ausgeprägten naturnahen Zustand in der heutigen Kulturlandschaft äußerst selten geworden. Der dort lebende europäische Siebenstern zeugt davon, dass hier bereits vor Jahrhunderten Bäume standen. In diesem besonderen Naturraum findet man häufig Pfeifengras und Adlerfarn, mit dem große Bereiche des Bodens bewachsen sind, sowie Wollgras, Königsfarn und Sumpfveilchen. Auch der selten gewordene Hirschkäfer lebt hier, ebenso wie der Schwarzspecht, der Buntspecht und die Waldschnepfe. Am Waldrand auf kleinparzelligen Weiden grasende Hochlandrinder runden das wunderbare Landschaftsbild ab.

Direkt angrenzend gelangt man in das 195 Hektar große Naturschutzgebiet Finkenfeld, einem Feuchtwiesengebiet. Artenreiche, bunt blühende Wiesen sind Lebensraum für selten gewordene Pflanzen und Tiere. Hier findet man das Breitblättrige Knabenkraut, die Sumpfkratzdistel oder die Kuckuckslichtnelke, um einige wenige zu nennen. Im Frühjahr erfüllen die Rufe des großen Brachvogels und Kiebitzes den großen offenen Raum des Finkenfeldes. Diese beiden Wiesenbrüter sind im zeitigen Frühjahr aus ihren Winterquartieren zurück und suchen freie Wiesen, die einen weiten, ungehinderten Rundumblick bieten. Sie sind bodenständig, kehren also zu ihren Heimatplätzen zurück, brüten ihre Gelege aus und ziehen ihre Jungen auf. Ihre Nahrung, Insekten und Kleingetier, finden sie auf dem feuchten

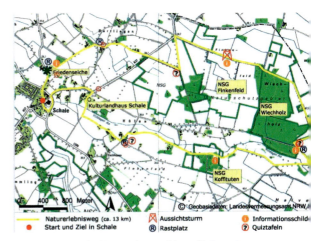

Die Karte zeigt die Naturschutzgebiete, die Standorte der Informationstafeln und den Verlauf des Naturerlebnispfades. Foto: Reinhard Lömker

Grünland. Das Naturschutzgebiet Finkenfeld bietet diesen beiden bedrohten Bodenbrütern Lebensraum.

Der früher überaus häufig bekannte Kiebitz ist heute in der Agrarlandschaft sehr selten geworden und stark vom Aussterben bedroht. Als Zugvogel kommt er aus seinem Überwinterungsgebiet zurück und legt meist vier Eier in ein Brutnest auf dem Boden, wo ihm weite Rundumsicht geboten wird. Das Nest ist farblich so gebaut und die Eier gesprenkelt, dass sie den Feinden nicht auffallen.

Der selten gewordene Kiebitz sitzt auf seinem Brutgelege. Foto: Reinhard Lömker

In der Talaue der Wiechholzer Aa weiden Highlandrinder. Foto: Reinhard Lömker

Nach dem Schlüpfen verlassen die Jungen gleich das Nest zur Nahrungssuche und lernen bald das Fliegen. Der Kiebitz besticht durch seine Schönheit und seine markanten Rufe „kiewitt, kiewitt", die ihm seinen Namen gegeben haben. Beeindruckend sind seine Flugkünste, die er bei der Nestverteidigung einsetzt, um Feinde abzuwehren oder eine Rinderherde abzulenken. Markant sind neben seinem Ruf das Federhäubchen, die schwarze Brust, der weiße Bauch, die weiße Flügelunterseite und das metallisch glänzende Gefieder.

Auch die seltene Bekassine, die kleinste Schnepfenart, brütet im Finkenfeld. Das große Wiesengebiet wird durch extensive Beweidung oder Mahd von den ansässigen Landwirten im Rahmen von Bewirtschaftungsverträgen gepflegt. Sie leisten damit einen beachtenswerten Beitrag für den Schutz und Erhalt dieser Gebiete.

Dieser außergewöhnliche Naturraum war bereits vor vielen Jahren als exzellentes Erweiterungsgebiet des TERRA.vita-Geoparks entdeckt worden. Die offizielle Ausweisung scheiterte aber. Die grundsätzliche Eignung bleibt als Faktum bestehen, ein offizelles Label jedoch nur Wunsch. Es lohnt sich jedoch, diese Naturschönheiten und -besonderheiten mit dem Fahrrad auf dem als Erlebnisweg ausgeschilderten Naturlehrpfad zu erkunden und zu erleben. Der Weg ist 13 Kilometer lang, wunderbar ausgeschildert und beginnt in der Mitte der Ortschaft Schale. Er wurde im Rahmen eines Förderprojekts mit der Biologischen Station des Kreises Steinfurt und dem Träger- und Förderverein Dorfgemeinschaftseinrichtungen Schale entwickelt und angelegt.

Anmerkungen

1 FFH: Flora-Fauna-Habitat ist die Abkürzung für die Europäische Richtlinie zur Erhaltung natürlicher Lebensräume sowie wildlebender Tiere und Pflanzen.

2 Die Ortschaft Schale ist ein Ortsteil der Gemeinde Hopsten. Schale war bis zur Gebietsreform 1975 eigenständige Gemeinde, hat eine Fläche von 3200 Hektar und stellt damit einen der höchsten Prozentanteile an Naturschutzfläche im Kreis Steinfurt.

Natur

Bernhard Hölscher | Wettringen

Überlebenswichtig für Mensch und Natur

Insekten-Hotel soll Wildbienen wieder Lebensraum schaffen

Auf seinem rund 1,5 Hektar großen Gelände mit Wiesen, Feldern und Wäldern, Pferde- und Kuhweiden an der Grenze zwischen Wettringen und Steinfurt baut der Wettringer Natur- und Umweltschützer Frank Knöpper zurzeit ein großes Insekten-Hotel. Es wird wohl eines der größten in Deutschland werden.

Er bastelt auch Nistkästen für Waldkauz und Schleiereule und hängt Halbhöhlenkästen an die Holzwände seiner Scheunen. Ein schmaler Streifen Wiese ist abgezäunt. Hier wird eine Wildhecke mit Heckenrose, Salweide, Schlehe und Weißdorn entstehen. Auf der anderen Straßenseite an seiner Pferdewiese hat er gerade 25 Douglasien neu angepflanzt, dazwischen jede Menge Haselnuss-Sträucher. An der rechten Seite der Wiese stehen Schlehe und Weißdorn – eine Wildhecke nicht nur zur Nahrungsversorgung der Vögel, sondern auch Nektar für Insekten und Wildbienen. „Auf der anderen Seite habe ich Süßkirschen und Apfelbäume gepflanzt. Immer wenn mir ein Angebot in den Gartenmärkten gefällt, schlage ich zu", meint er schmunzelnd. Auch Ehefrau Silke und Tochter Joana (17) engagieren sich für das Insekten-Hotel. Sie suchen Tannen- und Kiefernzapfen. Schließlich

Die Rostrote Mauerbiene fliegt in einem Bienen-Niststein ein Nistloch an. Foto: Bernhard Hölscher

müssen die Fächer mit unterschiedlichen Materialien bestückt werden, um als Unterschlupf für Wildbienen und Insekten zu dienen.

Einige Monate später: Ein heißer Tag im August. Ein Feiertag! Das Insekten-Hotel im Seller Feld ist fertig. Viele Hände – schnelles Ende. Knöpper: „Nur durch die tatkräftige Unterstützung der Camphill-Mitarbeiter, die noch in den letzten Wochen über 400 Löcher in die Baumscheiben bohrten, war der Termin zu halten", sagt er. Mit einem Grillfest feiern die Erbauer den vorläufigen Abschluss, denn so ganz fertig wird ein

Karl-Heinz Hüsing zeigt auf ein Insekten-Hotel. Hier sind die Löcher viel zu groß gebohrt. So können Wildbienen ihre Brut in den Löchern nicht aufziehen.
Foto: Bernhard Hölscher

Stück für Stück ihren natürlichen Lebensraum – von vielen Menschen unbemerkt. Welches Ehepaar mit kleinen Kindern hat denn noch Zeit, sich um einen großen Garten zu kümmern? Und da die Preise für Baugrundstücke steigen, werden auch die Vorgärten immer kleiner! Immer mehr Eigenheimbesitzer legen Kies-Vorgärten an. Sie sind eben einfacher zu pflegen. Auf den Friedhöfen nehmen auf den Gräbern die Marmorplatten zur Abdeckung des Bodens zu. Aber sie sind steril und nutzlos für die Insektenwelt. So ist es nicht verwunderlich, dass immer mehr Wildbienenarten verschwinden.

Die Tiere sind im Allgemeinen friedlich, dennoch sind viele Gartenbesitzer besorgt: Können Wildbienen stechen? Der NABU beruhigt: „Solitärbienen und -wespen besitzen zwar einen Stachel, können jedoch damit nicht die menschliche Haut durchdringen."

Jeder Gartenbesitzer, der im Herbst saftiges Obst liebt, kann den Wildbienen mit angebohrten Holzklötzen, gebrannten Ton-Ziegelsteinen und hohlen Pflanzenstängeln unter die Flügel grei-

Projekt dieser Größenordnung ja nie. Die ersten Bewohner, Mauerbienen und auch die parasitär lebenden Goldwespen und Trauerschweber, interessieren sich bereits für ihr neues Domizil. „Sogar ein Steinmarder schlug schon sein Lager unter den Pflaster-Steinen des Hotels auf", berichtet er.

Das Insekten-Hotel ist ein wichtiges Projekt, denn zurzeit ist das Insektensterben ein großes Thema. Und dabei ist es so einfach, den bedrohten Insekten zu helfen. Sogar die unbeliebten Wespen und Hornissen leisten wertvolle Dienste als Schädlingsbekämpfer, da sie ihre Larven mit anderen Insekten wie Fliegen, Blattläusen und Spinnen ernähren. Doch die Wildbienen verlieren

fen. Eine dicke Scheibe abgelagertes Hartholz wie Eiche, Buche oder Esche mit einer Tiefe von mindestens zehn Zentimetern wird mit Löchern von zwei bis zehn Millimetern Durchmesser versehen. Die Mehrzahl der Löcher sollte einen Durchmesser von vier bis acht Millimetern haben.

Wichtig ist, dass die Nisthilfen gut anzufliegen sind und starr befestigt werden. Vom Wind bewegte Wohnungen werden nicht gern von den fleißigen Nützlingen für die Aufzucht der Brut angenommen. Wichtig ist auch, dass der Nistplatz sonnig ausgerichtet und vor direktem Regen geschützt ist.

Als Nahrungsgrundlage für die Wildbienen dienen Nesseln, Malven, Glockenblumen, Fetthennen und Wicken. In Balkonkästen sind besonders Stauden wie die Zwiebelgewächse Narzisse, Blaustern und Krokus interessant. Auch Witwenblume und Margerite werden gern angenommen. Nicht nur auf exotische Sträucher fliegen die Nützlinge, sondern besonders auch auf einheimische Blütengehölze wie Weißdorn, Schlehe, Wildrose, Berberitze und Weiden.

Quellen

NABU Broschüre: Wohnen nach Maß

Franz Geiser: Wildbienen

Paul Westrich: Wildbienen

Kosmos-Naturführer Tiere und Pflanzen

Volker Fockenberg: Wildbiene.com

Ein großes Insekten-Hotel baute der Wettringer Naturschützer Frank Knöpper (3.v.l.) gemeinsam mit Mitgliedern der Landschaftspflege- und der Landwirtschaftsgruppe sowie der Gärtnerei der Camphill-Dorfgemeinschaft im Seller Feld auf.   *Foto: privat/Ralf Schippers*

Autorinnen und Autoren
Fotografinnen und Fotografen

Gebhard Aders, Jahrgang 1939, war von 1965 bis zur Pensionierung 2003 Archivar an den Stadtarchiven Bonn und Köln. Von 1977 bis 2003 war er Redakteur eines historischen Jahrbuchs. Seit 2008 lebt er in Altenberge. *Seite 95-102*

Rudolf Averbeck, geboren 1956 in Riesenbeck, ist Bilanzbuchhalter und hat gemeinsam mit seiner Ehefrau Rita Averbeck unter dem Titel „Dat Mönsterlänner Platt" ein Lehrbuch und ein Wörterbuch herausgebracht. *Seite 242-246*

Ralf Baalmann, 58, arbeitet als Sozialpädagoge und Freizeitpädagoge in der Suchtkrankenhilfe. Seine große Leidenschaft ist die Portraitfotografie und die Fotodokumentation. Er begleitet diverse gemeinnützige regionale Projekte. *Seite 194, 195, 197*

Paul Baumann, 74 Jahre alt und Rentner, war von Beruf Elektroinstallationsmeister. Seine Interessengebiete sind Wandern, Reisen, Lesen, Volks- und Heimatkunde, Plattdeutsch und das Auflegen von Büchern. In diesem Jahr übersetzte er unter anderem „Rübezahl" und „Wegweiser für alle Tage" von Martin Luther ins Plattdeutsche. *Seite 110-115*

Heidrun Beckmann, geboren 1966, ist Mutter von drei Mädchen und bewirtschaftet zusammen mit ihrer Großfamilie einen landwirtschaftlichen Betrieb im Nebenerwerb. Gleichzeitig ist sie als Teilzeitkraft im Gesundheitsamt des Kreises Steinfurt beschäftigt. In ihrer Freizeit interessiert sie sich für Musik und Sport, Gedichte, gute Gespräche und das Leben in und mit der Natur. *Seite 48, 49*

Gottfried Bercks war als Bauingenieur für den Heimatverein Burgsteinfurt maßgeblich in die Renovierungsarbeiten der Niedermühle, der Wassermühle an der Aa, eingebunden. Seit 20 Jahren bemüht er sich, das heutige Heimathaus mit Leben zu füllen. *Seite 55-57*

Gabriele Bergschneider, geboren 1953 in Greven, ehemals Fachlehrerin an einem Berufskolleg, ist Autorin von Gedichten und Kurzgeschichten, die sie in verschiedenen Anthologien veröffentlicht hat. Ein Weihnachtsbuch erschien 2015, zwei Gedichtbände folgten in den Jahren darauf. Gabriele Bergschneider trägt ihre Texte auf eigenen Lesungen vor. *Seite 58*

Dorothea Böing ist Fotografin beim Kreis Steinfurt. Sie arbeitet für die Stabsstelle des Landrates im Bereich Fotografie und Gestaltung. *Seite 2, 36, 79, 80, 81, 82, 83, 164, 165, 166, 167, 179, 181, 201, 205, 207, 208*

Autorinnen und Autoren | Fotografinnen und Fotografen

Frank Bosse, Jahrgang 1943, ist Vorsitzender des Geschichts- und Heimatvereins Tecklenburg von 1922. Der gebürtige Leipziger ist gelernter Grubenschlosser und studierter Maschinenbauer. Als Kundenberater für Maschinen der flexiblen Verpackung war er über Jahrzehnte weltweit unterwegs. *Seite 67-71*

Annika Brinkert ist Landschaftsökologin, wohnt in Münster und arbeitet bei der Biologischen Station Kreis Steinfurt. *Seite 251-254*

Bernhard Brockötter, Jahrgang 1964, wuchs auf dem elterlichen Hof in Greven-Schmedehausen auf. Er studierte Betriebswirtschaftslehre an der Westfälischen Wilhelms-Universität in Münster. Seit 1992 ist der Diplom-Kaufmann in der Finanzwirtschaft tätig. In seiner Freizeit beschäftigt er sich unter anderem mit Familien- und Ortsgeschichte. *Seite 28-33, 247-250*

Dirk Brunsmann, 43 Jahre, hat nach dem Studium der Geschichtswissenschaft ein Volontariat zum Redakteur absolviert. Heute ist er für ein großes münsterländisches Medienunternehmen tätig. Dirk Brunsmann lebt seit kleinauf in Nordwalde, war dort lange Jahre journalistisch tätig und hat im Zuge seines Studiums zeitgeschichtliche Studien über Greven verfasst. *Seite 217-220*

Annette Bucken, 1956 geboren, ist Gründungsmitglied des Fördervereins Stadtmuseum und kümmert sich als Vorstandsmitglied ehrenamtlich um Führungen für Gruppen, Bilderabende im und außer Haus, regelmäßige Öffnungszeiten und um den laufenden Betrieb. *Seite 189-191*

Sara Dietrich, 1986 in Rostock geboren, studierte an der Kunstakademie Münster Freie Kunst und Internationales Kunstmanagement an der Hochschule für Musik und Tanz in Köln. Im Kunstverein für die Rheinlande in Westfalen, Düsseldorf war sie als kuratorische Assistenz tätig, seit April 2017 unterstützte sie die Kulturförderung und Heimatpflege im Kreis Steinfurt. Aktuell arbeitet sie als Quartiersmanagerin beim Verein energieland2050. *Seite 207-209*

Wilhelm Elling, geboren 1930 in Ochtrup, war von 1965 bis 1995 Leiter des Hamaland-Museums in Vreden, Mitglied der Volkskundlichen Kommission. Er ist Autor volkskundlicher und landeskundlicher Beiträge und Bücher. *Seite 155-157*

Wolfram Essling-Wintzer M. A., geboren 1973 in Moers, studierte Kunstgeschichte, Ur- und Frühgeschichte und Klassische Archäologie an der Ruhr-Universität Bochum. Danach war er Stipendiat am Institut zur Erforschung des Mittelalters und seines Nachwirkens (IEMAN) an der GHH Paderborn. Seit 2014 ist er Archäologe beim Fachreferat Mittelalter- und Neuzeitarchäologie der LWL-Archäologie für Westfalen. *Seite 139-144*

Willi Feld, 68, ist Historiker und hat mehrere Bücher und zahlreiche Aufsätze zur Geschichte der Stadt Burgsteinfurt geschrieben, insbesondere zur Geschichte der Juden und zur Eingliederung der Vertriebenen. *Seite 129-133*

Autorinnen und Autoren | Fotografinnen und Fotografen

Helma Freese ist in Burgsteinfurt als einziges Kind einer Kriegerwitwe aufgewachsen. Zunächst war sie Industriekauffrau, dann Ehefrau und Mutter in einem Dorf bei Greven, parallel dazu Schulsekretärin im Gymnasium Greven. Sie hat verschiedene Ehrenämter, unter anderem ist sie Gästeführerin im Mühlenhof in Münster. *Seite 65-66, 84*

Werner Friedrich aus Rheine, Jahrgang 1952, ist Lehrer im Ruhestand und Autor zahlreicher Aufsätze und Bücher zur Kulturgeschichte der Region. Er war ehrenamtlich beteiligt am Aufbau der Kulturellen Begegnungsstätte Kloster Bentlage in Rheine, des HeinrichNeuyBauhausMuseums in Borghorst und des Otto Modersohn Museums Tecklenburg. *Seite 13-21*

Rolf Hakmann, geboren 1938, ist in Ladbergen aufgewachsen. Er studierte Philologie und war bis zu seiner Pensionierung im Jahre 2001 am Goethe-Gymnasium in Ibbenbüren, zuletzt als stellvertretender Schulleiter. Ehrenamtlich ist er im Vorstand des Heimatvereins und in der Ladberger Familienstiftung aktiv. *Seite 50-53*

Bernd Hammerschmidt, geboren 1949, pensionierter Lehrer am Gymnasium, lebt seit über 40 Jahren in Lengerich. Durch die Teilnahme am Studium im Alter an der Universität Münster entwickelte sich sein Interesse für die Lokal- und Regionalgeschichte in Westfalen, besonders für die Zeit des Nationalsozialismus und die Nachkriegsgeschichte. *Seite 85-88*

Andrea Heming, geboren 1966, Sternzeichen Löwe, arbeitet als Lehrerin am Gymnasium für die Fächer Deutsch und Sozialwissenschaften, ist glücklich verheiratet mit einem fähigen Ingenieur, hat zwei flügge Kinder und ist schriftstellerisch bereits in Erscheinung getreten durch humorvoll-selbstironische Kolumnen in einem Gartenmagazin. *Seite 39-40*

Robert Herkenhoff war von 1983 bis 1999 Gemeindedirektor in Recke. Er ist Mitglied der Heimatvereine Recke und Mettingen. Als Geschäftsführer des Bergbauhistorischen Arbeitskreises Buchholzer Forst 1650 im Heimatverein Recke widmet er sich seit Jahren der Recker Bergbaugeschichte. *Seite 135-138, 173-178, 226-227*

Professor Dr. Thomas Hoeren ist Leiter des Instituts für Medienrecht an der Universität Münster und Dozent an der Kunstakademie Münster. Er beschäftigt sich als Wahlbürger von Burgsteinfurt mit der Geschichte des Ortes und hat hierzu schon verschiedene Stadtführer veröffentlicht. Derzeit interessiert ihn zentral die Bau- und Architekturgeschichte des Ortes. *Seite 103-104*

Bernhard Hölscher, Jahrgang 1946, war 44 Jahre Chemie-Industriekaufmann, ist jetzt Rentner, engagiert sich ehrenamtlich im Natur-und Umweltschutz und ist freier Mitarbeiter bei verschiedenen Zeitungen. *Seite 265-267*

Alexandra Holtzmer, M.A., Germanistin, lebte 25 Jahre lang im Münsterland und war hier Deutschdozentin. Seit 16 Jahren ist sie Mitglied im Heimatverein Laer und in der Region durch eine Städtepartnerschaft mit Guénange in Frankreich verbunden. Für den lokalen Almanach der lothringischen Gemeinde schreibt sie seit 2005 jedes Jahr Texte und Berichte über Laer. *Seite 38*

Autorinnen und Autoren | Fotografinnen und Fotografen

Werner Janning, 1950 in Wettringen geboren, war 30 Jahre Lehrer an der Hauptschule seiner Heimatgemeinde. Seit 2013 ist er Vorsitzender des Heimatvereins Wettringen. *Seite 145-149*

Prof. Dr. Anton Janßen, Jahrgang 1938, ist seit 2015 Ehrenvorsitzender des Heimatvereins Horstmar, seit 1989 im Vorstand des Mühlen- und Heimatvereins Leer und seit 2013 stellvertretender Vorsitzender der Westfälisch-Lippischen Mühlenvereinigung. Er erhielt 1996 das Bundesverdienstkreuz und 1998 den Wanderpreis des Landrates für Kultur- und Heimatpflege. Seit 2010 ist er Ehrenbürger der Stadt Horstmar. *Seite 61-64, 199-201*

Heinrich Jessing, 1943 in Horstmar geboren, war nach Studienjahren in Wien und Münster als Lehrer für Deutsch und Katholische Religionslehre an Gymnasien tätig, die längste Zeit in Ibbenbüren. Seit der Pensionierung arbeitet er ehrenamtlich im Vorstand des Stadtmuseums Ibbenbüren und schreibt privat an seiner Familiengeschichte. *Seite 236-239*

Wolfgang Johanniemann, Jahrgang 1948, gebürtiger Wersener, passionierter Fotograf, hat ein großes Archiv eigener und gesammelter historischer Fotos, von denen er eine ganze Reihe bereits in zwei Bildbänden veröffentlicht hat. Außerdem schreibt und berichtet er über heimatkundliche Themen. *Seite 150-154*

Karl-Heinz Käller, Jahrgang 1940, aus Mettingen, machte sich als Heimat-Fotograf durch zahlreiche Veröffentlichungen und Ausstellungen einen Namen. Sein Fotoarchiv ist inzwischen auf über zehntausend Bilder von Mettingen angewachsen. Über seine Heimat hat er inzwischen vier Bücher im Selbstverlag veröffentlicht, davon ein Geschichtsbuch und drei Bildbände. Plattdeutsch ist sein zweites Hobby in Wort und Schrift. *Seite 127-128*

Marlies Kiffmeyer, geboren 1943 in Recke, war Sparkassenangestellte, besitzt ein Zertifikat als ökumenische Kirchenführerin und ist seit 2012 Geschäftsführerin im Kulturverein Recke. *Seite 75-78*

Rudolf Klostermann, geboren 1962 in Havixbeck, ist seit 1981 als Grabungstechniker tätig beim Fachreferat Mittelalter- und Neuzeitarchäologie der LWL-Archäologie für Westfalen, vormals Westfälisches Museum für Archäologie. *Seite 139-144*

Ulrike Kluck, Jahrgang 1948, Mutter von zwei erwachsenen Söhnen, ist Schriftführerin im Heimatverein Laer und engagiert sich seit vielen Jahren für die Gemeindepartnerschaften mit Badersleben (Sachsen-Anhalt) und Guénange (Frankreich). *Seite 121-125*

Nina Koch, geboren 1989, ist in Altenberge aufgewachsen. Heute arbeitet sie als Psychologin in den Niederlanden. In ihrer freien Zeit schreibt sie gerne Gedichte und Kurzprosa. *Seite 44, 83, 178*

Nele Kramer, 17, ist in Altenberge aufgewachsen und besucht das Gymnasium Paulinum in Münster. Dort möchte sie 2019 ihr Abitur machen. Sie reitet gerne und engagiert sich für die Betreuung von Kindern in den Reiterferien. Darüber hinaus interessiert sie sich für kommunalpolitische Themen und Entwicklungen in der Region. *Seite 163-168*

Autorinnen und Autoren | Fotografinnen und Fotografen

Sebastian Kreyenschulte, Jahrgang 1983, hat in Münster und Bochum Rechtswissenschaften, Geschichte und englische Sprachwissenschaften studiert und beschäftigt sich seit vielen Jahren mit Neuenkirchens Ortsgeschichte. *Seite 183-187*

Eliana Sophie Kroll, 13 Jahre, besucht das Schillergymnasium. Sie spielt Klavier, tanzt Ballett, schwimmt und reitet. Auch interessiert sie sich für die Kultur und Natur ihres Heimatortes Laer. *Seite 45-47*

Klaus Krohme leitet seit 1989 den Kreislehrgarten in Steinfurt. Der Gärtnermeister dokumentiert mit seiner Kamera die Entwicklung dieser einmaligen Gartenanlage in Deutschland und nutzt sein Fotoarchiv für Vortragsveranstaltungen. *Seite 35*

Hartmut Kubitza ist 74 Jahre alt, Bankkaufmann im Ruhestand und lebt seit 1966 in Ochtrup. Er ist Verfasser zahlreicher, bisher nicht veröffentlichter Gedichte, Fabeln, Märchen und Kurzgeschichten. *Seite 54, 109*

Reinhard Lömker, 66 Jahre alt, ist Landwirt und bewirtschaftet einen kleinen Ferien- und Biohof, studierte an der Fachhochschule Ostwestfalen Lippe, war 39 Jahre als Diplom-Bauingenieur in der kommunalen Wasserwirtschaft tätig und ist seit drei Jahren Vorsitzender des Heimatvereins Schale. Er befasst sich in seiner Freizeit mit aktuellen Themen des Ortes und der Ortsgeschichte. *Seite 262-264*

Joachim Lucas, 94 Jahre, Lehrer, Rektor, Schulamtsdirektor a.D., war 1970 Mitbegründer des Welbergener Kreises. Der Literaturliebhaber erhielt im Jahr 2000 den Kulturpreis des Kreises Steinfurt. *Seite 210-211*

Hans Lüttmann, Jahrgang 1954, ist Zeitungsredakteur und Mitspieler des mit dem Kulturpreis des Kreises Steinfurt ausgezeichneten Trios „Gaitling". Dafür schreibt der Emsdettener vorwiegend plattdeutsche Liedtexte. Seine Gedichte, Reportagen und Features finden immer wieder auch Eingang in Reiseführer, Anthologien und Lyrikbände. Zuletzt hat er gemeinsam mit dem Fotografen Jürgen Christ ein Buch über seine Heimatstadt geschrieben. *Seite 59-60, 74, 206,212-213, 233, 246*

Reinhold Meyer, geboren 1936 in Recke-Steinbeck, begann nach dem Volksschulabschluss eine Malerlehre, die er frühzeitig mit Abschuss beendete. Nach einem Fachschulbesuch folgte die Meisterprüfung, und er gründete danach einen Malerbetrieb in Ibbenbüren. Als talentierter Zeichner und Maler widmete er sich als Autodidakt der Kunstmalerei. In vielen Ausstellungen an unterschiedlichen Orten präsentierte er seine Werke. Reinhold Meyer starb am 23. Juni 2018. *Seite 125*

Horst Michaelis, Rektor im Ruhestand, engagiert sich in der Heimatforschung und im Naturschutz. 1976 war er Mitbegründer der Arbeitsgemeinschaft für Naturschutz Tecklenburger Land (ANTL) und von 1998 bis 2014 Leiter des Schulmuseums in Mettingen. *Seite 255-257*

Autorinnen und Autoren | Fotografinnen und Fotografen

Heinz Mussenbrock erkannte schon früh sein Talent fürs Malen und Zeichnen. Seit Anfang der 1970er Jahre entwarf er die Karnevalsorden für die Karnevalsgesellschaft Emsdetten sowie einiger Schützenvereine. Er hat mehr als 40 Jahre Bühnenbilder für Theateraufführungen entworfen und gemalt sowie die Prinzenwagen für die jährlichen Rosenmontagszüge in Emsdetten künstlerisch gestaltet und beim Bau der Wagen in erster Reihe mitgewirkt. *Seite 73*

Monika Niesert war Lehrerin für Biologie und Deutsch und hat noch immer Lust am Schreiben. Vor allem Details reizen sie. Den Blick dafür hat ihr die Biologie geschärft. *Seite 228-230*

Siegfried Olms, geboren 1953 in Gütersloh, lebt in Steinfurt und arbeitet in Olpe und Attendorn als Lehrer für Deutsch und Geschichte. Seit etlichen Jahren veröffentlicht er lyrische Texte. *Seite 47, 172, 240*

Hermann-Josef Pape, Jahrgang 1943, entdeckte bereits während seiner Jugend die Fotografie für sich und kümmert sich nach seiner Pensionierung noch intensiver um sein Hobby. Er ist freier Mitarbeiter einer Lokalzeitung und im Museumskreis des Heimatvereins Burgsteinfurt. *Seite 159-162*

Günter Pfützenreuter, Jahrgang 1946, unterrichtete als Lehrer am Gymnasium Martinum in Emsdetten. Eine Freundschaft verband ihn mit Franz Klopietz, der ihn 1992 in den Welbergener Kreis einführte. *Seite 241*

Felizitas Plettendorf wurde in Altenberge geboren, ist dort aufgewachsen und lebt auch mit ihrer Familie dort. Seit einigen Jahren engagiert sie sich neben anderen ehrenamtlichen Tätigkeiten im Heimatverein und befasst sich vornehmlich mit den Themen Orts- und Familiengeschichte. *Seite 203-205*

Ludger Plugge, 1956 in Emsdetten geboren, ist Bankkaufmann. Er versteht Platt von Kindesbeinen an, spricht und liest es jedoch aktiv erst seit etwa seinem 30. Lebensjahr. Seit 2013 ist er Mitglied von „De Tüüners", dem plattdeutschen Schreiberkreis in Emsdetten. Dort bringt er sich als Autor für plattdeutsche Gedichte und Texte über Lustiges, Trauriges, Nachdenkliches, Vergangenes und Aktuelles ein. *Seite 72-73*

Otto Pötter aus Rheine zählt zu den meistgelesenen plattdeutschen Autoren des Münster- und Emslandes. Seine Bücher sind Bestseller der plattdeutschen Literatur; seine Zeitungskolumne Hackemaih ist bei den Lesern beliebt. Für seine Verdienste um die plattdeutsche Sprache erhielt er 2012 den Kulturpreis seiner Heimatstadt Rheine. *Seite 90, 158, 192, 202*

Autorinnen und Autoren | Fotografinnen und Fotografen

Angelika Pries, Jahrgang 1951, war seit 1979 Gymnasiallehrerin in ihrem Wohnort Rheine. Seit der Pensionierung beschäftigt sie sich mit historischer Forschung, so für das Projekt des Universitätsarchivs zur Überprüfung der NS-Vergangenheit der Universität Münster („Flurgespräche") und mit lokalen Themen. *Seite 116-120*

Hedwig Reckert, geboren 1927, ist Mutter, Groß- und Urgroßmutter einer großen Familie. Die Hobbygärtnerin ist Mitglied des Emsdettener Schriewerkrinks „De Tüüners" und Mitherausgeberin des Buches „Plattsaolaot, de twedde". *Seite 89*

Georg Reinermann, Jahrgang 1935, ist Mitglied des plattdeutschen Schriewerkrinks „Tüüners" und Mitherausgeber der Bücher „Plattsaolaot" und „Plattsaolaot, de twedde". *Seite 188*

Andre Schaper, Jahrgang 1986, aus Rheine studierte von 2009 bis 2014 an der Universität Osnabrück und ist Lehrer an einer Hauptschule in der Grafschaft Bentheim. Schaper ist Mitglied in den Rheinenser Arbeitskreisen „Gedenken und Erinnern" und „Stolpersteine in Rheine". Ihm ist es ein Anliegen, „Täterbiographien" aus Rheine und die gesellschaftlichen Strukturen in Rheine während des Nationalsozialismus aufzuarbeiten. In zahlreichen Publikationen veröffentlichte er bereits Beiträge über lokale, regionale und militärgeschichtliche Themen. *Seite 221-225*

Evelyn Scherer, 67 Jahre alt, ist ausgebildete RENO-Fachangestellte und war zuletzt als Büroleiterin in einem Anwaltsbüro. Ehrenamtlich arbeitet sie als Zuckerbäckerin und im Bereich Öffentlichkeitsarbeit für das Kreishospiz „haus hannah" in Emsdetten. Mit ihrem Mann radelt sie gerne im Münsterland und in Mecklenburg-Vorpommern. Mit ihm teilt sie auch die Leidenschaft fürs Theater und die Oper. *Seite 231-233*

Jan Schlieper ist Volontär beim Kreis Steinfurt. Er arbeitet in der Stabsstelle des Landrates im Bereich Presse- und Öffentlichkeitsarbeit. *Seite 34-38, 179-182*

Hanna Schmedt, geboren 1918 in Lengerich, Lehrerin im Ruhestand, setzte nach dem Tod ihres Mannes, des früheren Kreisheimatpflegers und Rektors Friedrich Schmedt, seine heimatkundliche Arbeit fort. Sie ist Trägerin des „Wanderpreises des Landrats für Kultur- und Heimatpflege", Ehrenmitglied im Heimatverein Lienen und Autorin zahlreicher plattdeutscher Geschichten und Episoden, Herausgeberin des zweiten Bandes „Lienen in alten Ansichten" und des plattdeutschen Buches „Gustchen vertellt". *Seite 214-216*

Hermann Schmidt hat sein Leben lang Plattdeutsch gesprochen, es ist seine Muttersprache. Als Maurer und Monteur lernte er Land und Leute kennen, dabei war die plattdeutsche Sprache im Umgang mit Kollegen und Kunden selbstverständlich. Seit über 20 Jahren gehört er zum Schriewerkrink „Tüüners" des Emsdettener Heimatbundes und schreibt regelmäßig plattdeutsche Texte. *Seite 91-93*

Autorinnen und Autoren | Fotografinnen und Fotografen

Dieter Schmitz, geboren 1947 in Emsdetten, ist von Beruf Chemie-Ingenieur. Seit zehn Jahren ist er beim Heimatbund Emsdetten im Arbeitskreis für Familienforschung und Geschichte Emsdettens wie auch als Pressewart tätig und für die Emsdettener Heimatblätter verantwortlich. Weiterhin ist er freier Mitarbeiter der Lokalzeitung. *Seite 258-261*

Herbert Schürmann wurde 1933 in Neuenkirchen geboren. Der Texil-Ingenieur schreibt seit über 30 Jahren. Seit 2002 verfasst er wöchentlich plattdeutsche Kolumnen und Gedichte für die Lokalzeitung. 2003 gab er den Gedichtband „Nienkiärksken Wind" für den Heimatverein Neuenkirchen heraus. Er ist Autor und Mitarbeiter bei der plattdeutschen Sendung „Knabbelkümpken" im Radio. *Seite 126, 134*

Dr. Christof Spannhoff aus Lienen, Jahrgang 1981, studierte Geschichte und Germanistik an der Westfälischen Wilhelms-Universität Münster, promovierte 2013 und ist Gründungsmitglied der Forschungsgemeinschaft zur Geschichte des Nordmünsterlandes. Seit 2016 ist er ordentliches Mitglied der Volkskundlichen Kommission für Westfalen. *Seite 105-109, 169-171*

Thomas Starkmann, 57, ist Diplom-Geograph, wohnt in Greven und arbeitet bei der Biologischen Station Kreis Steinfurt. *Seite 251-254*

Brigitte Striehn wohnt in Ibbenbüren. Sie streift mit der Kamera gern durch ihren Heimatort, die nähere Umgebung und die weite Welt. Als freie Mitarbeiterin der Lokalzeitung berichtet sie über interessante Ereignisse aus dem Tecklenburger Land. *Seite 41-44*

Ingrid Suhre, 1952 in Ochtrup geboren, hat sich erst im Ruhestand erfolgreich mit Publikationen und Lesungen auf das öffentliche Parkett gewagt. Die ehemalige Schulsekretärin des Gymnasium Ochtrup lebt mit Mann und Hund in Lienen. Das Schreiben, Zeichnen und Malen ist ihre Passion. Sie schreibt Gedichte, Geschichten, Märchen für Erwachsene und Kinder und illustriert sie nach Lust und Laune. Töchter und Enkel sind ihre besten Kritiker und „Zeitvertreiber" neben Garten-Glück und Sammel-Lust. *Seite 94, 171*

Susanne Treutlein arbeitet seit 2005 in der Stabsstelle Landrat und ist zuständig für Tourismusförderung und Regi+onalmarketing. Außerdem ist sie Geschäftsführerin des Vereins „Das Münsterland – Die Gärten und Parks". *Seite 79-83*

Angelika Weide, Jahrgang 1971, aus Laer hat Pädagogik, Soziologie und Psychologie an der Uni Münster studiert und ist Diplom-Pädagogin mit Schwerpunkt Erwachsenenbildung. Seit 2014 leitet sie die Volkshochschule Lengerich. *Seite 22-27*

Kirsten Weßling, ist Pressesprecherin des Kreises Steinfurt. Die Redakteurin hat in Münster Geschichte, Politik und Publizistik studiert. *Seite 205*

Dr. Wieland Wienkämper, geboren 1955 in Westerkappeln, studierte in Münster und Kiel und schrieb seine Dissertation über steinzeitliche Funde aus dem Altkreis Tecklenburg. 2006 vollzog er einen Berufswechsel von der Bodendenkmalpflege in die Pädagogik. Seit 2012 engagiert er sich im Kultur- und Heimatverein Westerkappeln als Leiter der Geschichtswerkstatt und seit 2016 auch als Mitglied des Vorstandes. *Seite 193-198*

Autorinnen und Autoren | Fotografinnen und Fotografen

Werner Witte wurde 1943 im Altkreis Ahaus geboren und war von 1964 bis 2007 in der IT unter anderem in der Industrie tätig. Er lebt seit 1969 in Altenberge und ist seit 1999 im Vorstand des Heimatvereins aktiv mit den Schwerpunkten Ortsgeschichte und Genealogie sowie Plattdeutsch. *Seite 203, 204, 234-235*

Elisabeth Wulf, 86, war Lehrerin für Krankenpflege und wurde ausgezeichnet mit der Goldenen Ehrennadel des Caritas-Verbandes. Sie ist Mitglied im Veeh-Harfen-Ensemble „Die Brücke" und Chorleiterin des Singekreises St. Marien in Emsdetten. Mit ihren Schwestern Anneliese Schmedding und Resi Borgmann gab sie das Buch „Kanon zu drei Stimmen" (Kleiplatt/Alemannisch/Sandplatt) heraus. *Seite 235*

Karl-Heinz Wilp, 79, Rentner, war vorher 40 Jahre Ausbildungsberater der Industrie- und Handelskammer in Münster. Der Steinfurter ist seit 62 Jahren intensiver Amateurfotograf und publizierte Bilder in jedem Jahrbuch seit 1988. *Seite 55, 56, 103, 104, 121, 122, 131*

Ortsindex

Städte, Gemeinden und Ortsteile im Kreis Steinfurt

A|B|C

Altenberge 39-40, 95-102, 163-168, 203-205, 234-235, 244,
Alstedde ▶ Ibbenbüren
Bentlage ▶ Rheine
Bevergern ▶ Hörstel
Borghorst ▶ Steinfurt
Brochterbeck ▶ Tecklenburg
Burgsteinfurt ▶ Steinfurt

D|E|F

Dickenberg ▶ Ibbenbüren
Dreierwalde ▶ Hörstel
Emsdetten 55-57, 91-93, 231-233, 258-261,

G|H|I

Gellendorf ▶ Rheine
Gimbte ▶ Greven
Greven 28-33, 65-66, 110-115, 164, 247-250
Hembergen ▶ Emsdetten
Holthausen ▶ Laer
Hörstel
 - Riesenbeck 96, 242-246
Hopsten 175
 - Schale 262-264

Horstmar 22, 61-64, 199-201

Ibbenbüren 41-44, 75-78, 80, 169, 173, 175, 189-191, 215, 226
 - Bockraden 75, 173, 174
 - Dörenthe 41-44, 80
 - Schafberg 77

J|K|L

Ladbergen 50-53, 105
Laer 22-27, 45-47, 55, 96, 121-125, 164
Laggenbeck ▶ Ibbenbüren
Ledde ▶ Tecklenburg
Leer ▶ Horstmar
Lengerich 85-88, 105, 169, 170, 212-213, 214-215
Lienen 80, 105, 212-213, 214-216
 - Kattenvenne 80
Lotte 150-154

M | N | O

Metelen 207-209
Mettingen 127-128, 135-138, 174, 175, 255-257
Neuenkirchen 55-57, 145, 183-187, 205
Nordwalde 164, 179-182, 217-220, 234, 241
Ochtrup 16, 145, 155-157, 205
 - Welbergen 145-148, 254

P | Q | R

Recke 173-178, 226-227
Rheine 18, 79, 91-93, 116-120, 145, 151, 152, 221-225, 228-230
 - Bentlage 21, 79, 151
 -Mesum 56
Reckenfeld ▸ Greven
Riesenbeck ▸ Hörstel

S | T | U | V

Saerbeck 59-60
Steinfurt 17, 19, 37, 55-57, 103-104, 121, 122, 129-133, 139-144, 159-162, 164, 205, 236-239, 240, 265
 - Borghorst 55, 57, 121, 122, 145, 160, 161, 236-239
 - Burgsteinfurt 19, 25, 34, 35, 55, 57, 67, 99, 103-104, 121, 122, 124, 129-133, 139-144, 159-162, 207
Kreis Steinfurt 18, 21, 29, 33, 34-38, 67, 75, 79-83, 149, 182, 199, 205, 207-209, 226-227, 234-235, 240, 251-254, 259, 260, 261, 262, 264
Tecklenburg 18, 67-71, 80, 105, 106-108, 121, 150, 151, 169, 170, 250
Tecklenburger Land 52, 105-109, 175, 253

W | X | Y | Z

Welbergen ▸ Ochtrup
Wersen ▸ Lotte
Westerkappeln 169-171, 193-198, 222
Wettringen 145-149, 242, 265-267